데이터
과학을 위한
R 시리즈
III

Applied Regression Analysis

R
응용 회귀분석

나 종 화 지음

자유아카데미

머리말

데이터 과학을 위한 R 시리즈 I, II권이 출간된 지 1년 만에 III, IV, V권을 동시에 출간하게 되었다. 저자가 이 시리즈를 준비하게 된 계기는 수년 전 빅데이터에 관심을 가지기 시작하면서이다. 빅데이터 시대에 통계분석을 요구하는 많은 사람들을 만나면서 그들에게 조금이나마 도움을 주고 싶은 생각에서였다. 그러나 책의 출간을 앞두고 뒤돌아보면 "이 책이 과연 비전공자들을 충분히 배려하였나?"는 의문이 남는다. 처음 의도와는 달리 결코 쉽지만은 않은 책이 되어버린 것이다. 집필 과정에서 글재주가 없는 저자의 한계를 느끼면서도, 내용적으로 부족함이 없도록 욕심을 부린 면이 없지 않다. 결국 지난 몇 년에 걸친 이 작업은 결국 자신에게 가장 많은 도움이 되었음을 부인할 수 없게 되어버렸다(독자들의 판단은 이후에...).

이 책의 특징은 각 분석법들의 목적과 아이디어를 간명하게 제시하고, 각 분석법들 간의 차이와 장단점을 이해함으로써 분석자 스스로가 보다 나은 분석법을 찾아갈 수 있도록 하는 데 주안점을 둔 점이다. 작은 분량 속에 매우 다양한 분석법을 소개하여 완성도를 높이고자 하였다. 각 분석마다 일정 수준까지의 분석 과정을 제시함으로써 해당 분석의 시발점으로 삼을 수 있도록 안내하고 있다.

이 책의 자료분석에 사용된 오픈 소스 R은 데이터 과학을 위한 최고의 도구임에 틀림없다. R이라는 훌륭한 도구의 존재는 이 시리즈를 준비하게 된 또 다른 배경이다. 이제 분석가들은 분석의 목적과 방향 그리고 분석에 사용된 아이디어와 해석에 더 집중할 수 있게 되었다. 나머지는 R에게 맡기면 그만이다. R은 분석뿐만 아니라 데이터의 전처리, 시각화, 다른 도구들과의 연계 등 필요한 많은 일을 대신해 준다.

이 가운데 본서(3권)는 통계분석의 꽃이라 할 수 있는 회귀분석을 다루었다. 대학에서 교재로 사용할 경우 학부에서는 1부와 2부를 중심으로 다루면 될 것이다. * 표시된 장(또는 절)은 일독에서 생략하여도 무방하다.

좋은 책을 위해 최선을 다했지만 미흡한 부분이 있을 수 있다. 이 점은 양해를 바라며, 출간 후에라도 수정사항이 있을 경우에는 자유아카데미 홈페이지(www.freeaca.com) 자료실에 제공할 예정이다.

마지막으로 이 책의 출간을 위해 큰 노고를 아끼지 않은 자유아카데미 관계자 분들께 감사의 마음을 전하고 싶다.

2017년 8월

나종화

cherin@chungbuk.ac.kr

차례 • Contents

5장 다중공선성과 회귀진단

6장 회귀계수 추정법

7장 로버스트 회귀와 저항회귀

8장 능형회귀와 벌점회귀

[2부] 회귀분석 II

9장 로지스틱 회귀 I

10장 로지스틱 회귀 II

18장* MARS 회귀

19장* 분위수 회귀와 역추정

20장* 다변량 다중회귀

21장* 선형혼합모형

22장* 다수준모형

1부

회귀분석 I

1장 들어가며
2장 결측값 대치와 데이터 변환
3장 상관분석과 시각화
4장 다중선형회귀와 관련 주제
5장 다중공선성과 회귀진단
6장 회귀계수 추정법
7장 로버스트 회귀와 저항회귀
8장 능형회귀와 벌점회귀

1장 들어가며

1.1 서론

회귀분석(Regression Analysis)은 데이터로부터 독립변수(또는 예측변수)들의 함수를 다음과 같이

$$\hat{y} = f(x_1, x_2, \cdots, x_p)$$

으로 추정하여 종속변수(또는 반응변수)를 예측하는 방법이다. 여기서 $x = (x_1, x_2, \cdots, x_p)'$은 주어지는 값이며, y는 주어진 x에서 측정되는 값으로 벡터로 주어질 수도 있다.

이 책에서는 강력한 통계분석 도구인 R을 이용한 다양한 회귀분석 문제를 다룬다. 이 장에서는 이 책의 전반에 걸쳐 사용될 R의 모형식 표현과 적합된 회귀모형에 대한 평가방법을 소개한다.

1.2 R의 모형식 표현

R의 대표적인 회귀모형 적합함수인 lm( ) 함수에 사용되는 모형식 표현을 소개한다. R에서 모형식의 기본 형식은

y (반응변수) ~ x1+x2+⋯ (예측변수들)

이며, 함수 내에서 다음과 같이 사용된다.

```
> lm(y ~ x + z)      # 중회귀모형식
```

R에서 모형식 표현에 사용되는 기호를 정리하면 [표 1.1]과 같다. 모형식의 간결한 표현을 위해 이들 기호는 매우 유용하다.

[표 1.1] R의 모형식 기호

기호	예	의미
1	1+(또는 +1)	절편을 포함
+	+x	변수를 포함
−	−x	변수를 제거
:	x:z	변수 간의 교호효과를 포함
*	x * y	각 변수와 변수 간의 교호효과를 포함
|	x | z	조건부: z 조건하에 x 포함
^	(x+z+w)^3	각 변수와 3차까지의 모든 교호효과를 포함
I	I(x * z)	괄호 안의 변수를 포함. I(·)는 insulate 함수임
−	x−1	항을 제거
%in%	x+y%in%x	y가 x에 내포됨(nested), x+x:y와 동일

동일한 모형식도 다양하게 표현될 수 있다. 예를 들어 다음의 모형식들은 동치이다.

- y ~ x+z+w+x:z+x:w+z:w+x:z:w
- y ~ x*z*w
- y ~ (x+z+w)^3

마찬가지로 아래의 모형식들도 서로 동치이다.

- y ~ x+z+w+x:z+x:w+z:w
- y ~ x*z*w−x:z:w
- y ~ (x+z+w)^2

데이터프레임을 사용할 때 모형식에서 "."을 사용하면 매우 편리하다. 예를 들어, 데이터프레임 D가 4개의 변수(또는 열) y, x, z, w를 가질 때 다음의 표현

```
> fit <- lm(y ~ ., data=D)
```

에서 "."은 y를 제외한 모든 변수를 예측변수로 포함한다는 의미이다. 즉, 위의 표현은 다음과 동치이다.

```
> fit <- lm(y ~ x+z+w, data=D)
```

유사하게, 아래의 두 표현은 동치이며

```
> fit <- lm(y ~ .-w, data=D)
> fit <- lm(y ~ x+z)
```

다음의 두 표현도 서로 동치이다.

```
> fit <- lm(y ~ .*w, data=D)
> fit <- lm(y ~ x+z+w+x:w+z:w)
```

update( ) 함수는 적합된 모형을 업데이트하고 재적합한다. 사용형식은 다음과 같다.

```
> update(적합된 모형 객체, 업데이트 모형식)    # 사용 예: update(fit, .~.-z:w)
```

R에서 모형 기반의 분석함수는 공통으로 다음의 인자가 적용된다.

- data=
- subset=
- na.action="na.omit"(디폴트), "na.exclude"

1.3 모형평가

1.3.1 최적의 부분 회귀모형의 선택 기준

최적의 부분 회귀모형(best subset regression)의 선택은 예측변수들의 모든 가능한 부분집합을 예측변수로 하는 회귀모형(all possible subset regression)을 적합하고, 이 가운데 아래의 기준에 가장 잘 부합하는 모형을 찾는 방법이다.

○ 결정계수: $R^2 = \dfrac{SSR}{SST} = 1 - \dfrac{SSE}{SST}$.

○ 수정결정계수: $R_a^2 = 1 - \left(\dfrac{n-1}{n-p}\right)\dfrac{SSE}{SST}$.

○ 평균제곱오차: $MSE=\dfrac{SSE}{n-p}=\dfrac{\sum(y_i-\hat{y}_i)^2}{n-p}$.

○ Mallow's C_p: $C_p=p+\dfrac{(MSE-\widehat{\sigma^2})(n-p)}{\widehat{\sigma^2}}=\dfrac{SSE}{\widehat{\sigma^2}}+2p-n$.

위 식에서 $p, SSE, \widehat{\sigma^2}$은 다음과 같이 정의된다.

- p =모수의 수(절편항 포함).
- SSE=p개의 예측변수로 적합한 모형의 오차제곱합.
- $\widehat{\sigma^2}$=모든 예측변수를 포함한 적합모형의 평균제곱오차.

위의 기준에 따른 변수선택은 다음의 절차를 따른다.

(i) 결정계수는 p에 대해 증가함수이다. 따라서 (모형의 단순성을 위해) 증가가 둔화되는 시점의 p를 선택한다.
(ii) 수정결정계수는 결정계수의 단점을 보완하여 설명력이 약한 예측변수가 추가될 때는 오히려 감소한다. 따라서 가장 큰 값을 가지는 p를 선택한다.
(iii) 평균제곱오차가 최소가 되는 p를 선택한다. 수정결정계수의 결과와 동일하다.
(iv) C_p의 값이 p와 가장 가까운 값을 가지는 p를 선택한다.

1.3.2 정보기준과 PRESS

(a) 정보기준

회귀모형의 비교를 위해 다음의 여러 가지 정보기준(information criterion) 통계량이 사용된다. 몇몇 데이터 분석가들은 이들 정보기준이 C_p 통계량보다 더 현실적인 방법으로 생각한다. 그 이유는 C_p가 실제보다 모형 간에 더 큰 차이가 있는 것처럼 보이게 하는 경향 때문이다.

○ Akaike's 정보기준:

$$AIC=n\ln\left(\frac{SSE}{n}\right)+2p.$$

○ Bayesian 정보기준(또는 Schwartz's Bayesian Criterion):

$$BIC=n\ln\left(\frac{SSE}{n}\right)+p\ln(n).$$

○ Amemiya's 예측기준(Prediction Criterion):

$$APC = \frac{n+p}{n(n-p)} SSE.$$

위 식에서 n은 표본의 크기이며 p(절편항을 포함한 모수의 수)와 SSE의 정의는 위와 동일하다.

위에서 정의된 정보기준을 사용하여 모형을 평가하는 방법은 다음과 같다.

세 종류의 정보기준은 모두 작은 값을 가질수록 우수하다. BIC는 AIC에 비해 모수의 수에 더 큰 벌점(penalty)을 부여하므로, 좀 더 단순한 모형을 선호하게 된다. 이는 AIC 기준이 과대적합의 경향이 있다는 일부 비판에 대한 보완으로 생각될 수 있다.

(b) 예측제곱합(PRESS: prediction sum of squares)

PRESS는 모형의 예측력을 통해 평가하는 방법이다. 아래의 정의에서 $\hat{y}_{i(i)}$은 i-번째 자료를 제외하고 적합한 모형으로부터 i-번째 값을 추정한 것이다. PRESS 값이 작을수록 예측력이 우수하다고 할 수 있다.

○ $PRESS = \sum_{i=1}^{n} (y_i - \hat{y}_{i(i)})^2$.

(c) 예측결정계수(predicted R^2)

예측결정계수는 PRESS를 통해 다음과 같이 정의된다. 이 값은 PRESS보다 더 직관적으로 해석될 수 있다. PRESS와 더불어 데이터 셋을 훈련용과 검증용으로 별도로 나누지 않고 모형의 예측력을 비교할 수 있어 유용하다.

○ $R^2_{pred} = 1 - \frac{PRESS}{SST}$. (이 값이 영보다 작을 때는 영으로 간주함)

PRESS와 예측결정계수는 모형추정에 포함되지 않은 자료를 이용하여 계산되므로 과적합(overfitting)을 방지하는 데 도움이 된다. 과적합은 모형적합에 사용된 데이터에 대해서는 우수한 적합을 제공하지만, 새로운 관측값에 대해서는 유용한 적합을 보이지 못하는 것을 의미한다.

1.3.3 교차타당법

교차타당법(cross-validation method)은 데이터 셋을 모형구축에 사용될 훈련용 셋(training set)과 예측력 평가에 사용될 평가용 셋(validation or prediction set)으로 나누어 모형을 평가하는 방법이다. 데이터 양이 충분히 많은 경우에는 두 데이터 셋의 비율을 50% : 50%로 랜덤하게 나누어 적용한다.

○ $K-$중첩(fold) 교차타당법:

데이터의 양이 충분치 않은 경우에는 전체 데이터 셋을 (동일한 크기의) K 조각으로 나누고, 이 가운데 한 조각을 제외한 나머지 $(K-1)$ 조각으로 모형을 구축한 뒤, 남겨둔 한 조각에 대해 예측을 수행한다. 남겨지는 조각을 바꾸어 가며 이 절차를 K번 반복한다. 각 조각에 대한 제곱 예측오차를 더하여 교차타당법의 측도로 사용한다.

○ Loo(Leave-one-out) 교차타당법:

$K-$중첩 교차타당법에서 $K=n$인 경우에 해당한다. 즉, 한 개의 데이터만 남기고 모형을 구축한 후 남겨진 한 개를 추정하는 과정을 반복한다. 계산량이 다소 많아질 수 있다. Loo 교차타당법을 이용한 예측오차의 추정값은 PRESS와 동일하다.

1.3.4 데이터마이닝에서의 모형 평가

대용량의 자료를 다루는 데이터마이닝에서 예측(분류)모형에 대한 평가는 보통 훈련용(training) 자료에 의해 구축된 모형을 검증용(test) 자료에 대해 적용하여 평가한다. 모형평가에 사용되는 측도로는 범주형 반응변수에 대해서는 정오분류표(confusion matrix)에 기반한 여러 가지 측도(정분류율, 민감도, 특이도)들이 사용되며, 연속형 반응변수에 대해서는 평균절대오차, 평균제곱오차 등이 사용된다.

(a) 이진 반응변수의 경우

이들 가운데 정오분류표는 예측결과가 두 개의 집단(C_1, C_2)으로 주어지는 경우 [표 1.2]의 형태로 주어진다.

[표 1.2] 정오분류표

		예측집단	
		C_1	C_2
실제집단	C_1	f_{11}(true positive)	f_{12}(false negative)
	C_2	f_{21}(false positive)	f_{22}(true negative)

위의 [표 1.2]에서 전체 자료 수를 n이라고 할 때, 정분류율, 민감도, 특이도는 다음과 같이 정의된다.

○ 정분류율(correct classification rate) 또는 정확도(accuracy): 전체에서 정확히 예측한 비율

$$\frac{f_{11}+f_{22}}{n}.$$

○ 민감도(sensitivity): 실제 참(true)인 것을 참(true)으로 제대로 분류한 비율

$$\frac{f_{11}}{f_{11}+f_{12}}.$$

○ 특이도(specificity): 실제 거짓(false)인 것을 거짓(false)으로 제대로 분류한 비율

$$\frac{f_{22}}{f_{21}+f_{22}}.$$

또한, 정분류율은 다음과 같이 민감도와 특이도의 가중합으로 표현될 수 있다.

$$\text{정분류율} = \frac{f_{11}+f_{12}}{n}\times(\text{민감도}) + \frac{f_{21}+f_{22}}{n}\times(\text{특이도}).$$

보충 정밀도와 재현율

다음의 이진 분류의 결과로부터, 예측1(1로 예측한 경우)의 성능을 나타내는 측도를 소개한다.

실제\예측	1(발생)	0(미발생)
1(발생)	TP	FN
0(미발생)	FP	TN

o 정밀도(Precision)$=\frac{TP}{TP+FP}$, 재현율(Recall)$=\frac{TP}{TP+FN}$

(의미) 정밀도는 예측1의 결과가 얼마나 정확한지, 즉 예측1의 결과 중 실제 발생의 비율이 얼마나 포함되어 있는지를 나타낸다. 재현율(Recall)은 실제 발생을 빠뜨리지 않고 잘 예측하는지를 나타낸다(실제, 민감도와 동일함).

o F1 점수(F1 Score)$=\left(\frac{\frac{1}{Precision}+\frac{1}{Recall}}{2}\right)^{-1}=\frac{2\cdot Precision\cdot Recall}{Precision+Recall}$

(의미) F1 점수(또는 F1 측도)는 정밀도와 재현율을 하나로 통합한 측도로 그들의 조화평균으로 정의된다. F1 점수는 Precision과 Recall의 가중을 동일하게(1/2로) 주는 반면, 가중을 다르게 부여하는 F0.5(Precision : Recall = 8 : 2) 또는 F2 측도(Precision : Recall = 2 : 8)를 사용하기도 한다.

(b) 연속형 반응변수의 경우

연속형 예측값에 대해 적용되는 평균절대오차, 평균제곱오차, 평균절대백분위오차는 다음과 같이 정의된다. 실제값을 y_i, 예측값을 $\hat{y}_i$라고 하자.

○ 평균절대오차(Mean Absolute Error):

$$MAE = \frac{1}{n}\sum_{i=1}^{n} |y_i - \hat{y}_i|.$$

○ 평균제곱오차(Mean Squared Error):

$$MSE = \frac{1}{n}\sum_{i=1}^{n} (y_i - \hat{y}_i)^2.$$

○ 평균절대백분위오차(Mean Absolute Percentage Error):

$$MAPE = \frac{1}{n}\sum_{i=1}^{n} \frac{|y_i - \hat{y}_i|}{y_i} \times 100.$$

(c) 모형선택을 위한 비교 방법

모형선택을 위한 여러 가지 예측모형 간의 비교 방법에는 신뢰구간(또는 검정)을 이용하는 방법, ROC(Receiver Operating Characteristic) 곡선을 이용하는 방법이 있다.

신뢰구간을 이용하는 방법은 두 개의 예측모형 간의 비교에 사용된다. 예를 들어, 각 모형에 대해 k-중첩 교차타당법을 수행한 후 평균오차율을 추정하고, 이를 이용하여 오차율(=1-정분류율)의 차이에 대한 신뢰구간을 구하여 비교하는 방법이다.

ROC 곡선은 로지스틱 회귀 또는 베이즈 분류의 사후확률처럼 연속형의 값으로 주어질 때 유용하다. 즉, 검증용 자료에 대해 예측값을 내림차순으로 정렬한 뒤, 분류를 위해 기준값을 선택하면 정오분류표를 얻게 된다. ROC 곡선은 기준값을 0 → 1로 변화시키면서 해당 정오분류표로부터 (1-특이도)와 민감도의 값을 구하고, 이 값을 각각 x, y 좌표상에 연결하여 그린 것이다.

다음의 [그림 1.1]은 예측모형에 대한 ROC 곡선의 예이다. 그림 (a)는 한 개의 예측모형에 대해 분류기준값(그래프 내의 숫자)의 변화에 따른 ROC 곡선이며, 그림 (b)는 여러 개의 모형에 대해 그린 것이다. 그림 (b)는 여러 예측모형의 비교에 사용될 수 있으며, 곡선 아래쪽의 면적[이 값을 c-통계량 또는 AUC(area under the ROC curve)라고 함]이 클수록 모형의 성능이 평균적으로 우수함을 나타낸다.

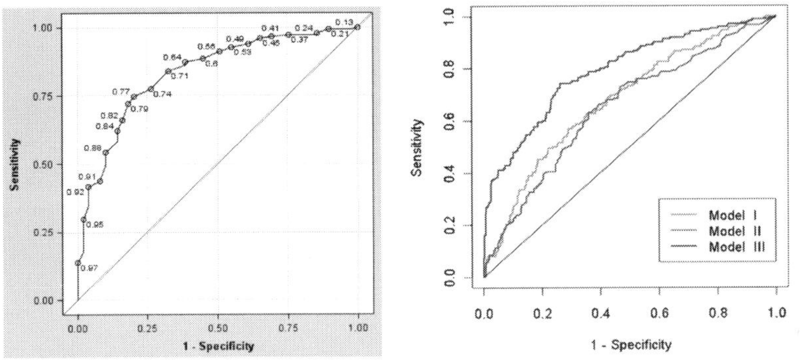

(a) 분류기준값에 따른 ROC 곡선 (b) ROC 곡선을 통한 모형비교

[그림 1.1] ROC 곡선을 통한 모형 평가

데이터마이닝에서 예측모형에 대한 평가 방법으로 검증용 자료에 기반한 모형 평가[이를 예비법(holdout method)이라고 함] 외에 예측모형(또는 분류기)을 평가하는 일반적인 방법으로 교차타당법, 붓스트랩(bootstrap) 방법 등이 있다.

2장 결측값 대치와 데이터 변환

2.1 서론

예측 모델링을 포함한 다변량 자료분석에서 첫 번째 장애물은 결측값(missing values)에 대한 처리이다. 대부분의 통계분석 방법은 결측값을 포함하는 케이스를 제외한 뒤 완전한 자료에 대해 분석을 진행한다. 결측자료의 양이 데이터 셋의 크기에 비해 매우 작은 경우에는 이 방법이 분석의 편의(bias)를 없애기 위한 최선의 전략이 될 수 있다. 그러나 이 방법은 경우에 따라 표본의 수를 크게 줄일 수 있으며, 중요한 정보를 없애게 되어 예측모형의 성능을 크게 떨어뜨리는 원인으로 작용할 수 있다. 관측된 정보를 최대한 활용하기 위해서는 결측값에 대한 대치(imputation)가 중요하다.

한편, 몇몇 모형에서는 표준화 등의 변환된 자료 형태를 요구한다. 또한 모형의 성능 개선과 분석목적에 따라 예측변수에 대한 변환이 필요하다.

이 장에서는 결측값 대치와 데이터 변환을 위한 R의 여러 함수를 소개한다.

2.2 결측값 대치

먼저, 결측값의 발생 유형에는 다음의 세 종류가 있다.

○ MCAR(missing completely at random): 결측값이 완전히 랜덤하게 발생한 경우이다. 예를 들어, 응답자가 우연히 질문을 뛰어넘은 경우이다. 이 경우 관측된 자료는 완비 자료로부터의 확률표본으로 간주될 수 있다.

- ○ MAR(missing at random): 실제의 문제에서 가장 빈번한 형태로 결측값이 관측된 다른 변수값에 영향을 받는 경우이다. 예를 들어, 젊은 응답자에 비해 나이든 응답자의 결측이 더 많은 경우이다. 그러나 응답자의 그룹 내에서는 자료가 MCAR이다.
- ○ MNAR(missing not a random): 결측값이 랜덤하게 발생되지 않은 경우로, 보다 심각하다. 이 경우에는 데이터의 수집 절차를 확인하고, 발생 원인을 이해할 필요가 있다. 예를 들어, 설문조사에 참여한 대부분의 사람들이 특정 질문에 답하지 않은 경우, 왜 그들이 답하지 않았는지? 질문이 불명확하지 않은지? 등을 확인할 필요가 있다.

이 절에서는 자료가 MCAR과 MAR의 가정을 만족한다는 전제하에서 결측값에 대한 대치방법을 다루기로 한다. MNAR의 경우에는 대치가 충분하지 않다. 그 이유는 결측값이 유용한 데이터와는 완전히 다르기 때문이다.

결측값의 대치방법에는 단일대치와 다중대치가 있다. 단일대치(single imputation)는 한 개의 값으로 결측값을 대치하는 방법으로 평균, 회귀, EM 등이 있다. 반면, 다중대치(multiple imputation, 이하 MI)는 결측값에 대해 여러 번의 대치를 수행하는 방법으로, 서로 상이한 여러 개의 대치 데이터 셋을 생성한다(보통 5~10개). 다중대치는 결측값의 불확실성을 고려하므로 단일대치에 비해 선호되지만, 단점으로는 각 대치 데이터 셋에 대해 통계분석을 반복 수행한 뒤 이를 결합하여야 하는 것이다.

결측값의 비율은 문제가 될 수 있다, 단일대치의 경우 보통 안전한 최대 임계값은 대형 데이터 셋에 대해 전체의 5% 정도이다. 결측의 비율이 큰 경우에는 단일대치보다 다중대치를 사용하는 것이 적절하며, 변수나 자료를 제외하는 것도 고려할 수 있다.

여기서는 실제 예제를 통해 여러 종류의 R 패키지를 이용한 결측값의 대치방법을 소개한다. 소개할 R 패키지와 함수는 다음과 같다.

- mice{mice}
- missForest{missForest}
- {Hmisc}의 impute()와 aregImpute() 함수
- mi{mi}
- amelia{Amelia}

예제 1

iris 자료에서 임의로 결측값을 발생시킨 자료에 대해 대치를 수행한다.

R의 prodNA{missForest} 함수는 자료에서 인위적으로 결측값을 발생시켜준다.

```
> # 분석자료: iris 자료에서 결측값을 10% 발생시킴
> library(missForest)
```

```
> set.seed(100)
> md <- prodNA(iris, noNA = 0.1)
> head(md)
  Sepal.Length Sepal.Width Petal.Length Petal.Width Species
1          5.1          NA          1.4         0.2  setosa
2          4.9         3.0          1.4         0.2  setosa
3          4.7         3.2          1.3         0.2  setosa
4          4.6         3.1          1.5         0.2  setosa
5          5.0         3.6           NA         0.2    <NA>
6          5.4         3.9           NA         0.4  setosa
```

(a) {mice} 패키지

이 패키지의 mice( ) 함수는 다변량 자료의 결측값에 대해 다중대치(multiple imputation)를 제공한다. mice는 "multiple imputation by chained equations"의 약어이다.

```
> library(mice)
> md.pattern(md)     # 결측값의 패턴을 보여 줌
   Sepal.Length Petal.Width Species Petal.Length Sepal.Width
90            1           1       1            1           1  0
 7            0           1       1            1           1  1
14            1           1       1            1           0  1
10            1           1       1            0           1  1
 8            1           0       1            1           1  1
 7            1           1       0            1           1  1
 1            0           1       1            1           0  2
 1            0           1       1            0           1  2
 1            1           1       1            0           0  2
 3            1           0       1            1           0  2
 1            1           0       1            0           1  2
 1            1           1       0            1           0  2
 4            1           1       0            0           1  2
 1            1           0       0            1           1  2
 1            1           1       0            0           0  3
              9          13      14           18          21 75
```

(해석) 결측이 없는 관측값이 90개, Sepal.Length에만 결측이 발생한 관측값이 7개이고, Sepal.Length에만 결측값이 총 9개 발생되었음을 알려준다.

[참고] aggr{VIM} 함수는 결측값의 패턴을 시각화하는 데 유용하다.

```
> library(VIM)
> plot.1 <- aggr(md, col=c('navyblue','yellow'),
                 numbers=TRUE, sortVars=TRUE,
                 labels=names(md), cex.axis=.7,
```

```
                    gap=3, ylab=c("Missing data","Pattern"))

 Variables sorted by number of missings:
     Variable      Count
  Sepal.Width 0.14000000
 Petal.Length 0.12000000
      Species 0.09333333
  Petal.Width 0.08666667
 Sepal.Length 0.06000000
```

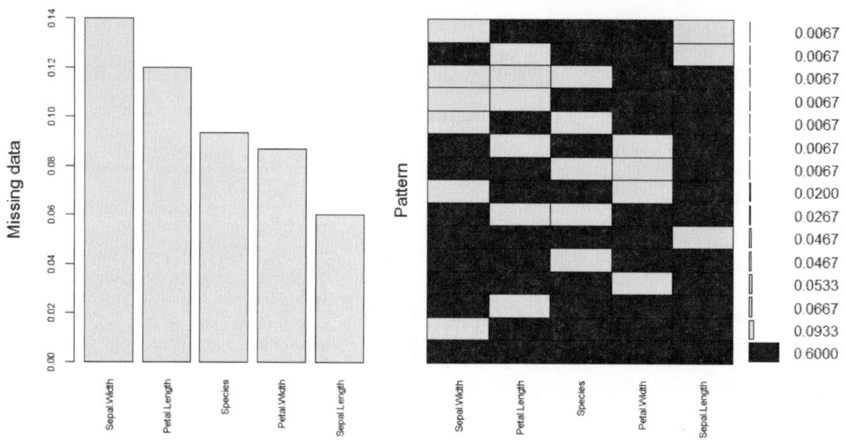

R의 mice{mice} 함수를 이용하여 결측값을 대치한다. method= 옵션은 다음과 같다.

- method= "pmm", "logreg", "polyreg", "polr"

method= 옵션을 생략할 경우, 변수의 유형에 따라 다음의 방법을 사용하여 대치를 수행한다.

- pmm(predictive mean matching): 수치형 변수의 경우 디폴트
- logreg(logistic regression): 이진(수준이 2개인)변수에 대한 디폴트
- polyreg(Bayesian polytomous regression): 요인(수준이 3개 이상인)변수에 대한 디폴트
- polr(proportional odds model): 2개 이상의 순서형 변수에 대한 디폴트

아래에서 m=5는 다중대치의 수를 5개로 지정하고, method = 'pmm'은 대치방법으로 PMM 방법을 사용한다. PMM 방법은 결측값을 포함하는 각 관측값에 대해 해당 변수에 가장 가까운 예측 평균을 가진 (사용 가능한 값에서) 관측값을 찾는다. 이 "매치(match)"로부터 관측된 값을 대치값으로 사용한다.

```
> md.1 <- mice(md, m=5, maxit = 50, method = 'pmm', seed = 500)
```

결측값이 대치된 완비 자료는 complete( ) 함수를 이용하여 출력할 수 있다.

```
> # 결측값 대치 후의 완비 자료 출력(5개 중 2번째 사용)
> imputed.1 <- complete(md.1, 2)


> # mice() 함수의 수행 결과 요약
> summary(md.1)
Multiply imputed data set
Call:
mice(data = md, m = 5, method = "pmm", maxit = 50, seed = 500)
Number of multiple imputations:  5
Missing cells per column:
Sepal.Length  Sepal.Width Petal.Length  Petal.Width      Species
           9           21           18           13           14
Imputation methods:
Sepal.Length  Sepal.Width Petal.Length  Petal.Width      Species
       "pmm"        "pmm"        "pmm"        "pmm"        "pmm"
VisitSequence:
Sepal.Length  Sepal.Width Petal.Length  Petal.Width      Species
           1            2            3            4            5
PredictorMatrix:
             Sepal.Length Sepal.Width Petal.Length Petal.Width Species
Sepal.Length            0           1            1           1       1
Sepal.Width             1           0            1           1       1
Petal.Length            1           1            0           1       1
Petal.Width             1           1            1           0       1
Species                 1           1            1           1       0
Random generator seed value:  500
```

[참고] 다음은 다중대치에 의한 5개(m=5)의 데이터 셋에 대해 각각 특정 모형을 적합하고, 이를 결합(pooling)하는 과정을 보여 준다. 결과에서 fmi는 결측값의 비율을 나타내고, lambda는 결측값으로 인한 전체분산의 비율을 나타낸다.

```
> options(digits=3)
> fit <- with(md.1, lm(Sepal.Length ~ Sepal.Width))
> summary(pool(fit))
               est    se     t  df Pr(>|t|) lo 95  hi 95 nmis   fmi lambda
(Intercept)  6.647 0.497 13.38 107    0.000  5.66 7.6319   NA 0.103 0.0866
Sepal.Width -0.261 0.161 -1.63 107    0.107 -0.58 0.0571   21 0.102 0.0858
```

(b) {missForest} 패키지

이 패키지의 missForest( ) 함수는 그 이름에서 드러나듯이 랜덤포리스트(random forest) 알고리즘을 사용하여 대치를 수행한다. 이 방법은 비모수적 대치방법으로, 다양한 변수 형태에 적용될 수 있다, 이 방법은 OOB(out of bag) 대치 오차 추정값을 제공해 준다.

```
> library(missForest)
> md.2 <- missForest(md)    # 디폴트 옵션을 사용하여 결측값을 대치함

> names(md.2)
[1] "ximp"     "OOBerror"

> md.2$OOBerror
     NRMSE        PFC
0.13966227 0.04411765
```

(해석) NRMSE는 정규화된 평균제곱오차로, 연속적인 값의 대치로부터 유도되는 오차를 나타내며, PFC(proportion of falsely classified)는 범주형 값의 대치로부터 유도되는 오차를 나타낸다.

```
> # 실제 자료와의 비교
> error <- mixError(md.2$ximp, md, iris)
> error
     NRMSE        PFC
0.13254762 0.07142857
```

(해석) 위 결과는 범주형 변수는 7% 오차로 대치되고, 연속형 변수는 13%의 오차로 대치된다는 것을 나타낸다. 이것은 mtry= 와 ntree= 옵션을 조정하여 향상시킬 수 있다. mtry= 는 각 분할에서 무작위로 샘플링되는 변수의 수를 나타내고, ntree= 는 포리스트에서 생성할 트리의 수를 나타낸다.

(C) {Hmisc} 패키지

이 패키지의 impute( ) 함수와 aregImpute( ) 함수는 결측값 대치를 제공한다. impute( ) 함수는 사용자가 지정한 방법(평균, 중앙값, 최댓값, 최솟값 등)으로 결측값을 대치하며, aregImpute( ) 함수는 가법회귀, 붓스트랩, PMM을 사용한 평균 대치를 수행한다. 특히 aregImpute( ) 함수는 변수의 형태를 자동으로 식별하고 이를 처리한다.

```
> library(Hmisc)
> # impute() 함수 이용: 평균값/임의값 대치
> # mean, min, max, median 지정 가능
> md.31 <- with(md, impute(Sepal.Length, mean))
> md.32 <- with(md, impute(Sepal.Length, 'random'))

> # argImpute() 함수 이용
> md.33 <- aregImpute(~ Sepal.Length + Sepal.Width + Petal.Length
                      + Petal.Width + Species, data = md, n.impute = 5)

> md.33
Multiple Imputation using Bootstrap and PMM
```

```
aregImpute(formula = ~Sepal.Length + Sepal.Width + Petal.Length +
    Petal.Width + Species, data = md, n.impute = 5)

n: 150         p: 5     Imputations: 5     nk: 3

Number of NAs:
Sepal.Length  Sepal.Width Petal.Length  Petal.Width      Species
           9           21           18           13           14

             type d.f.
Sepal.Length    s    2
Sepal.Width     s    2
Petal.Length    s    2
Petal.Width     s    2
Species         c    2

Transformation of Target Variables Forced to be Linear

R-squares for Predicting Non-Missing Values for Each Variable
Using Last Imputations of Predictors
Sepal.Length  Sepal.Width Petal.Length  Petal.Width      Species
       0.899        0.585        0.982        0.957        0.990
```

(해석) 위 결과에서 R^2(R-squares)는 예측된 결측값에 대한 성능을 나타낸다. 이 값이 클수록 예측 성능이 우수하다.

(d)* {mi} 패키지

이 패키지의 mi( ) 함수는 진단과 함께 다중대치를 수행한다. 다른 패키지와 마찬가지로 결측값을 추정하기 위해 다중대치모형을 구축한 뒤, PMM 방법을 사용하여 대치한다.

아래의 mi( ) 함수는 디폴트 옵션인 rand.imp.method = "bootstrap", n.imp = 3, n.iter = 30 이 사용되었다.

```
> library(mi)
> md.4 <- mi(md, seed = 200)

> summary(md.4)
$Sepal.Length
$Sepal.Length$is_missing
missing
FALSE  TRUE
  141     9

$Sepal.Length$imputed
   Min. 1st Qu.  Median    Mean 3rd Qu.    Max.
```

```
-0.9650 -0.1168  0.1811  0.1579  0.4367  0.8156

$Sepal.Length$observed
   Min. 1st Qu.  Median    Mean 3rd Qu.    Max.
-0.9147 -0.4364 -0.0776  0.0000  0.3410  1.2380

...(중략)

$Species
$Species$crosstab

             observed imputed
  setosa          180      25
  versicolor      180      22
  virginica       184       9
```

(e)* {Amelia} 패키지[1)]

이 패키지의 amelia( ) 함수는 불완비 다변량 자료에 대한 다중대치를 수행한다. 이 방법은 불완비자료에 대해 붓스트랩 EM 알고리즘을 수행하고 대치 데이터 셋을 생성한다. 이 함수의 여러 옵션 가운데 몇 가지만 소개한다.

- idvars= 식별변수와 기타 대치를 원하지 않는 열 번호 또는 변수명 벡터
- noms= 은 명목형 변수를 나타내는 열 번호 또는 변수명 벡터
- ts= 시계열 자료에서 시간식별변수를 나타내는 열 번호 또는 변수명

```
> library(Amelia)
> # 열을 지정하고 amelia() 함수를 수행
> md.5 <- amelia(md, m=5, parallel = "multicore", noms = "Species")
> names(md.5)
> # 대치된 데이터 셋(5개)
> md.5$imputations[[1]]
> md.5$imputations[[2]]
> md.5$imputations[[3]]
> md.5$imputations[[4]]
> md.5$imputations[[5]]
> # 대치된 데이터 셋(5번)의 특정 열(Sepal.Length)을 확인
> md.5$imputations[[5]]$Sepal.Length
> # 결과 파일을 csv 파일로 저장
> write.amelia(md.5, file.stem = "화일명")
```

1) Amelia는 대서양을 단독으로 비행한 최초의 여성인 Amelia Earhart의 이름에 유래하며, 그녀는 1937년 태평양 비행 중에 불가사의하게 사라짐.

참고

실무에서 결측값 대치를 위한 패키지의 선택에 대해 혹자는 경험에 기반하여 {Hmisc}를 일차적인 선택지로 추천한다. 이 패키지는 변수의 형태를 자동으로 인식하여(범주형 변수에 대한 별도의 구분 또는 처리가 불필요), 붓스트랩 또는 PMM을 사용하여 결측값을 대치해 준다. 관측된 변수가 충분한 정보를 제공하는 경우에는 랜덤포리스트에 기반한 {missForest}가 {Hmisc}보다 성능이 뛰어날 수 있다. {MICE}도 가장 많이 사용되는 패키지 가운데 하나이다.

2.3 데이터 변환

모형의 적합에 앞서 예측변수에 대한 변환을 소개한다. 자료의 변환에는 분석모형과 분석목적에 따라 분석자의 주관적인 판단이 요구된다. 이 절에서는 여러 가지 변환방법과 함께 R을 이용한 변환절차를 소개한다.

2.3.1 선형화 변환

두 변수 간의 관계가 비선형적인 경우 선형화를 위한 변환을 소개한다. 다음의 [그림 2.1]은 비선형성의 형태에 따른 독립(또는 종속)변수의 변환에 대한 정보를 제공한다. 예를 들어, 두 변수 간의 관계가 그림 (b)와 같은 경우 각 변수에 제시된 변환을 선형성이 만족될 때까지 차례대로(위쪽에서 아래쪽으로 이동하면서) 적용해 나간다.

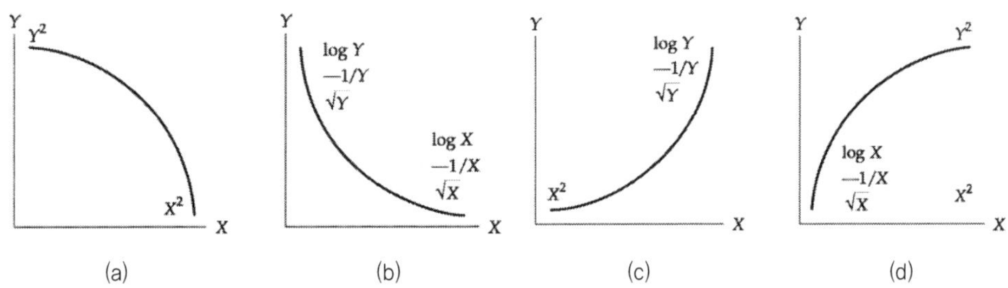

[그림 2.1] 선형화 변환

2.3.2 박스-콕스 변환

R 패키지 {caret}의 preProcess( ) 함수는 개별 예측변수에 대한 중심화(centering), 척도화(scaling) 및 박스-콕스 변환(Box-Cox transformation)을 제공한다.

예제 2

두 개의 예측변수(x_1, x_2)를 가지는 데이터프레임을 생성하고, 이를 이용하여 전처리 과정을 수행한다.

```
> set.seed(200)
> predictors = data.frame(x1=rnorm(1000, mean=5, sd=2),
                          x2=rexp(1000, rate=10))
```

데이터프레임 predictors를 그림으로 나타내면 다음과 같다.

```
> plot(predictors)
> par(mfrow=c(1,2))
> hist(predictors[,1])
> hist(predictors[,2])
```

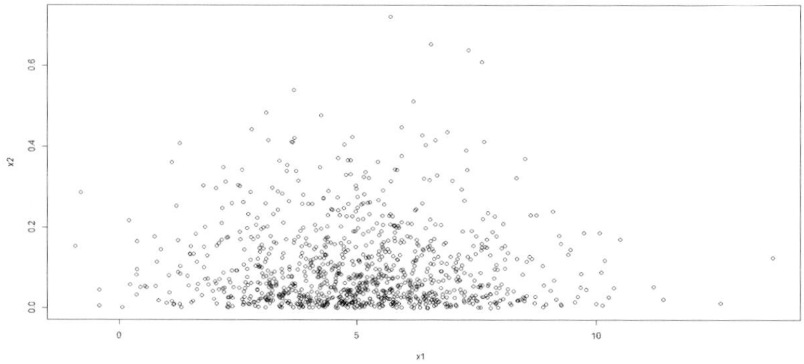

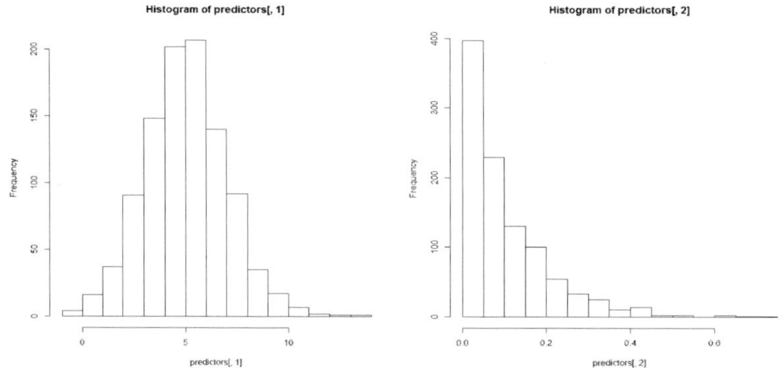

일반적으로 Box-Cox 변환은 양의 값을 가지는 자료에 적용되는 분산안정화 및 정규화를 위한 변환으로 알려져 있다. Box-Cox 변환(또는 멱(power) 변환)은 다음과 같다.

$$x^* = \begin{cases} \dfrac{x^\lambda - 1}{\lambda}, & \lambda \neq 0 \\ \log(x), & \lambda = 0 \end{cases}$$

위의 자료에 대해 변환의 차수인 λ를 추정하고, 그 결과를 위의 자료에 적용한 뒤, 각 변수에 대해 중심화와 척도화를 함께 수행한다.

```
> require(caret)
> trans = preProcess(predictors, c("BoxCox", "center", "scale"))
> predictorsTrans = data.frame(trans = predict(trans, predictors))
```

preProcess( ) 함수를 통해 생성된 새로운 데이터프레임(predictorsTrans)을 그려보면 다음과 같다.

```
> plot(predictorsTrans)
> par(mfrow=c(1,2))
> hist(predictorsTrans[,1])
> hist(predictorsTrans[,2])
```

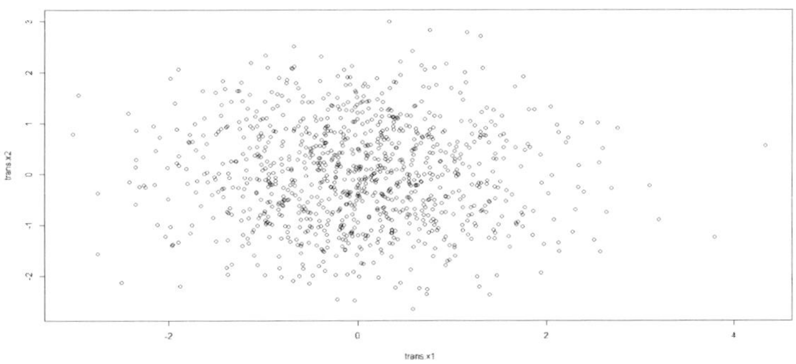

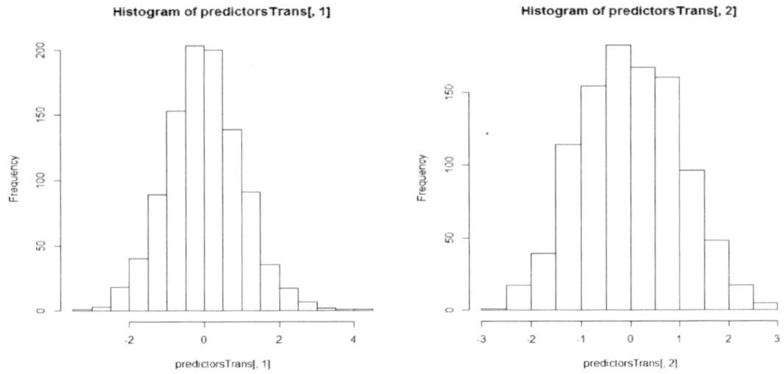

[참고] 1. R에서 박스-콕스 변환을 수행하는 함수에는 boxcox{MASS}, bcPower{car}, powerTransform {car} 등이 있다. 이에 대해서는 나종화(2016)의 2권을 참고하기 바란다.

2. 또한, 자료의 변환을 포함한 R에서 제공하는 전처리 함수에는 scale{base}, ScaleAdv {pcaPP}, stdize{pls}, PreProcess{caret}, normalize{sparseLDA} 등이 있다. 이 가운데 처음 3개 함수는 중심화와 척도화만 제공한다. PreProcess{caret} 함수는 매우 다양한 예측변수에 대한 전처리 변환을 제공한다.

2.3.3 비율자료에 대한 변환

이항분포에서 분산은 평균의 함수로 주어지며, 성공의 확률이 0.5일 때 최대가 되고 0(또는 1)에서 영(0)으로 감소한다. 여기서는 이항 자료의 분산안정화를 위한 두 가지 변환, 즉 로짓(logit)과 역사인(arc-sine) 변환을 소개한다. 이 변환은 이항분포를 따르지 않을 수도 있는 비율 자료에도 사용된다.

비율(proportion)을 $p = x/n$이라고 할 때, 두 변환은 다음과 같다.

- 로짓 변환: $p \to \log(\frac{p}{1-p})$, 범위: $(-\infty, \infty)$.
- 역사인 변환[2]: $p \to \sin^{-1}(p)$, 범위: $(0, \frac{\pi}{2})$.

다음의 [그림 2.2]는 두 변환을 비교한 그림이다. 비교를 위해, 두 변환의 결과를 다음의 최대-최소(min-max) 변환을 통해 0과 1 사이의 값으로 조정하였다($p \in (0.001, 0.999)$). 이 그림에서 두 변환 모두 $0.3 \sim 0.7$ 범위에서는 선형적이며, 양 끝에서는 변화가 심함을 알 수 있다. 로짓 변환이 역사인 변환보다 더 강한 효과를 보인다.

$$\text{최대-최소(또는 0-1) 변환: } y = \frac{x - x_{\min}}{x_{\max} - x_{\min}}.$$

자료분석에서 두 변환의 활용은 다음과 같다. 회귀의 문제에서는 로짓 변환이 역사인 변환보다 선호되며, 배열(ordination) 또는 군집분석과 같은 다변량 분석에서는 역사인 변환이 선호된

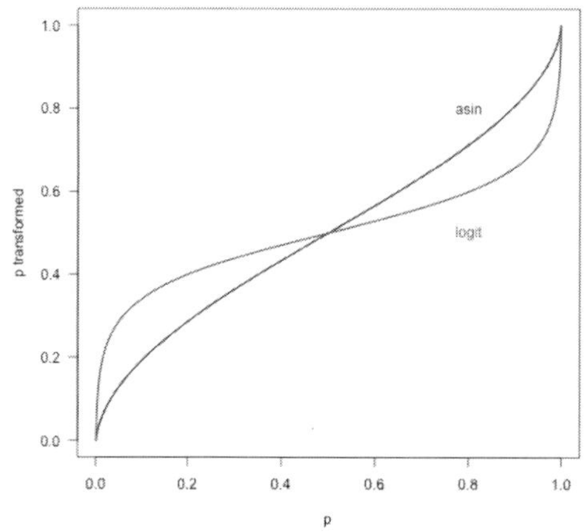

[그림 2.2] 두 변환 효과의 비교

2) 역사인 변환된 비율의 분산은 n이 충분히 클 때 대략 $(1/4n)$로 주어지며, 따라서 분산이 더 이상 평균에 의존하지 않게 된다.

다(그 이유는 변환 결과의 범위와 연관됨). 물론, 자료가 모두 0.3 ~ 0.7 범위에 속하는 경우에는 어떠한 변환도 필요하지 않다.

참고 분산안정화 변환

많은 통계적 자료들은 분산이 평균과 관계를 맺고 있다. 예를 들어, 다른 모집단의 비교에서 소득의 분산은 평균 소득에 따라 커지는 경향이 있다. 분산안정화 변환(variance stabilizing transformation, 이하 VST)의 목적은 분산과 평균의 관계성을 제거하는 것이다. 분산안정화를 위한 변환은 자료의 형태에 따라 달라지며 그 예는 다음과 같다.

- 비율(또는 이항) 자료: 역사인 또는 로짓 변환
- 개수(또는 포아송) 자료: 제곱근(또는 Anscombe) 변환
- 표본상관계수: 피셔의 변환
- 회귀분석에서의 박스-콕스 변환

VST의 이론에 대해서는 나종화(2016)의 '수리통계학'을 참고하기 바란다.

2.3.4* 반응변수의 변환: 역반응그림

여기서는 역회귀(inverse regression)를 사용한 반응변수(Y)의 변환을 소개한다. 반응변수와 예측변수 간에 다음의 관계가 성립된다고 하자.

$$Y = g(\beta_0 + \beta_1 x + \epsilon).$$

우리의 목적은 다음의 관계가 만족되도록 반응변수의 변환 $g^{-1}()$를 찾는 것이다.

$$g^{-1}(Y) = \beta_0 + \beta_1 x + \epsilon.$$

이 변환은 정규화(nomality)를 위한 변환이 아니라, 선형화(linearity)를 위한 변환이다. 그러나 변환의 결과는 종종 박스-콕스의 변환과 유사한 결과를 제공한다. Cook과 Weisberg(1994)는 x가 타원 대칭적(elliptically symmetric)이면(정규분포보다 약한 가정임) g^{-1}가 아래에서 소개되는 역반응그림을 통해 추정될 수 있음을 보였다.

이 변환을 찾는 과정은 다음과 같다. 먼저, 다음의 선형회귀모형을 적합한다.

$$Y = \beta_0 + \beta_1 x + \epsilon.$$

다음으로 관측값(y)을 x축(수평축), 추정값($\hat{y}$)을 y축(수직축)으로 하는 그림을 그린다(통상적으로 y는 수직축에 그려지나, 이 그림에서는 수평축에 놓음으로써 이 그림을 '역반응(inverse response)그림'이라고 한다). 이 그림이 직선적인 경우에는 반응변수에 대한 변환이 불필요할 것

이다. 역반응그림이 직선의 패턴을 따르지 않을 경우, 회귀의 결과 잔차제곱합(residual sum of squares, 이하 RSS)을 최소화하는 반응변수의 변환을 구할 수 있다.

R의 invResPlot() 함수는 역반응그림과 함께 RSS를 최소화하는 반응변수의 박스-콕스 변환 차수를 제공한다.

예제 3

고속도로 사고에 관한 Highway1{car} 자료에 대해 역반응그림을 통한 변환을 수행한다.

```
> library(car)
> m <- lm(rate ~ log(len) + log(adt) + slim + shld + log(sigs1), Highway1)
> invResPlot(m)
      lambda      RSS
1  0.1350783 31.57739
2 -1.0000000 35.45785
3  0.0000000 31.63514
4  1.0000000 33.68958
```

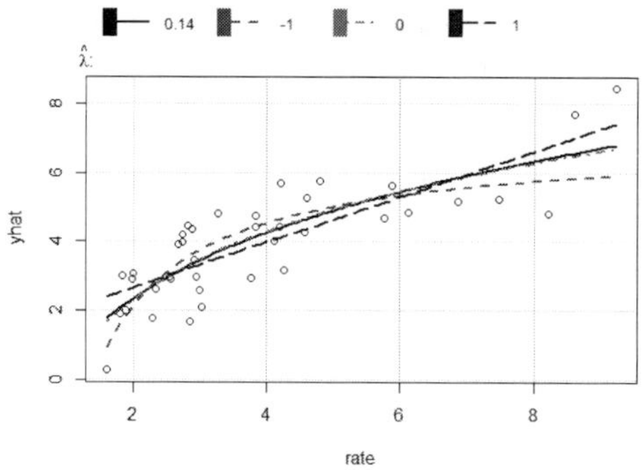

(해석) RSS를 최소화하는 변환차수가 영(0)에 가까우므로 반응변수에 대해 로그 변환이 필요함을 알 수 있다. 역반응그림의 장점 가운데 하나는 변환의 선택에 따라 개별 관측값들의 지레(leverage)와 영향(influential)을 시각화 해 준다는 것이다. 즉, 위 그림에서 변환선으로부터 크게 벗어난 점은 해당 변환에서 영향점으로 간주될 수 있다.

대안적인 방법으로, 잔차의 정규화를 위한 박스-콕스 변환의 차수를 구하면 다음과 같다. 그 결과, 역반응그림에서와 마찬가지로 반응변수에 대해 로그 변환이 적합함을 확인할 수 있다($\hat{\lambda} \approx -0.253$).

```
> summary(powerTransform(m))
bcPower Transformation to Normality
   Est.Power Std.Err. Wald Lower Bound Wald Upper Bound
Y1    -0.253   0.2891          -0.8197           0.3137

Likelihood ratio tests about transformation parameters
```

```
                               LRT df         pval
LR test, lambda = (0)  0.7749801  1 3.786808e-01
LR test, lambda = (1) 18.6129697  1 1.601274e-05
```

또한, boxcox{MASS} 함수는 선형모형의 적합결과, 잔차들이 정규분포에서 벗어날 경우, 잔차들이 정규분포를 따르게 하는 반응변수의 변환 차수(order)를 제공해 준다(나종화(2016)의 2권을 참고할 것).

3장
상관분석과 시각화

3.1 서론

다중선형회귀분석을 비롯한 여러 가지 분석을 수행하기에 앞서 여러 변수들 간(종속변수와 예측변수, 예측변수들 간)의 상관관계를 파악하는 것은 매우 중요하다. 예를 들어, 예측변수들 간의 높은 상관은 회귀모형의 성능을 떨어뜨리는 요인으로 작용할 수 있으므로 미리 제거될 필요가 있다(5장). 또한, 반응변수에 미치는 예측변수의 영향을 파악하고 이를 모형구축에 활용할 수 있다.

이 장에서는 변수들 간의 다양한(모수적, 비모수적) 상관계수를 소개하고, R에서 이를 시각화하는 방법을 소개한다.

3.2 상관계수

표본상관계수(이하 상관계수)는 두 변수 간의 선형적인(또는 직선적인) 관계를 나타내는 측도이다. 상관계수는 −1과 1 사이의 값을 가지며, 1 또는 −1에 가까울수록 선형적인 관계가 강하며, 0에 가까울수록 그 관계가 약하다고 할 수 있다.

상관계수의 종류에는 피어슨 상관계수, 스피어만 상관계수, 켄달의 타우 등이 있다. 이 가운데 피어슨 상관계수는 모수적, 나머지는 비모수적 상관계수로 구분된다.

cor( ) 함수는 상관분석을 수행한다. cor( ) 함수의 일반 형식은 다음과 같다.

```
cor(x, y=NULL, use="everything",
    method=c("pearson", "kendall", "spearman"))  # 디폴트는 "pearson"임
```

(a) 피어슨 상관계수

피어슨(Pearson) 상관계수 r은 두 개의 데이터 셋 $\{x_1, x_2, \cdots, x_n\}$과 $\{y_1, y_2, \cdots, y_n\}$으로부터 다음과 같이 정의된다.

$$r = r_{xy} = \frac{\sum_{i=1}^{n}(x_i - \bar{x})(y_i - \bar{y})}{\sqrt{\sum_{i=1}^{n}(x_i - \bar{x})^2}\sqrt{\sum_{i=1}^{n}(y_i - \bar{y})^2}}.$$

참고

Karl Pearson(1895)이 제안한 피어슨 상관계수는 '교차적률(product-moment) 상관계수' 또는 '이변량 상관'으로도 불리며, 모집단 버전은 다음과 같이 정의된다.

$$\rho_{X,Y} = \frac{Cov(X, Y)}{\sigma_X \sigma_Y} = \frac{E(X - \mu_X)(Y - \mu_Y)}{\sigma_X \sigma_Y}.$$

예제 1

longley 자료에 대해 상관분석을 수행한다.

```
> data(longley)
> str(longley)
'data.frame':   16 obs. of  7 variables:
 $ GNP.deflator: num  83 88.5 88.2 89.5 96.2 ...
 $ GNP         : num  234 259 258 285 329 ...
 $ Unemployed  : num  236 232 368 335 210 ...
 $ Armed.Forces: num  159 146 162 165 310 ...
 $ Population  : num  108 109 110 111 112 ...
 $ Year        : int  1947 1948 1949 1950 1951 1952 1953 1954 1955 1956 ...
 $ Employed    : num  60.3 61.1 60.2 61.2 63.2 ...

> cor(longley)
             GNP.deflator   GNP Unemployed Armed.Forces Population  Year Employed
GNP.deflator        1.000 0.992      0.621        0.465      0.979 0.991    0.971
GNP                 0.992 1.000      0.604        0.446      0.991 0.995    0.984
Unemployed          0.621 0.604      1.000       -0.177      0.687 0.668    0.502
Armed.Forces        0.465 0.446     -0.177        1.000      0.364 0.417    0.457
Population          0.979 0.991      0.687        0.364      1.000 0.994    0.960
Year                0.991 0.995      0.668        0.417      0.994 1.000    0.971
Employed            0.971 0.984      0.502        0.457      0.960 0.971    1.000

> pairs(longley)
```

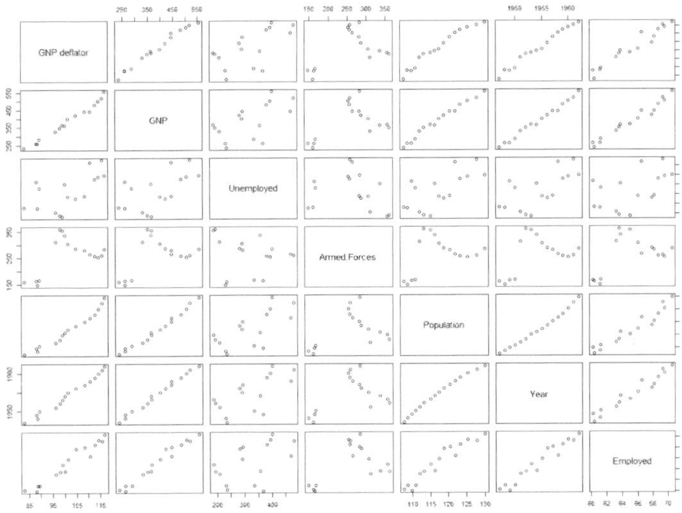

(b) 스피어만 상관계수

스피어만(Spearman) 상관계수 r_s는 일종의 비모수적 상관계수로 다음과 같이 구해진다. 먼저 두 개의 데이터 셋(원자료)을 각각 순위(rank) 자료로 전환한 뒤, 전환된 자료로부터 피어슨 상관계수를 구한 것으로 정의된다. 즉, 전환된 순위자료를 각각 $\{r_1, r_2, \cdots, r_n\}$과 $\{s_1, s_2, \cdots, s_n\}$이라고 할 때,

$$r_s = \frac{\sum_{i=1}^{n}(r_i - \overline{r})(s_i - \overline{s})}{\sqrt{\sum_{i=1}^{n}(r_i - \overline{r})^2}\sqrt{\sum_{i=1}^{n}(s_i - \overline{s})^2}}$$

으로 정의된다. 스피어만 상관계수는 원자료 대신 순위자료를 사용하므로 피어슨 상관계수보다 이상치 자료에 대해 덜 민감하게 반응한다. 따라서 스피어만 상관계수는 이상치가 포함된 자료에 대해 피어슨 상관계수보다 선호될 수 있다.

자료분석과정에서 두 상관계수의 차이가 클 경우에는 두 변수 간의 비선형성을 의심해 볼 필요가 있다. 예를 들어, 다음의 [그림 3.1]과 같이 비선형성이 강한 자료에 대해 스피어만 상관계수는 피어슨 상관계수에 비해 훨씬 큰 값을 제공한다.

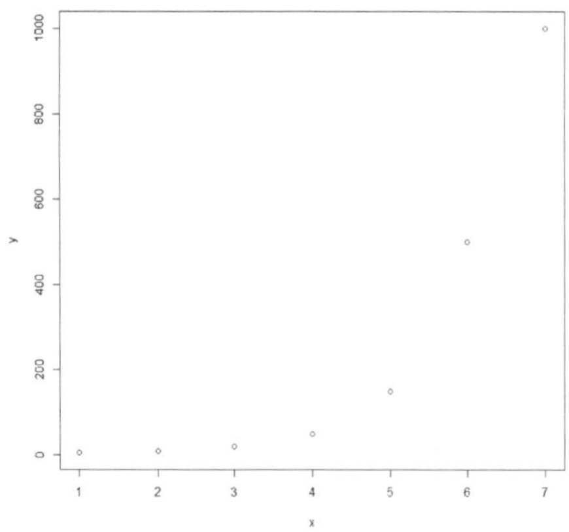

(a) 원자료($r=0.84$)

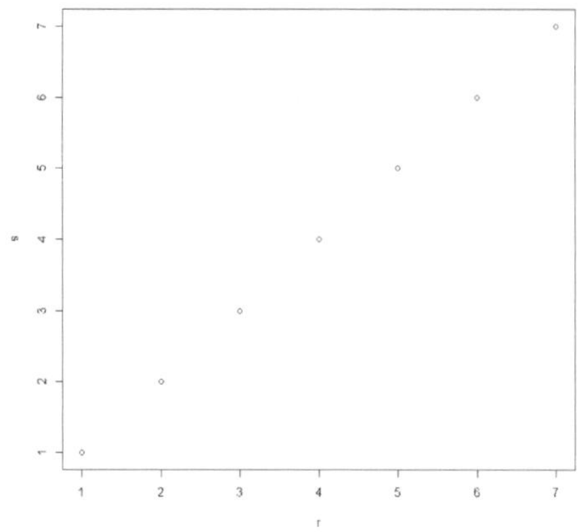

(b) 순위자료($r_s=1$)

[그림 3.1] 피어슨과 스피어만 상관계수

위의 longley 자료에 대해 스피어만 상관계수를 구하면 다음과 같다.

```
> cor(longley, method="spearman")
             GNP.deflator   GNP Unemployed Armed.Forces Population  Year Employed
GNP.deflator        1.000 0.997      0.665        0.221      0.997 0.997    0.982
GNP                 0.997 1.000      0.638        0.224      0.994 0.994    0.985
Unemployed          0.665 0.638      1.000       -0.341      0.685 0.685    0.565
Armed.Forces        0.221 0.224     -0.341        1.000      0.226 0.226    0.226
Population          0.997 0.994      0.685        0.226      1.000 1.000    0.976
Year                0.997 0.994      0.685        0.226      1.000 1.000    0.976
Employed            0.982 0.985      0.565        0.226      0.976 0.976    1.000
```

(c) 켄달의 타우

켄달의 타우(Kendall's tau) τ 역시 일종의 비모수적 상관계수로 다음과 같이 정의된다. 원자료 셋으로부터 부합인 쌍(concordant pairs)인 쌍의 수를 P, 비부합인 쌍(discordant pairs)의 수를 Q라고 할 때

$$\tau = \frac{P-Q}{P+Q}$$

으로 정의된다([그림 3.2]). 여기서 P와 Q는 각각 다음의 그림에서 기울기가 양인 직선과 음인 직선의 수를 의미한다. 즉, 기울기가 양(또는 음)인 직선의 수 P(또는 Q)는 x값이 증가할 때, y값도 따라 증가하는(또는 감소하는) 점의 쌍이 몇 개인지를 나타내는 즉, 부합인(또는 비부합인) 직선의 수가 몇 개인가를 나타내는 값으로 이해될 수 있다.

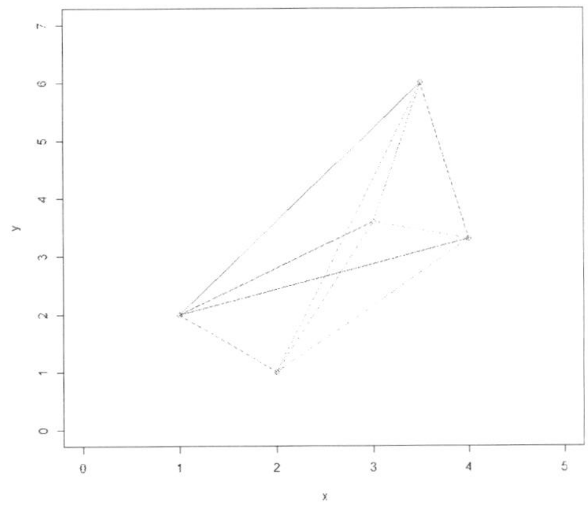

[그림 3.2] 켄달의 타우($\tau = 0.4$: $P = 7$, $Q = 3$)

위의 longley 자료에 대해 켄달의 타우(τ)를 구하면 다음과 같다.

```
> cor(longley, method="kendall")
             GNP.deflator   GNP Unemployed Armed.Forces Population  Year Employed
GNP.deflator       1.0000 0.983      0.450       0.0333      0.983 0.983    0.917
GNP                0.9833 1.000      0.433       0.0500      0.967 0.967    0.933
Unemployed         0.4500 0.433      1.000      -0.2167      0.467 0.467    0.367
Armed.Forces       0.0333 0.050     -0.217       1.0000      0.050 0.050    0.050
Population         0.9833 0.967      0.467       0.0500      1.000 1.000    0.900
Year               0.9833 0.967      0.467       0.0500      1.000 1.000    0.900
Employed           0.9167 0.933      0.367       0.0500      0.900 0.900    1.000
```

(d) 상관계수에 대한 검정

앞서 소개한 세 가지 종류의 상관계수에 대한 검정은 cor.test( ) 함수를 이용한다. 이 함수의 일반 형식은 다음과 같다.

```
cor.test(x, y, alternative c("two.sided", "less", "greater"),
        method=c("pearson", "kendall", "spearman"),
        exact=NULL, conf.level=0.95, continuity=FALSE,...)
cor.test(formula, data, subset, na.action, ...)
```

이 가운데 피어슨 상관계수에 대한 검정은 다음의 t-검정을 이용한다. 모집단이 이변량 정규분포를 따른다는 가정하에서 다음의 가설

$$H_o : \rho = 0, \qquad H_1 : \rho \neq 0$$

에 대한 검정은 표본상관계수를 이용한 다음의 검정통계량

$$t = \frac{r\sqrt{n-2}}{\sqrt{1-r^2}}$$

이 귀무가설하에서 자유도가 $(n-2)$인 $t-$분포를 따르는 사실에 기초한다.

예제 2

cats 자료에 대해 상관분석을 수행한다. cats 자료는 144마리의 성인 고양이의 몸무게(kg)와 심장의 무게(g)를 측정한 자료이다.

```
> library("MASS")
> data(cats)
> str(cats)
'data.frame':   144 obs. of  3 variables:
 $ Sex: Factor w/ 2 levels "F","M": 1 1 1 1 1 1 1 1 1 1 ...
 $ Bwt: num  2 2 2 2.1 2.1 2.1 2.1 2.1 2.1 2.1 ...
 $ Hwt: num  7 7.4 9.5 7.2 7.3 7.6 8.1 8.2 8.3 8.5 ...

> summary(cats)
 Sex         Bwt             Hwt
 F:47   Min.   :2.000   Min.   : 6.30
 M:97   1st Qu.:2.300   1st Qu.: 8.95
        Median :2.700   Median :10.10
        Mean   :2.724   Mean   :10.63
        3rd Qu.:3.025   3rd Qu.:12.12
        Max.   :3.900   Max.   :20.50
```

위의 자료는 결측값을 가지는 변수가 없으며, 산점도는 다음과 같다.

```
> with(cats, plot(Bwt, Hwt))    # with(cats, plot(Hwt ~ Bwt))과 동일
> title(main="Heart Weight (g) vs. Body Weight (kg)\nof Domestic Cats")
```

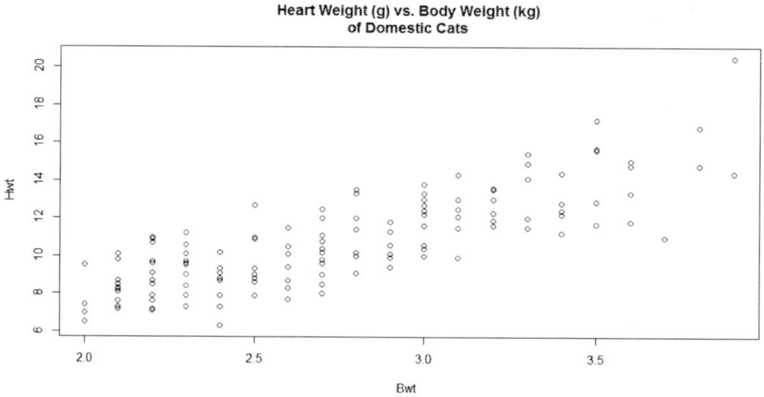

cor( ) 함수를 통해 두 변수 간의 피어슨 상관계수와 결정계수를 구하면 다음과 같다.

```
> with(cats, cor(Bwt, Hwt))
[1] 0.8041274

> with(cats, cor(Bwt, Hwt))^2   # 단순회귀에서는 결정계수=(상관계수의 제곱)임
[1] 0.6466209
```

cor.test( ) 함수를 통해 상관계수에 대한 검정을 수행한다.

```
> with(cats, cor.test(Bwt, Hwt))   # with(cats, cor.test(~ Bwt + Hwt))와 동일

	Pearson's product-moment correlation

data:  Bwt and Hwt
t = 16.1194, df = 142, p-value < 2.2e-16
alternative hypothesis: true correlation is not equal to 0
95 percent confidence interval:
 0.7375682 0.8552122
sample estimates:
      cor
0.8041274
```

cor.test( ) 함수는 다음과 같이 공식을 사용할 수도 있다. 이 경우에는 subset= 옵션을 지원한다.

```
> with(cats, cor.test(~ Bwt + Hwt, subset=(Sex=="F")))

	Pearson's product-moment correlation

data:  Bwt and Hwt
t = 4.2152, df = 45, p-value = 0.0001186
alternative hypothesis: true correlation is not equal to 0
95 percent confidence interval:
 0.2890452 0.7106399
sample estimates:
      cor
0.5320497
```

이 결과(cor $\approx$ 0.53)는 전체자료의 결과(cor $\approx$ 0.80)와 큰 차이를 보인다. 그 차이를 산점도를 통해 확인해 보면 다음과 같다.

```
> with(cats, plot(Bwt, Hwt, type="n", xlab="Body Weight in kg",
       ylab="Heart Weight in g",
       main="Heart Weight vs. Body Weight of Cats"))
> with(cats,points(Bwt[Sex=="F"], Hwt[Sex=="F"], pch=16, col="red"))
> with(cats,points(Bwt[Sex=="M"], Hwt[Sex=="M"], pch=17, col="blue"))
```

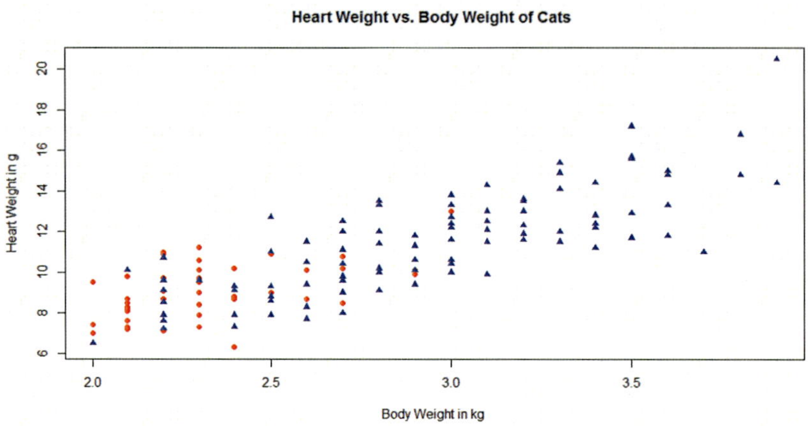

3.3 R을 이용한 시각화

3.3.1 {psych} 패키지

상관행렬의 시각화를 위해 R 패키지 {psych}의 pairs.panel( ) 함수와 cor.plot( ) 함수를 이용한다.

(a) pairs.panel{psych} 함수

pairs.panels( ) 함수는 산점도와 함께 모든 변수들 간의 상관계수를 보여 준다. 변수의 수가 6~10개 이내인 경우 효과적이다. pairs.panels( )의 일반형식과 주요 옵션은 다음과 같다.

```
pairs.panels(x, smooth=TRUE, scale=FALSE, density=TRUE, ellipses=TRUE,
     lm=FALSE, digits=2, method="pearson", pch=20, lm=FALSE, cor=TRUE,
     jiggle=FALSE, factor=2, hist.col="cyan", show.points=TRUE, rug=TRUE,
     breaks=, cex.cor=, ...)
```

- x는 데이터프레임 또는 행렬
- smooth= loess 평활곡선그림
- scale= 상관계수값을 절댓값의 크기에 비례하게 폰트를 사용함
- method= "pearson", "spearman", "kendall"
- pch= 점의 형태 지정, 0 ~ 25까지 가능
- jiggle= 플롯에 흐트림(jitter) 적용 여부
- factor= 흐트림에 대한 인자(1-5)

```
> # pairs.panels() 함수의 적용 예: iris 자료 이용
> data(iris)
> pairs.panels(iris[1:4], scale=T)
```

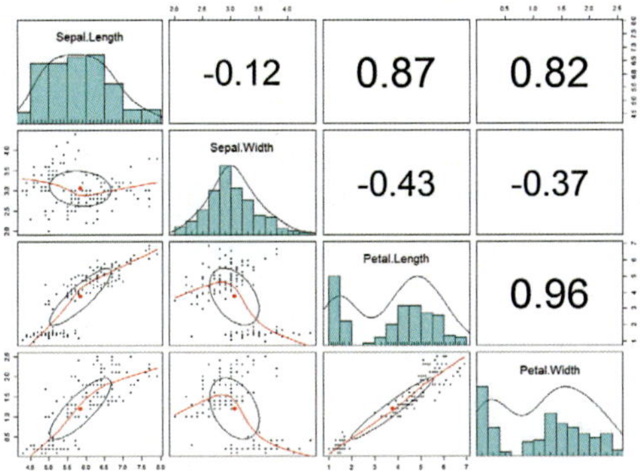

(a) scale=FALSE(디폴트)

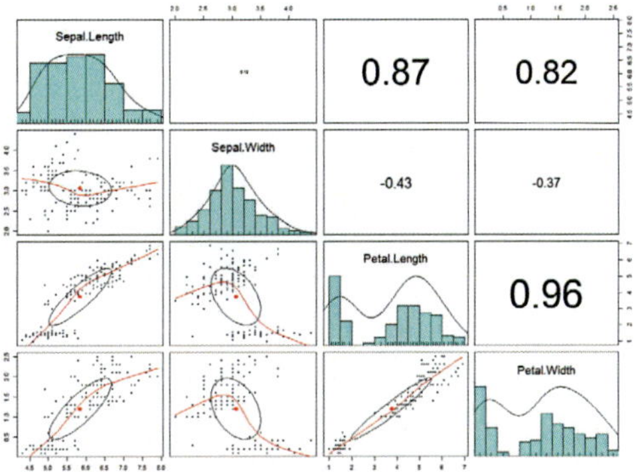

(b) scale=TRUE

```
> pairs.panels(iris[1:4], bg=c("red","yellow","blue")[iris$Species],
        pch=21, main="Fisher Iris data by Species")    # 그룹별로 색상지정
```

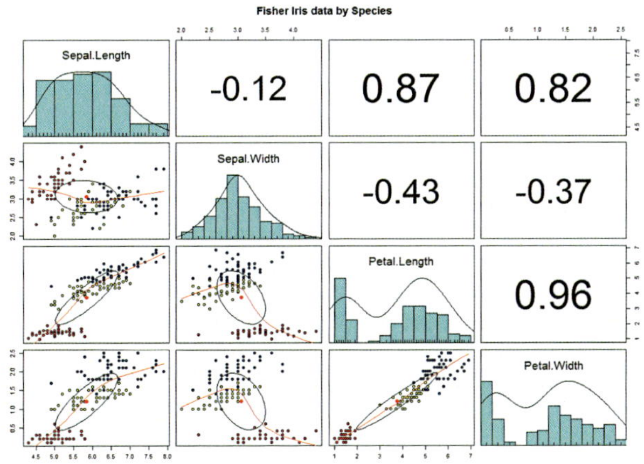

(b) cor.plot{psych} 함수

cor.plot()는 변수의 수가 많을 경우에 유용한 방법으로 상관 또는 요인행렬에 대해 이미지 플롯을 제공한다.

- cor.plot(r,numbers=FALSE,colors=TRUE,n=51,main=NULL,zlim=c(-1,1), show.legend=TRUE, labels=NULL,n.legend=10,keep.par=TRUE,select=NULL, pval=NULL,cuts=c(.001,.01),cex,MAR,upper=TRUE,diag=TRUE,...)
- cor.plot.upperLowerCi(R,numbers=TRUE,cuts=c(.001,.01,.05),select=NULL, main="Upper and lower confidence intervals of correlations",...)

```
> # cor.plot() 함수의 적용 예: mtcars 자료 이용
> cor.plot(cor(mtcars))
```

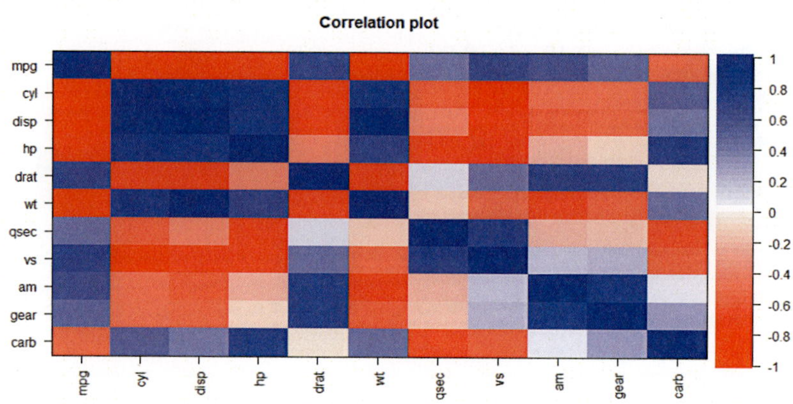

3.3.2 {corrplot} 패키지

R 패키지 {corrplot}의 corrplot() 함수와 corrplot.mixed() 함수를 이용한 상관행렬의 시각화 방법을 소개한다.

(a) corrplot{corrplot} 함수

corrplot{corrplot} 함수는 상관행렬과 신뢰구간을 시각적으로 보여 준다. 일반 행렬의 시각화에도 사용될 수 있으며, 이 경우 is.corr=FALSE 로 지정한다. 이 함수는 매우 다양한 옵션을 지원한다.

```
corrplot(corr, method= , typ= , add=FALSE,
      col=NULL, bg="white", title="",
        is.corr=TRUE, diag=TRUE,
      ...
      order=c("original", "AOE", "FPC", "hclust", "alphabet"),
      hclust.method=c("complete", "ward", "single", "average",
                      "mcquitty", "median", "centroid"),
      addrect=NULL, rect.col="black", rect.lwd=2,
      ...
      p.mat=NULL, sig.level=0.05,
      insig=c("pch","p-value","blank", "n"),
      pch=4, pch.col="black", pch.cex=3,
      plotCI=c("n","square", "circle", "rect"),
      lowCI.mat=NULL, uppCI.mat=NULL, ...)
```

- method= "circle"(default), "square", "ellipse", "number", "shade", "color", "pie"
- type= "full"(default), "upper" or "lower" (layout type 지정)

```
> # corrplot{corrplot} 함수의 적용 예
> library(corrplot)
> M <- cor(mtcars)
> corrplot(M, method="ellipse", type="lower")     # 좌측 그림
> col <- colorRampPalette(c("#BB4444","#EE9988","#FFFFFF","#77AADD","#4477AA"))
> corrplot(M, method="color", col=col(200),
          type="upper", addCoef.col = "black",
          tl.srt=45, tl.col="black", diag=FALSE)     # 우측 그림
```

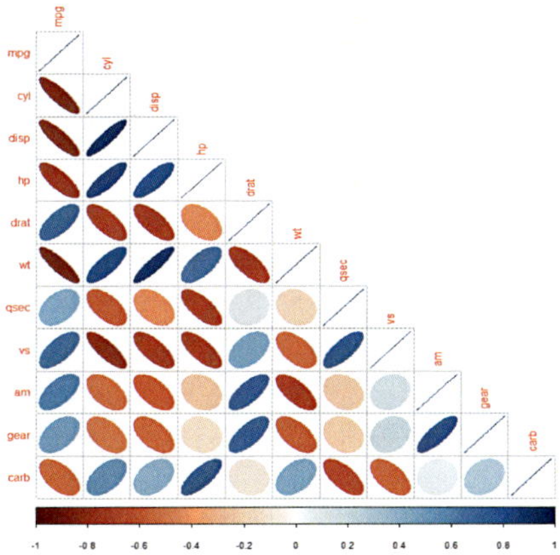

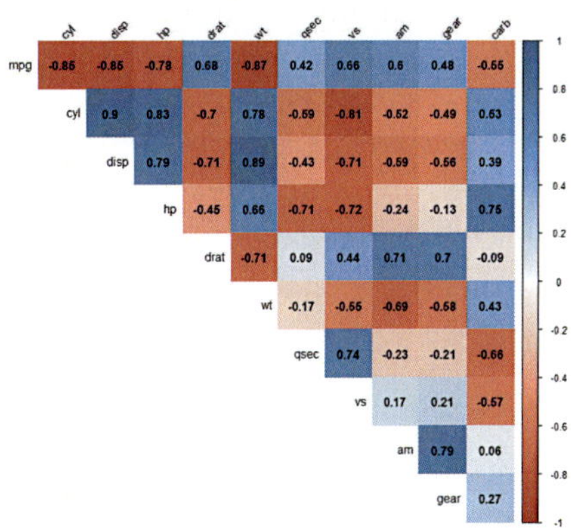

(b) corrplot.mixed{corrplot} 함수

corrplot.mixed{corrplot} 함수는 상관행렬에 대해 혼합된 방법으로 시각화를 제공한다.

```
corrplot.mixed(corr, lower="number", upper="circle",
      tl.pos=c("d","lt","n"), diag=c("n","l","u"),
      bg="white", addgrid.col="gray", ...)
```

- lower=, upper= "circle"(upper default), "square", "ellipse", "number"(lower default), "shade", "color", "pie"

```
> # corrplot.mixed{corrplot}의 적용 예
> corrplot.mixed(M)    # corrplot.mixed(M, lower="number", upper="circle")와 동일
```

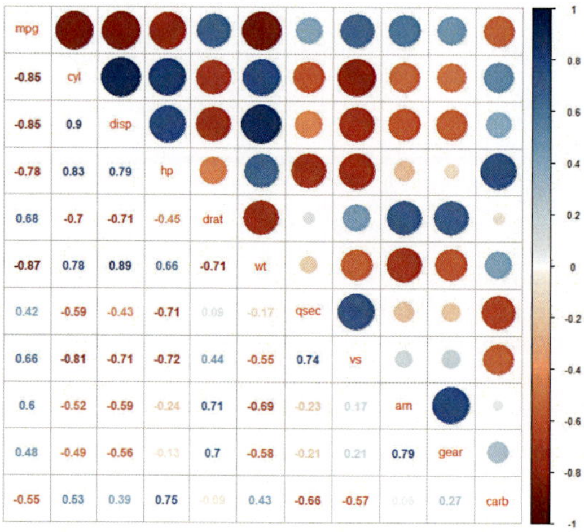

(c) 상관행렬의 재배열(reorder)

행렬의 재배열은 행렬에서 숨겨진 구조와 패턴의 마이닝을 위해 매우 중요하다. corrplot() 함수에서 order= 옵션을 사용하며, 옵션에는 "AOE", "FPC", "hclust", "alphabet"이 있다.

- AOL: 고유벡터의 각 순서(the angular order of the eigenvectors)
- FPC: 제1주성분 순서(the first principal component order)
- hclust: 위계적 군집 순서(hierarchical clustering order)
- alphabet: 알파벳 순서(alphabetrical order)

아래에서 addrect= 옵션은 hclust의 경우에 사용되며, 위계적 군집에 따라 그래프에 포함되는 사각형의 수를 지정한다.

```
> corrplot(M, order="hclust", addrect=3)
```

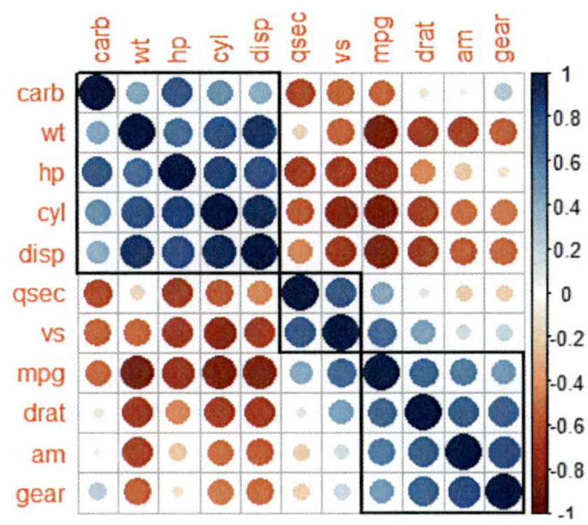

(d) 컬러 스펙트럼 변경하기

```
> # 색상 palette 생성: colorRampPalette() 함수 이용(1권 9장 참고)
> col.1 <- colorRampPalette(c("red", "white", "blue"))
> wb <- c("white", "black")

> # 컬러 스펙트럼 지정
> par(mfrow=c(1,2))
> corrplot(M, order="hclust", addrect=2, col=col.1(20))
> # col.1 palette(red, white, blue 색상)으로부터 20가지 색상 스펙트럼을 사용
> corrplot(M, order="hclust", addrect=2, col=wb, bg="gold2")
```

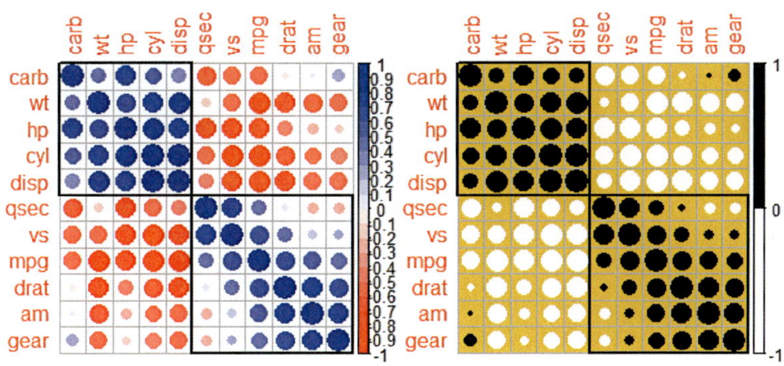

(e) 컬러 범례와 텍스트 범례 지정

컬러 범례(color legend)와 텍스트 범례(text legend)는 cl.*= 와 tl.*= 옵션을 이용한다.

```
> corrplot(M, order="AOE", cl.pos="b", tl.pos="d", tl.srt=60)
```

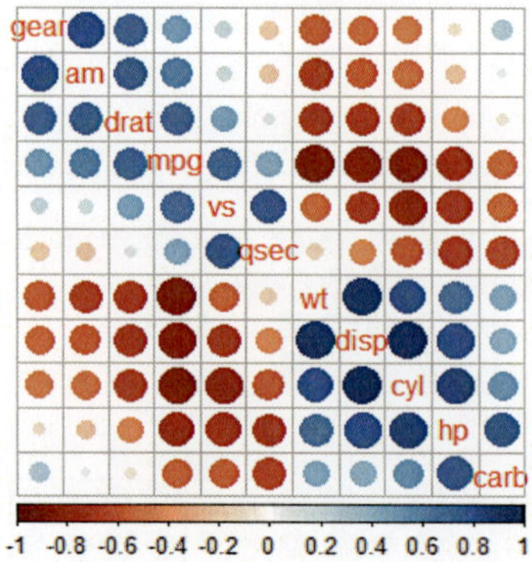

이 외에도 R 패키지 {corrplot}은 상관계수에 대한 신뢰구간이나 검정결과를 표시해주는 등의 다양한 옵션을 제공한다.

4장
다중선형회귀와 관련 주제

4.1 서론

다중선형회귀는 스칼라 반응변수(반응변수가 1개임)와 두 개 이상의 설명변수 간의 관계를 모형화하는 방법이다. 설명변수가 한 개인 경우는 단순선형회귀에 해당한다(2권 20장 참고). 여러 개의 상관된 반응변수를 다루는 다변량 다중회귀(20장)와는 용어의 구분이 필요하다.

이 장에서는 다중선형회귀분석의 전반에 대한 주요 내용을 다룬다. 여기에는 다중회귀의 원리, 다중회귀의 적합 과정과 변수선택법, 여러 가지 제곱합(제1, 2, 3종 제곱합)과 상관계수(다중상관, 편상관 및 부분상관)를 다룬다.

4.2 다중선형회귀

다중선형회귀(multiple linear regression)는 단순선형회귀의 확장으로 독립변수의 수가 여러 개인 경우에 해당하며, 모형은 다음과 같다. 오차(ϵ)에 대한 가정은 단순선형회귀의 경우와 동일하다.

$$y = \beta_o + \beta_1 x_1 + \beta_2 x_2 + \cdots + \beta_p x_p + \epsilon\,.$$

4.2.1 다중선형회귀의 원리

다중선형회귀는 [그림 4.1]에서와 같이 관측값 y와 미지인 초평면(hyperplane) $y = \beta_o +$

$\beta_1 x_1 + \beta_2 x_2 + \cdots + \beta_p x_p$까지의 ($y$축 방향으로의) 수직거리의 제곱합 즉, 오차(ϵ)들의 제곱합 $\sum_{i=1}^{n} \epsilon_i^2$을 최소로 하는 모수($b_0$, $b_1, \cdots, b_p$)를 찾는 것이다.

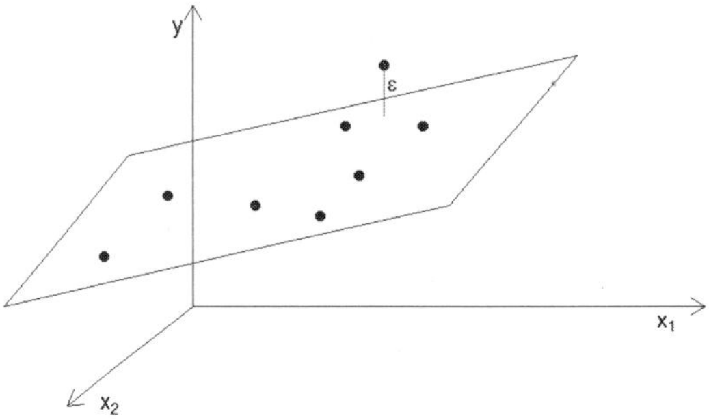

[그림 4.1] 다중회귀의 원리

최소제곱법 또는 OLS(Ordinary least squares)에 의해 회귀계수($\beta_0, \beta_1, \cdots, \beta_p$)는 다음 식

$$b = (X'X)^{-1}X'y$$

으로부터 추정된다. 위 식에서 X, y에 대한 정의는 다음의 [그림 4.2]와 같다.

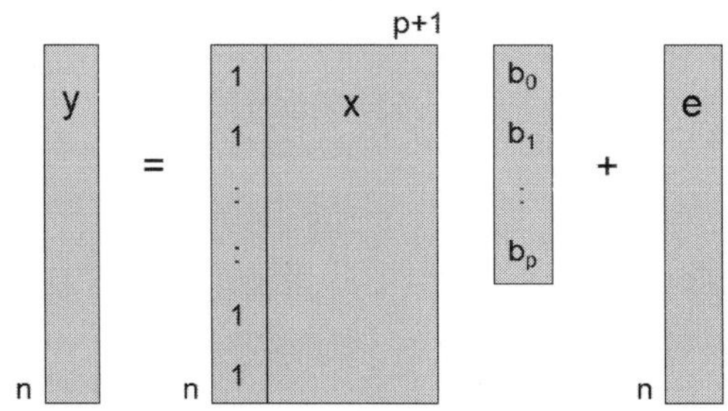

[그림 4.2] 다중회귀의 모형식

4.2.2 다중상관계수

다중상관계수(multiple correlation coefficient, multiple R^2)는 다중회귀에서 반응변수에 대한 예측력을 평가하는 데 사용된다. 이 값은 예측값(추정값)과 관측값 사이의 상관계수의 제곱(제곱상관계수)에 해당한다. 또한, 이 값은 독립변수에 의해 설명되는 반응변수의 분산의 비율로도 해석할 수 있다. 다중상관계수는 총제곱합(SST)에서 회귀제곱합(SSR)이 차지하는 비율로 다음과 같이 정의된다.

$$R^2 = \frac{SSR}{SST}.$$

만약 독립변수들이 pairwise 독립이면, 다중상관계수는 각 독립변수와 반응변수 간의 제곱상관계수들의 합과 같아진다. 다중상관계수의 통계적 유의성은 F-검정을 이용한다.

[유의] 다중상관계수는 그 의미상 제곱다중상관계수(squared multiple correlation coefficient)의 표현이 더 정확하지만, 통상적으로 '제곱'의 표현을 생략하고 사용한다.

다중상관계수는 모상관계수를 과대추정(overestimate)하는 경향이 있다. 수정상관계수(adjusted R^2)는 이를 보완한 추정량으로 다음과 같이 정의된다.

$$\widetilde{R}^2 = 1 - \left(\frac{N-1}{N-J-1}\right)(1-R^2) = 1 - \frac{SSE/(N-J-1)}{SST/(N-1)}.$$

위 식에서 N은 표본의 크기, J는 예측변수의 수를 나타낸다.

예제 1

Prestige{car} 자료를 이용하여 상관분석과 다중회귀분석을 수행한다.

```
> library(car)
> data(Prestige)
> str(Prestige)
'data.frame':   102 obs. of  6 variables:
 $ education: num  13.1 12.3 12.8 11.4 14.6 ...
 $ income   : int  12351 25879 9271 8865 8403 11030 8258 14163 11377 11023 ...
 $ women    : num  11.16 4.02 15.7 9.11 11.68 ...
 $ prestige : num  68.8 69.1 63.4 56.8 73.5 77.6 72.6 78.1 73.1 68.8 ...
 $ census   : int  1113 1130 1171 1175 2111 2113 2133 2141 2143 2153 ...
 $ type     : Factor w/ 3 levels "bc","prof","wc": 2 2 2 2 2 2 2 2 2 2 ...

> head(Prestige)
                    education income women prestige census type
gov.administrators      13.11  12351 11.16     68.8   1113 prof
general.managers        12.26  25879  4.02     69.1   1130 prof
accountants             12.77   9271 15.70     63.4   1171 prof
purchasing.officers     11.42   8865  9.11     56.8   1175 prof
chemists                14.62   8403 11.68     73.5   2111 prof
physicists              15.64  11030  5.13     77.6   2113 prof
```

(자료 설명) 이 자료는 1971년 캐나다의 직업에 대한 자료이다. 102개의 직업군별로 6개의 변수가 조사되었다. 변수는 평균교육연수(education), 평균연봉(income), 여성비율(women), 명망점수(prestige), 인구조사직업코드(census), 직업형태(type)이다. 여기서는 income을 반응변수로, education, women, prestige을 예측변수로 하는 다중회귀모형을 적합하고자 한다.

```
> summary(Prestige)
   education          income          women           prestige
 Min.   : 6.380   Min.   :  611   Min.   : 0.000   Min.   :14.80
 1st Qu.: 8.445   1st Qu.: 4106   1st Qu.: 3.592   1st Qu.:35.23
 Median :10.540   Median : 5930   Median :13.600   Median :43.60
 Mean   :10.738   Mean   : 6798   Mean   :28.979   Mean   :46.83
 3rd Qu.:12.648   3rd Qu.: 8187   3rd Qu.:52.203   3rd Qu.:59.27
 Max.   :15.970   Max.   :25879   Max.   :97.510   Max.   :87.20
     census       type
 Min.   :1113   bc  :44
 1st Qu.:3120   prof:31
 Median :5135   wc  :23
 Mean   :5402   NA's: 4
 3rd Qu.:8312
 Max.   :9517

> # 상관분석 시각화
> plot(Prestige[,1:4], pch=15, col="blue")
> # pairs.panel{psych} 함수 이용
> library(psych)
> pairs.panels(Prestige[,1:4], scale=T)
> pairs.panels(Prestige[1:4], bg=c("red","yellow","blue")[Prestige$type], pch=21)
```

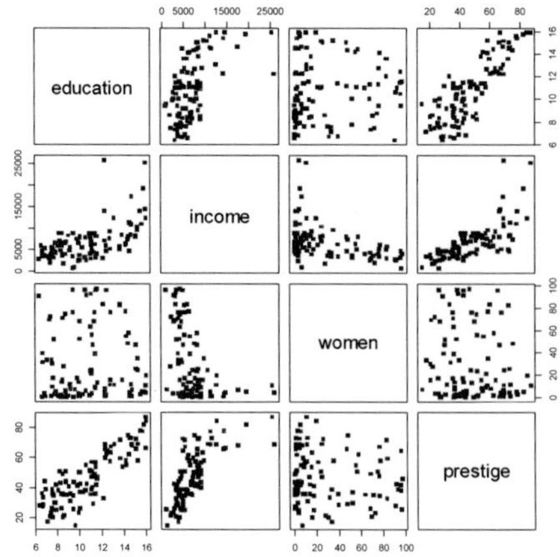

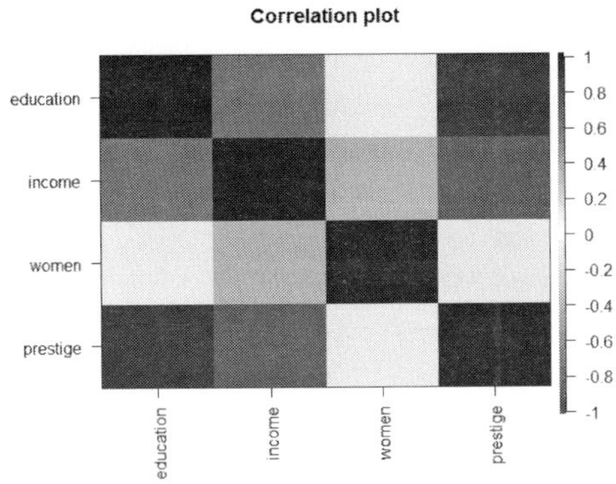

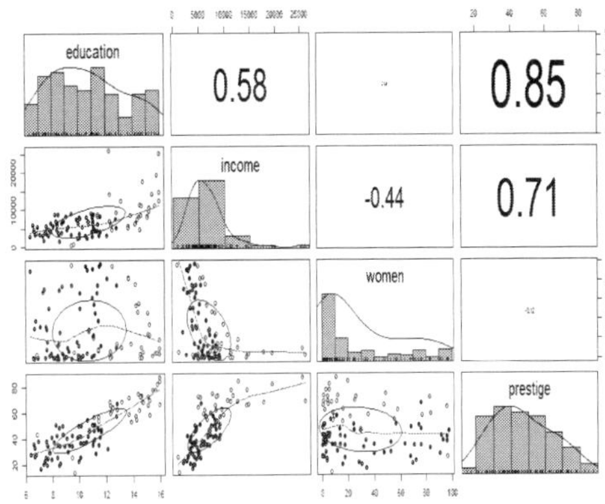


```
> ## 다중선형회귀 적합: lm() 함수 이용
> mod1 = lm(income ~ education + prestige + women, data = Prestige)
> summary(mod1)

Call:
lm(formula = income ~ education + prestige + women, data = Prestige)

Residuals:
    Min      1Q  Median      3Q     Max
-7715.3  -929.7  -231.2   689.7 14391.8

Coefficients:
            Estimate Std. Error t value Pr(>|t|)
(Intercept) -253.850   1086.157  -0.234    0.816
education    177.199    187.632   0.944    0.347
prestige     141.435     29.910   4.729 7.58e-06 ***
women        -50.896      8.556  -5.948 4.19e-08 ***
---
Signif. codes:  0 '***' 0.001 '**' 0.01 '*' 0.05 '.' 0.1 ' ' 1

Residual standard error: 2575 on 98 degrees of freedom
Multiple R-squared:  0.6432,	Adjusted R-squared:  0.6323
F-statistic: 58.89 on 3 and 98 DF,  p-value: < 2.2e-16
```

(해석) education 변수가 유의하지 않으므로, 이를 제외한 모형을 적합하기로 한다.

```
> mod2 = lm(income ~ prestige + women, data = Prestige)
> summary(mod2)

Call:
lm(formula = income ~ prestige + women, data = Prestige)
```

```
Residuals:
    Min      1Q  Median      3Q     Max
-7620.9 -1008.7  -240.4   873.1 14180.0

Coefficients:
            Estimate Std. Error t value Pr(>|t|)
(Intercept)  431.574    807.630   0.534    0.594
prestige     165.875     14.988  11.067  < 2e-16 ***
women        -48.385      8.128  -5.953 4.02e-08 ***
---
Signif. codes:  0 '***' 0.001 '**' 0.01 '*' 0.05 '.' 0.1 ' ' 1

Residual standard error: 2573 on 99 degrees of freedom
Multiple R-squared:   0.64,        Adjusted R-squared:  0.6327
F-statistic: 87.98 on 2 and 99 DF,  p-value: < 2.2e-16
```

(해석) 모형이 잘 적합되며, 두 변수(prestige, women)가 모두 유의하다.

```
> plot(mod2, pch=16, which=1)     # 잔차그림
```

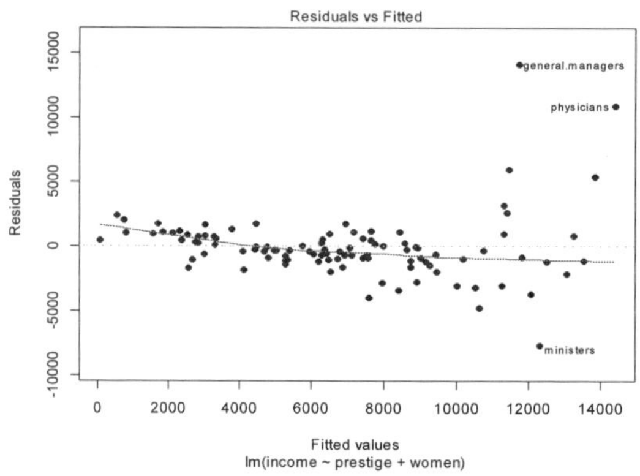

(해석) 잔차분석 결과 오차에 대한 등분산성 가정이 위배되며, 비선형성을 보이고 있어 모형의 개선이 필요해 보인다. 잔차분석을 포함한 보다 자세한 회귀진단과 모형에 대한 개선은 여기서 다루지 않기로 한다.

```
> ## 다중회귀 적합결과의 시각화
> library(rgl)
> newdat <- expand.grid(prestige=seq(10,90,by=5),women=seq(0,100,by=5))
> newdat$pp <- predict(mod2,newdata=newdat)
> library(scatterplot3d)
> with(Prestige[, 1:4],plot3d(prestige,women,income, col="blue", size=1, type="s"))
> with(newdat,surface3d(unique(prestige),unique(women),pp,
                       alpha=0.3,front="line", back="line"))
```

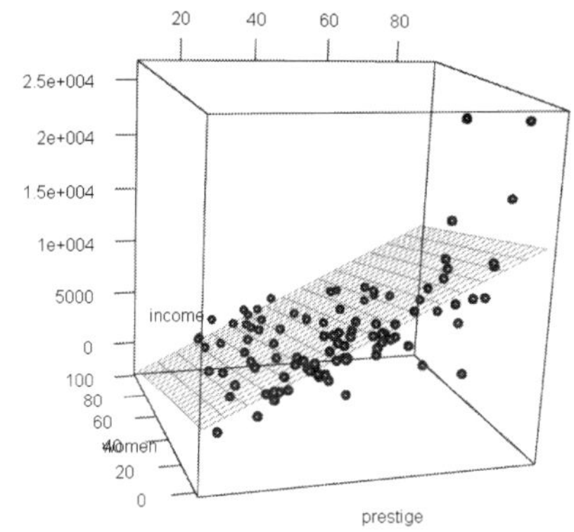

4.3 변수선택법

다중회귀에서 최종 적합모형에 포함될 예측변수의 선택은 중요하다. 변수선택의 기본 원리는 '데이터에 대한 설명력이 뛰어나며, 동시에 단순한 형태를 가지는 모형'을 찾는 것이다. 변수선택에는 두 가지 접근법이 있다. 하나는 모든 가능한 회귀 접근법과 자동화된 변수선택법이다.

(a) 모든 가능한 회귀 접근법(all possible regression approach)

이 방법은 예측변수의 모든 가능한 부분집합에 대해 모형을 적합한 뒤, 적절한 판정기준(예를 들어 수정결정계수, AIC, BIC)에 의해 최적의 모형을 선택하는 방법이다. 이들 기준은 각 모형에 점수를 할당하고, 가장 우수한 점수를 가지는 모형을 선택하도록 한다.

R의 regsubsets{leaps} 함수는 모든 가능한 회귀를 통한 변수선택에 유용하다. 이 함수의 적용 결과를 시각화하여 변수를 선택할 수 있다. 이 함수의 일반 형식은 다음과 같다.

```
regsubsets(x=, data=, weights=NULL, nbest=1, nvmax=8, force.in=NULL,
          force.out=NULL, intercept=TRUE, method=c("exhaustive", "backward",
"forward", "seqrep"), really.big=FALSE,...)
```

- x= 계획행렬 또는 모형식 지정
- nbest= 변수의 수별로 상위 몇 개를 나타낼지를 지정
- nvmax= 부분집합의 최댓값(변수의 수) 지정
- method= 탐색방법을 지정

위 함수의 수행 결과 객체(regsubsets 객체)에 대해 다음의 함수가 유용하다.

```
plot(object, scale=c("adjr2", "aic", "bic", ...))
summary(object, all.best=TRUE, matrix=TRUE,
          matrix.logical=FALSE,df=NULL,...)
```

- all.best= 모든 최적의 부분집합 또는 예측변수의 크기별로 하나의 최적모형 제공

```
coef(object,id,vcov=FALSE,...)
vcov(object,id,...)
```

(b) 자동화된 변수선택법

자동화된 변수선택법은 예측변수의 수가 크고, 따라서 모든 가능한 회귀 방법의 적용이 어려운 경우에 유용하다. 이 경우, 적절한 탐색 알고리즘(예를 들어 전진선택법, 후진제거법, 단계별 선택법)을 사용하여 최적의 모형을 찾는 것이 보다 효율적이다.

- 전진선택법(forward selection method): 절편항만 포함하는 가장 작은 모형에서 반응변수에 가장 큰 영향을 주는 설명변수를 차례로 모형에 포함해나가되 더 이상 의미 있는 변수가 없을 때 중단하는 방법.
- 후진제거법(backward elimination method): 모든 설명변수를 포함하는 모형에서 기여도가 낮은 변수를 차례로 제거해나가되 더 이상 제거할 변수가 없을 때 중단하는 방법.
- 단계별선택법(stepwise selection method): 전진선택법에서 한번 선택된 변수는 다음 단계에서 제거될 기회를 갖지 못한다(후진제거법의 경우는 반대임). 단계별 선택법은 이러한 단점을 보완한 방법으로 먼저 선택된 변수도 다음 단계에서 제거될 수 있도록 변수선택의 단계마다 체크해 나가는 방법.

R의 step() 함수는 자동화된 변수선택을 제공한다. 이 함수의 일반 형식은 다음과 같다.

```
step(object, scope, scale = 0,
     direction = c("both", "backward", "forward"),
     trace = 1, keep = NULL, steps = 1000, k = 2, ...)
```

- object는 "lm" 또는 "glm" 객체
- scope= 고려할 모형의 범위를 지정
  (예) scope=list(lower=null, upper=full), null과 full은 "lm" 객체임
- direction= 변수선택 방법 지정. "both"(단계별선택법)는 디폴트임

예제 2

swiss 자료를 이용하여 다중선형회귀에서의 여러 가지 변수선택법을 적용한다.

```
> data(swiss)
> str(swiss)
'data.frame':   47 obs. of  6 variables:
 $ Fertility       : num  80.2 83.1 92.5 85.8 76.9 76.1 83.8 92.4 82.4 82.9 ...
 $ Agriculture     : num  17 45.1 39.7 36.5 43.5 35.3 70.2 67.8 53.3 45.2 ...
 $ Examination     : int  15 6 5 12 17 9 16 14 12 16 ...
 $ Education       : int  12 9 5 7 15 7 7 8 7 13 ...
 $ Catholic        : num  9.96 84.84 93.4 33.77 5.16 ...
 $ Infant.Mortality: num  22.2 22.2 20.2 20.3 20.6 26.6 23.6 24.9 21 24.4 ...
```

(자료 설명) 이 자료는 1988년 스위스의 출산(측도)과 사회경제지표에 대한 자료이다. Fertility를 반응변수로, 나머지를 예측변수로 하는 다중회귀모형을 적합하고자 한다.

```
> ## (a) 모든 가능한 회귀 적용: regsubsets{leaps} 함수 이용
> library(leaps)
> a<-regsubsets(x=Fertility~.,data=swiss,nbest=3)
> summary(a)
Subset selection object
Call: regsubsets.formula(x = Fertility ~ ., data = swiss, nbest = 3)
5 Variables  (and intercept)
                 Forced in Forced out
Agriculture          FALSE      FALSE
Examination          FALSE      FALSE
Education            FALSE      FALSE
Catholic             FALSE      FALSE
Infant.Mortality     FALSE      FALSE
3 subsets of each size up to 5
Selection Algorithm: exhaustive
         Agriculture Examination Education Catholic Infant.Mortality
1  ( 1 ) " "         " "         "*"       " "      " "
1  ( 2 ) " "         "*"         " "       " "      " "
1  ( 3 ) " "         " "         " "       "*"      " "
2  ( 1 ) " "         " "         "*"       "*"      " "
2  ( 2 ) " "         " "         "*"       " "      "*"
2  ( 3 ) " "         "*"         " "       " "      "*"
3  ( 1 ) " "         " "         "*"       "*"      "*"
3  ( 2 ) "*"         " "         "*"       "*"      " "
3  ( 3 ) " "         "*"         "*"       " "      "*"
4  ( 1 ) "*"         " "         "*"       "*"      "*"
4  ( 2 ) " "         "*"         "*"       "*"      "*"
4  ( 3 ) "*"         "*"         "*"       "*"      " "
5  ( 1 ) "*"         "*"         "*"       "*"      "*"
```

```
> par(mfrow=c(1,2))
> plot(a, scale="adjr2")
> plot(a, scale="bic")
```

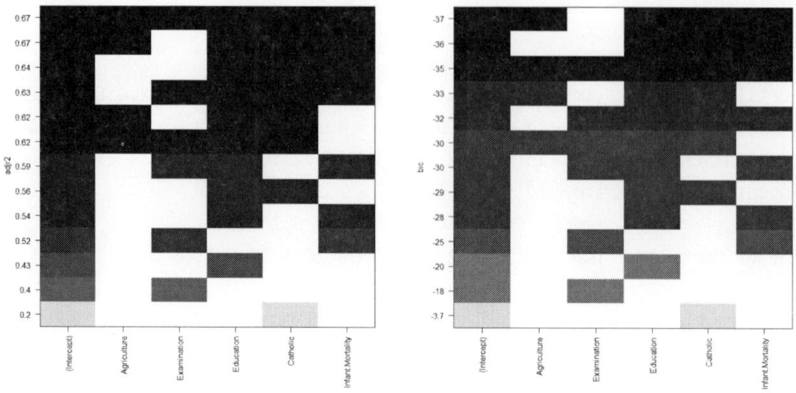


```
> coef(a, 1:3)
[[1]]
(Intercept)   Education
 79.6100585  -0.8623503

[[2]]
(Intercept) Examination
  86.818529   -1.011317

[[3]]
(Intercept)    Catholic
 64.4282621   0.1388857

> vcov(a, 3)
            (Intercept)     Catholic
(Intercept)  5.31346618 -0.064391669
Catholic    -0.06439167  0.001565038

> summary(lm1 <- lm(Fertility ~ ., data = swiss))

Call:
lm(formula = Fertility ~ ., data = swiss)

Residuals:
     Min       1Q   Median       3Q      Max
-15.2743  -5.2617   0.5032   4.1198  15.3213

Coefficients:
```

```
                 Estimate Std. Error t value Pr(>|t|)
(Intercept)      66.91518   10.70604   6.250 1.91e-07 ***
Agriculture      -0.17211    0.07030  -2.448  0.01873 *
Examination      -0.25801    0.25388  -1.016  0.31546
Education        -0.87094    0.18303  -4.758 2.43e-05 ***
Catholic          0.10412    0.03526   2.953  0.00519 **
Infant.Mortality  1.07705    0.38172   2.822  0.00734 **
---
Signif. codes:  0 '***' 0.001 '**' 0.01 '*' 0.05 '.' 0.1 ' ' 1

Residual standard error: 7.165 on 41 degrees of freedom
Multiple R-squared:  0.7067,	Adjusted R-squared:  0.671
F-statistic: 19.76 on 5 and 41 DF,  p-value: 5.594e-10

> ## (b) 자동화된 변수선택법: step() 함수 이용
> slm1 <- step(lm1, keep=Examination, data = swiss)
Error in step(lm1, keep = Examination, data = swiss) :
  object 'Examination' not found
> summary(slm1)

Call:
lm(formula = Fertility ~ Agriculture + Education + Catholic +
    Infant.Mortality, data = swiss)

Residuals:
     Min       1Q   Median       3Q      Max
-14.6765  -6.0522   0.7514   3.1664  16.1422

Coefficients:
                 Estimate Std. Error t value Pr(>|t|)
(Intercept)      62.10131    9.60489   6.466 8.49e-08 ***
Agriculture      -0.15462    0.06819  -2.267  0.02857 *
Education        -0.98026    0.14814  -6.617 5.14e-08 ***
Catholic          0.12467    0.02889   4.315 9.50e-05 ***
Infant.Mortality  1.07844    0.38187   2.824  0.00722 **
---
Signif. codes:  0 '***' 0.001 '**' 0.01 '*' 0.05 '.' 0.1 ' ' 1

Residual standard error: 7.168 on 42 degrees of freedom
Multiple R-squared:  0.6993,	Adjusted R-squared:  0.6707
F-statistic: 24.42 on 4 and 42 DF,  p-value: 1.717e-10

> slm1$anova
           Step Df Deviance Resid. Df Resid. Dev      AIC
1               NA       NA        41   2105.043 190.6913
2 - Examination  1 53.02656        42   2158.069 189.8606
```

다음의 [예제 3]은 lm( ) 함수의 반복 적용을 통해 수동적인 방법으로 최적모형을 찾아가는 과정을 보여 준다. 자동화된 변수선택법(step( ) 함수 적용)의 결과도 함께 제시하고 그 결과를 비교한다. 아울러 모형에 포함된 예측변수들 간의 상대적인 중요도를 파악하기 위해 표준화된 예측변수를 사용한 결과를 제시한다.

예제 3

분석에 사용될 자료(state.x77)는 미국의 50개 주에서 여러 변수값(인구, 수입, 문맹비율, 기대수명, 살인율, 고졸비율, 연평균영하기온일수, 면적)을 측정한 자료이다. 이 가운데 기대수명(Life Exp)을 반응변수로 하여 다중회귀분석을 실시한다. 모든 변수는 연속형이다.

```
> data(state.x77)    # state.x77은 행렬 객체임
```

[유의] attach(state.x77)은 실행 안 됨. attach( ) 함수는 데이터프레임 또는 리스트 객체에 대해서만 적용됨

```
> st <- as.data.frame(state.x77)
> str(st)

> colnames(st)[4] <- "Life.Exp"    # 변수명에 빈칸을 제외
> colnames(st)[6] <- "HS.Grad"
```

인구밀도를 나타내는 새로운 변수(Density)를 생성한다[이를 파생변수(derived variable)라고 함]. 잘 고안된 파생변수는 회귀모형에서 매우 중요한 변수로 작용할 수 있다.

```
> st[,9] <- st$Population*1000/st$Area
> colnames(st)[9] <- "Density"    # 새로운 열을 생성하고 이름 부여
> str(st)
'data.frame':   50 obs. of  9 variables:
 $ Population: num  3615 365 2212 2110 21198 ...
 $ Income    : num  3624 6315 4530 3378 5114 ...
 $ Illiteracy: num  2.1 1.5 1.8 1.9 1.1 0.7 1.1 0.9 1.3 2 ...
 $ Life.Exp  : num  69 69.3 70.5 70.7 71.7 ...
 $ Murder    : num  15.1 11.3 7.8 10.1 10.3 6.8 3.1 6.2 10.7 13.9 ...
 $ HS.Grad   : num  41.3 66.7 58.1 39.9 62.6 63.9 56 54.6 52.6 40.6 ...
 $ Frost     : num  20 152 15 65 20 166 139 103 11 60 ...
 $ Area      : num  50708 566432 113417 51945 156361 ...
 $ Density   : num  71.291 0.644 19.503 40.62 135.571 ...
```

자료에 대한 기초분석(기술통계, 상관계수)을 수행한다.

```
> summary(st)
> cor(st)
> pairs(st)
```

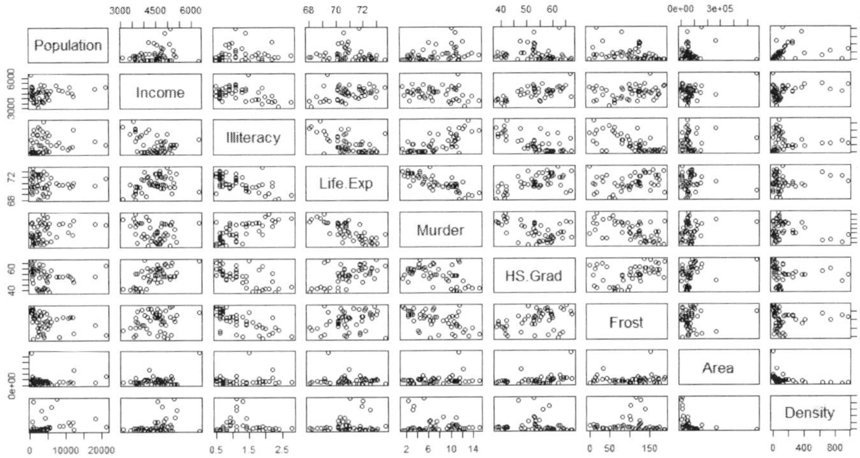

lm( ) 또는 step( ) 함수를 통해 다중회귀모형을 적합한다.

lm( ) 함수를 통해 다중회귀모형을 적합하는 과정은 다음과 같다. 단계별로 p-값이 가장 큰 변수를 하나씩 제거해 나가면서 모형을 적합한다(모든 변수의 p-값이 0.05보다 작아질 때까지).

```
> model1 <- lm(Life.Exp ~ ., data=st)
> summary(model1)
> summary.aov(model1)
            Df Sum Sq Mean Sq F value   Pr(>F)
Population   1  0.409   0.409   0.760  0.38849
Income       1 11.595  11.595  21.541 3.53e-05
Illiteracy   1 19.421  19.421  36.081 4.23e-07
Murder       1 27.429  27.429  50.959 1.05e-08
HS.Grad      1  4.099   4.099   7.615  0.00861
Frost        1  2.049   2.049   3.806  0.05792
Area         1  0.001   0.001   0.002  0.96438
Density      1  1.229   1.229   2.283  0.13847
Residuals   41 22.068   0.538

> model2 <- update(model1, .~.-Area)
> summary(model2)
> anova(model1, model2)   # 모형 간 비교
> model3 <- update(model2, .~.-Illiteracy)
```

```
> summary(model3)
> model4 <- update(model3, .~.-Income)
> summary(model4)
> model5 <- update(model4, .~.-Density)
> summary(model5)
> model6 <- update(model5, .~.-Population)
> summary(model6)

Call:
lm(formula = Life.Exp ~ Murder + HS.Grad + Frost, data = st)

Residuals:
    Min      1Q  Median      3Q     Max 
-1.5015 -0.5391  0.1014  0.5921  1.2268 

Coefficients:
             Estimate Std. Error t value Pr(>|t|)    
(Intercept) 71.036379   0.983262  72.246  < 2e-16
Murder      -0.283065   0.036731  -7.706 8.04e-10
HS.Grad      0.049949   0.015201   3.286  0.00195
Frost       -0.006912   0.002447  -2.824  0.00699

Residual standard error: 0.7427 on 46 degrees of freedom
Multiple R-squared: 0.7127,     Adjusted R-squared: 0.6939 
F-statistic: 38.03 on 3 and 46 DF,  p-value: 1.634e-12
```

step( ) 함수를 이용하여 다중회귀를 수행한다. direction= 옵션을 통해 변수선택법을 지정할 수 있다. 옵션에는 "backward(디폴트)", "forward", "both"가 있다.

```
> model.step <- step(model1, direction="backward")
> summary(model.step)

Call:
lm(formula = Life.Exp ~ Population + Murder + HS.Grad + Frost, 
    data = st)

Residuals:
     Min       1Q   Median       3Q      Max 
-1.47095 -0.53464 -0.03701  0.57621  1.50683 

Coefficients:
              Estimate Std. Error t value Pr(>|t|)    
(Intercept)  7.103e+01  9.529e-01  74.542  < 2e-16
Population   5.014e-05  2.512e-05   1.996  0.05201
Murder      -3.001e-01  3.661e-02  -8.199 1.77e-10
HS.Grad      4.658e-02  1.483e-02   3.142  0.00297
```

```
Frost        -5.943e-03  2.421e-03  -2.455  0.01802

Residual standard error: 0.7197 on 45 degrees of freedom
Multiple R-squared:  0.736,        Adjusted R-squared:  0.7126
F-statistic: 31.37 on 4 and 45 DF,  p-value: 1.696e-12
```

(해석) 인구(Population)와 고졸비율(HS.Grad)이 높을수록 기대수명(Life.Exp)은 증가하는 반면, 살인율(Murder)과 연평균영하기온일수(Frost)가 높을수록 기대수명이 줄어듦을 알 수 있다.

confint( ) 함수를 통해 회귀계수에 대한 신뢰구간을 구할 수 있다.

```
> confint(model.step)
                    2.5 %        97.5 %
(Intercept)  6.910798e+01 72.9462729104
Population  -4.543308e-07  0.0001007343
Murder      -3.738840e-01 -0.2264135705
HS.Grad      1.671901e-02  0.0764454870
Frost       -1.081918e-02 -0.0010673977
```

predict( ) 함수를 통해 주어진 자료에 대한 예측값을 구할 수 있다.

```
> predict(model.step, list(Population=4000, Murder=10.5,
          HS.Grad=48, Frost=100))
       1
69.71774
```

여러 가지 회귀진단의 결과는 다음과 같다. 결과에 대한 보다 자세한 해석은 회귀진단(5.3절)을 참고하기 바란다.

```
> par(mfrow=c(2,2))
> plot(model.step)
```

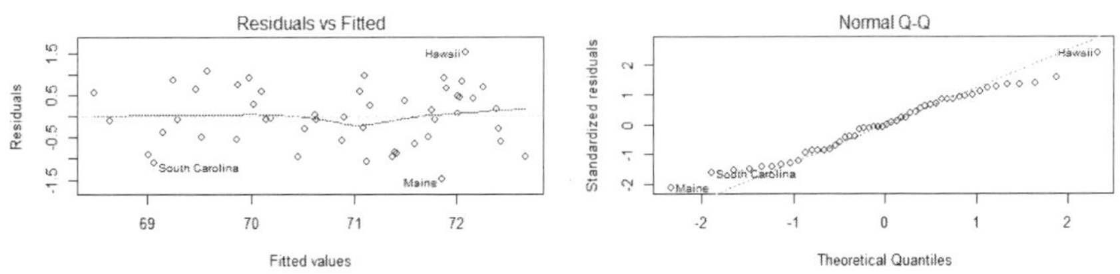

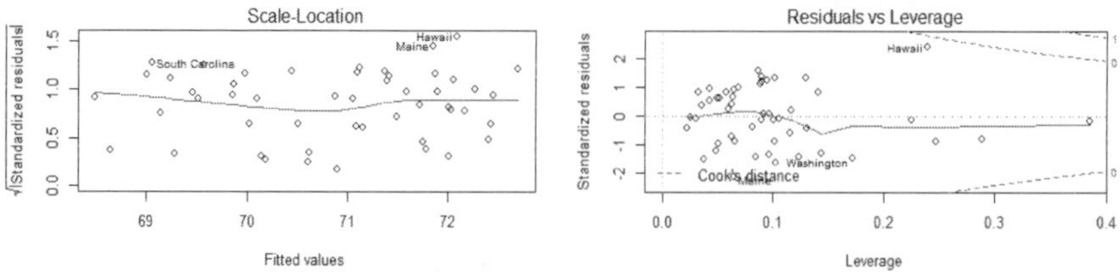

(해석) 그림 1(좌측 상단)은 적합값에 대한 잔차그림으로, 어떤 특별한 패턴을 보이지 않으므로 적합된 선형모형이 적절하다고 할 수 있다. 그림 2(우측 상단)는 정규확률그림으로 점들이 비교적 직선상에 잘 위치하므로 잔차의 정규성 가정이 잘 만족된다고 할 수 있다. 그림 3(좌측 하단)은 적합값에 대한 |표준화 잔채의 제곱근으로, 정규분포의 가정을 잘 만족하는 것으로 판단된다. 그림 4(우측 하단)는 지렛값에 대한 표준화잔차와 영향점 진단을 위한 쿡의 거리를 보여 준다. 지렛값이 큰 점이 몇 개 보이며(영향점), 동시에 큰 잔차를 가지는 점(이상치)이 한 개 포함되어 있다.

다중회귀모형의 자세한 적합결과는 다음의 방법으로 추출(확인)할 수 있다.

```
> names(model.step)
 [1] "coefficients" "residuals"    "effects"       "rank"
 [5] "fitted.values" "assign"      "qr"            "df.residual"
 [9] "xlevels"      "call"         "terms"         "model"
[13] "anova"

> model.step[[1]]
  (Intercept)   Population       Murder       HS.Grad        Frost
 7.102713e+01  5.013998e-05 -3.001488e-01  4.658225e-02 -5.943290e-03

> model.step[[2]]
       Alabama        Alaska       Arizona      Arkansas    California
    0.56888134   -0.54740399   -0.86415671    1.08626119   -0.08564599
      Colorado   Connecticut      Delaware       Florida       Georgia
    0.95645816    0.44541028   -1.06646884    0.04460505   -0.09694227
(생략)
   -0.06691392   -0.96272426   -0.96982588    0.47004324   -0.58678863

> sort(model.step$resid)
         Maine South Carolina      Delaware West Virginia    Washington
   -1.47095411   -1.10109172   -1.06646884   -0.96982588   -0.96272426
  Pennsylvania   Mississippi       Arizona       Montana    New Jersey
   -0.95045527   -0.91535384   -0.86415671   -0.84024805   -0.66612086
(생략)
  North Dakota         Texas      Colorado      Arkansas        Hawaii
    0.90350550    0.92114057    0.95645816    1.08626119    1.50683146
```

베타계수(beta coefficients) 또는 표준화계수(standardized coefficients)는 모든 변수들이 표준화되었을 때의 회귀계수를 의미한다. 베타계수는 예측변수들의 상대적인 중요도를 비교하는 데 유용하다(비표준화계수 또는 p-값만으로는 상대적인 중요도를 알 수 없다). 모든 예측변수에 scale( ) 함수를 적용한 후 lm( )을 수행한다.

```
> model.beta <- lm(Life.Exp ~ scale(Population) + scale(Murder) +
                 scale(HS.Grad) + scale(Frost), data=st)
> summary(model.beta)

Call:
lm(formula = Life.Exp ~ scale(Population) + scale(Murder) + scale(HS.Grad) +
    scale(Frost), data = st)

Residuals:
     Min       1Q   Median       3Q      Max 
-1.47095 -0.53464 -0.03701  0.57621  1.50683 

Coefficients:
                  Estimate Std. Error t value Pr(>|t|)    
(Intercept)        70.8786     0.1018 696.392  < 2e-16 ***
scale(Population)   0.2238     0.1121   1.996  0.05201 .  
scale(Murder)      -1.1080     0.1351  -8.199 1.77e-10 ***
scale(HS.Grad)      0.3762     0.1198   3.142  0.00297 ** 
scale(Frost)       -0.3089     0.1258  -2.455  0.01802 *  
---
Signif. codes:  0 '***' 0.001 '**' 0.01 '*' 0.05 '.' 0.1 ' ' 1

Residual standard error: 0.7197 on 45 degrees of freedom
Multiple R-squared:  0.736,	Adjusted R-squared:  0.7126 
F-statistic: 31.37 on 4 and 45 DF,  p-value: 1.696e-12
```

(해석) 베타계수의 절댓값을 비교해 보면 변수의 중요도는 Murder 〉 HS.Grad 〉 Frost 〉 Population 순이다.

4.4 여러 가지(제1, 2, 3종) 제곱합

(a) 분산분석(ANOVA)에서의 제곱합

반복이 있는 불균형(unbalanced) 이원배치모형을 기준으로 여러 가지 제곱합을 설명하기로 한다. 참고로, 균형(balanced) 자료인 경우에는 세 종류(Type Ⅰ, Ⅱ, Ⅲ)의 제곱합이 모두 일치함에 유의하기 바란다.

○ Type Ⅰ SS: 순차제곱합(sequential SS)이라고도 하며, 인자 A, B와 교호인자 A*B가 순서대로 모형에 추가될 때 발생하는 제곱합의 증가량이다. 모형식의 표현에 따라 모형에 포함되는 인자들의 순서가 정해지므로 주의가 필요하다. 완전모형에서의 제곱합 $SS(\mu, \alpha, \beta, \gamma)$는 다음과 같이 분해된다.

$$SS(\mu, \alpha, \beta, \gamma) = SS(\mu) + SS(\alpha \mid \mu) + SS(\beta \mid \mu, \alpha) + SS(\gamma \mid \mu, \alpha, \beta)$$

○ Type Ⅱ SS: 모든 주인자만 포함된 모형에서 다른 인자(주인자 또는 교호인자)가 추가될 때 발생하는 제곱합의 증가량이다. 교호인자가 없는 모형에서는 Type Ⅲ SS와 같다. 인자가 모형에 추가되는 순서에는 무관하다.

○ Type Ⅲ SS: 편제곱합(partial SS)이라고도 하며, 나머지 인자(주인자와 교호인자)들이 모두 포함된 모형에서 특정 인자(주인자 또는 교호인자)가 추가될 때 발생하는 제곱합의 증가량이다. 인자가 모형에 추가되는 순서에는 무관하다.

○ ANOVA SS: 완전모형의 제곱합에서 각인자의 제곱합의 기여도를 나타낸다.

이원배치모형에서의 제곱합을 정리하면 [표 4.1]과 같다.

[표 4.1] 이원배치모형에서의 여러 가지 제곱합

인자	Type Ⅰ SS	Type Ⅱ SS	Type Ⅲ SS	ANOVA SS
A	$SS(\alpha \mid \mu)$	$SS(\alpha \mid \mu, \beta)$	$SS(\alpha \mid \mu, \beta, \gamma)$	$SS(\alpha \mid \mu)$
B	$SS(\beta \mid \mu, \alpha)$	$SS(\beta \mid \mu, \alpha)$	$SS(\beta \mid \mu, \alpha, \gamma)$	$SS(\beta \mid \mu)$
$A \times B$	$SS(\gamma \mid \mu, \alpha, \beta)$	$SS(\gamma \mid \mu, \alpha, \beta)$	$SS(\gamma \mid \mu, \alpha, \beta)$	$SS(\alpha, \beta, \gamma \mid \mu)$ $- SS(\alpha \mid \mu) - SS(\beta \mid \mu)$

R에서 anova()와 aov() 함수는 순차제곱합(Type Ⅰ SS)을 제공한다. Anova{car} 함수는 Type Ⅱ와 Type Ⅲ SS를 제공한다.

(b) 회귀에서의 제곱합

다중회귀에서의 제곱합은 회귀제곱합으로 불리는 SSR을 의미한다. SSR$(x_1, \cdots, x_p)$은 p개의 예측변수로 설명되는 회귀식의 기여도(제곱합)를 나타낸다.

$p = 3$인 다중회귀모형에서의 제곱합을 정리하면 [표 4.2]와 같다. 교호효과가 포함되지 않은 모형에서는 Type Ⅱ SS와 Type Ⅲ SS는 같다.

[표 4.2] 다중회귀모형에서의 여러 가지 제곱합($p=3$)

변수	Type I SS	Type II, III SS
x_1	$SSR(x_1\|\beta_0)$	$SSR(x_1\|\beta_0, x_2, x_3)$
x_2	$SSR(x_2\|\beta_0, x_1)$	$SSR(x_2\|\beta_0, x_1, x_3)$
x_3	$SSR(x_3\|\beta_0, x_1, x_2)$	$SSR(x_3\|\beta_0, x_1, x_2)$

4.5 편상관계수와 부분상관계수

(a) 편상관계수와 부분상관계수

편(partial)상관계수는 두 변수 간의 상관계수로, 두 변수 각각에서 (회귀를 통해) 제3의 변수들의 효과를 제거한 후, 잔차들 간의 상관계수($r_{e_1e_2}$)를 말한다. 즉, 제3의 변수들이 상수로 주어질 때(통제될 때) 두 변수 간의 상관을 나타낸다.

준편(semipartial)상관계수라고도 하는 부분(part)상관계수는 두 변수 간의 상관계수로, 이 중 한 변수에게만 제3의 변수들의 효과를 제거한 후, 잔차와의 상관계수($r_{X_1e_2}$)를 구한 것이다.

R에서 pcor{ggm} 함수는 편상관계수를 제공한다.

```
> ## 편상관계수
> data(marks)
> str(marks)
'data.frame':   88 obs. of  5 variables:
 $ mechanics : num  77 63 75 55 63 53 51 59 62 64 ...
 $ vectors   : num  82 78 73 72 63 61 67 70 60 72 ...
 $ algebra   : num  67 80 71 63 65 72 65 68 58 60 ...
 $ analysis  : num  67 70 66 70 70 64 65 62 62 62 ...
 $ statistics: num  81 81 81 68 63 73 68 56 70 45 ...

> # analysis와 statistics가 주어질 때, vectors와 algebra 간의 상관계수
> pcor(c("vectors", "algebra", "analysis", "statistics"), var(marks))
> # pcor(c(2,3,4,5), var(marks))과 동일
[1] 0.388203
```

(b) 편상관계수, 부분상관계수의 간편 정의(계산식)

회귀를 수행한 후 잔차를 이용하는 방법 대신, 변수들 간의 상관계수만을 이용하여 편상관계수과 부분상관계수를 계산할 수 있다.

예를 들어 $p=3$이고 $r_{12}=0.7$, $r_{13}=0.6$, $r_{23}=0.9$라고 하자. 편상관계수와 부분상관계수는 다음과 같이 계산된다.

- 편상관계수: $r_{12\cdot 3}=\dfrac{r_{12}-r_{13}r_{23}}{\sqrt{1-r_{13}^2}\sqrt{1-r_{23}^2}}=0.46$
- 부분상관계수: $r_{1(2\cdot 3)}=\dfrac{r_{12}-r_{13}r_{23}}{\sqrt{1-r_{23}^2}}=0.37$

[비교] 4.2.2절에서 소개한 다중상관계수와의 차이를 이해하기 바람.

5장 다중공선성과 회귀진단

5.1 서론

이 장에서는 다중선형회귀의 적합 과정에서 다중공선성 문제에 대한 처리와 잔차분석을 비롯한 회귀진단의 문제를 다룬다.

다중공선성은 예측변수들 간에 상관성이 높은 현상을 말하는데, 이 경우에 다중선형회귀에서는 문제가 될 수 있다. 이 장에서는 다중공선성의 문제를 살펴보고 이에 대한 해결책을 제시한다.

회귀진단은 적합된 다중회귀모형에 대한 진단을 수행한다. 다중선형회귀를 수행한 뒤 잔차분석을 통해 적합모형에 대한 타당성을 체크하고, 문제점에 대한 해결(개선) 방안을 제시한다.

5.2 다중공선성과 해결방법

5.2.1 다중공선성 문제

다중선형회귀에서는 자료의 수가 모수의 수보다 많아야 하며($n \geq p+1$), 회귀계수의 추정에 $(X'X)^{-1}$의 계산이 요구된다. (두 개 또는 그 이상의) 예측변수들 간에 상관성이 높은 현상을 다중공선성(multicollinearity)이라고 하는데, 완전한 다중공선성이(독립변수들 간에 정확한 직선 관계가) 존재하는 경우에는 역행렬 $(X'X)^{-1}$의 계산이 불가능해진다. 따라서 강한 상관은 계산의 불안정성을 초래하며, OLS 추정값이 더 이상 BLUE(Best Linear Unbiased Estimator)가 되지 않는다.

다음의 [그림 5.1]에서와 같이 예측변수들 간에 높은 상관이 존재하는 경우를 생각해 보자.

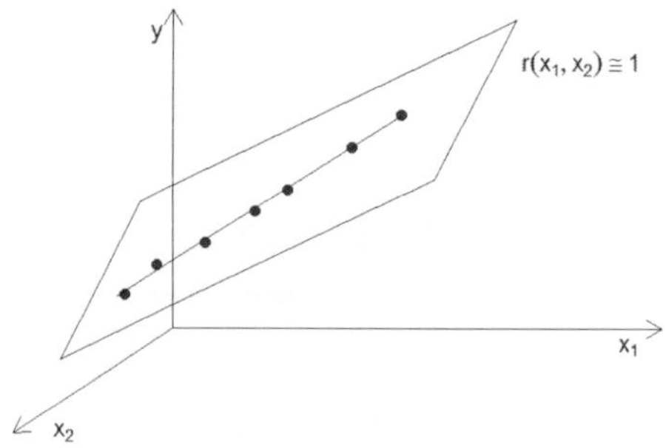

[그림 5.1] 다중공선성이 존재하는 경우

이 경우에는 초평면이 아닌 직선식으로도 y값에 추정이 가능해지며, 이를 초평면으로 추정하게 되면 자료의 작은 변화에도 추정결과가(추정된 초평면이) 크게 달라질 수 있다(불안정한 추정이 이루어짐).

다중공선성이 발생되는 원인으로는 1.(데이터 수집) 데이터가 매우 좁은 독립변수의 영역에서 수집되었거나, 2.(물리적 제약) 많은 제조 또는 서비스 공정에서 독립변수들은 물리적, 정치적, 법적으로 범위에 제한을 받거나, 3.(과-정의된 모형, over-defined model) 변수의 수가 자료의 수보다 많거나, 4.(모형 선택 또는 지정) 원 변수의 멱(power) 또는 교호(interaction) 변수를 예측변수로 사용하거나, 5.(이상치) 예측변수-공간에서의 이상치 등이 있다.

다중회귀에서 다중공선성이 존재할 때의 징후는 다음과 같다.

- 반응변수와의 상관이 높을 것으로 (이론적으로) 생각되는 변수임에도 불구하고 회귀계수가 유의하지 않을 때
- X 변수를 추가하거나 제외했을 때, 회귀계수의 변화가 심하게 일어날 때
- X에 따라 반응변수가 증가해야 함에도 회귀계수가 음의 값을 가질 때
- X의 증가에 따라 반응변수가 감소해야 하는 상황에서 양의 회귀계수를 가질 때
- X 변수들 간에 높은 상관계수가 존재할 때 등이다.

다중공선성에 대한 측도로는 분산팽창요인(variance inflation factor, 이하 VIF)과 조건지수(condition number, k)가 대표적이다. VIF와 k의 정의는 다음과 같다.

$$VIF_j = \frac{1}{1-R_j^2} \quad \& \quad k = \sqrt{\frac{\lambda_{max}}{\lambda_{min}}}.$$

위의 식에서 R_j^2는 예측변수(x_j)를 나머지 $p-1$개의 예측변수로 회귀를 수행하여 구해지는 결정계수를 나타내며, λ_{max}와 λ_{min}는 $X'X$ 행렬의 고윳값의 최댓값과 최솟값을 나타낸다.

VIF는 변수가 상관될 때 분산의 추정된 회귀계수의 분산이 얼마나 커지는지를 나타내는 값으로 이 값이 매우 크거나(5 또는 10 이상), 독립변수들의 상관행렬의 고윳값이 0에 가까운 값을

가질 때, 즉 조건지수가 15(또는 30)보다 크면 다중공선성이 존재하는 것으로 생각할 수 있다.

R의 vif{car} 함수는 선형모형과 일반화 선형모형에서 (일반화) 분산팽창요인(VIF) 값을 제공한다.

```
vif(mod, ...)
```

- mod는 lm 또는 glm 객체임

5.2.2 해결방법

이 절에서는 다중공선성과 관련된 몇 가지 질문과 함께, 이에 대한 올바른 이해와 해결방법을 제시한다.

회귀모형의 적합 시에 다중공선성은 문제가 된다. 다중공선성은 예측변수가 다른 예측변수들과 상관이 된 경우를 말한다.

(a) 다중공선성이 왜 문제가 되는가?

적당한 다중공선성은 문제가 되지 않는다. 그러나 심각한 다중공선성은 문제가 된다. 그 이유는 계수 추정값의 분산을 증가시킬 수 있고, 모형의 작은 변화에도 추정값이 매우 민감하게 반응한다. 그 결과로 추정값이 불안정하고 해석이 어렵다. 다중공선성은 통계적 분석력을 약화시키고, 계수 추정값의 부호를 변화시킬 수 있으며, 이로 인해 올바른 모형선택을 어렵게 한다.

(b) 다중공선성을 제거해야만 하는가?

다중공선성의 증상은 매우 심각하게 들리지만, 치료의 필요성은 분석의 목적에 따라 다르다. 요약하면, 다중공선성은

- 모형에 포함될 올바른 예측변수의 선택을 보다 어렵게 할 수 있으며
- 각 예측변수의 정확한 효과를 파악하는 데 장애가 된다. 그러나,
- 모형의 전체적인 적합에는 영향을 미치지 않으며, 나쁜 예측을 제공하지도 않는다.

분석의 목적에 따라 다중공선성은 항상 문제가 되는 것은 아니다. 그러나 심각한 다중공선성이 존재할 때 올바른 모형선택에 어려움이 있으므로 항상 관심을 가질 필요가 있다.

(c) 다중공선성에 대한 올바른 생각

다중공선성은 여러 가지 문제를 야기한다. 여러 개의 예측변수를 가지는 모형에서 다중공선성으로 인해 추정값의 부호가 바뀌거나 부정확한 p-값이 제공되면 올바른 모형선택이 어렵게 된

다(이 경우 단계별선택법 등의 변수선택법도 제대로 작동하지 않는다).

그러나 다중공선성이 모형이 얼마나 잘 적합되는지에는 영향을 미치지 않는다. 만약 모형이 잔차의 가정을 잘 만족시키고, 다중상관계수(R^2)가 충분히 크다면, 심각한 다중공선성을 가지는 경우에도 훌륭한 예측을 제공할 수 있다.

또한 높은 상관을 가지는 모든 한 쌍의 예측변수들에 대해서는 걱정할 필요가 없다. 예를 들어, 두 예측변수 간의 상관계수가 0.85인 경우(매우 높음)에도 VIF의 값은 3.6 정도에 불과하다. 따라서 상관된 예측변수를 포함하는 데 두려워 할 필요가 없다(-VIF를 체크하는 것은 명심할 것).

(d) 다중공선성의 종류

다중공선성에는 다음의 두 종류(구조적, 데이터-기반 다중공선성)가 있다.

- 구조적(structural) 다중공선성: 다른 예측변수로부터 만들어진 파생변수에 기인한 수학적 산물로, 가령 예측변수 x로부터 예측변수 x^2을 만들어 생김.
- 데이터-기반(data-based) 다중공선성: 순전히 관측자료에 의존하는 것으로, 잘못 설계된 실험의 결과로 발생되거나, 데이터가 관측되는 시스템의 조작이 불가능한 것에 기인함.

구조적 다중공선성은 분석자의 변수조작에 의해 발생되지만, 데이터-기반 다중공선성은 보다 문제가 되며, 보다 자주 접하게 되는 유형이라고 할 수 있다.

(e) 다중공선성에 대한 해결책

다중선형회귀에서 다중공선성의 문제를 해결하는 방법에는 다음과 같은 방법들이 있다.
데이터-기반의 다중공선성 문제에 대한 해결책은 다음과 같다.

- 상관된 예측변수를 제거: 변수선택법, 최적부분회귀 등의 방법으로 상관성이 높은 변수를 제거해 나가되, R^2가 높은 모형을 선택한다.
- 벌점회귀(penalized regression)를 적용: 능형(ridge)회귀, 라소(lasso) 회귀, 주성분회귀(PCR) 또는 부분최소제곱회귀(PLSR)를 수행한다.
- 통계적 학습 회귀(statistical learning regression)의 적용: 회귀나무, 베깅회귀, 랜덤포리스트, 신경망, 지지벡터회귀를 수행한다.

원변수로부터의 파생변수(제곱항 또는 교호효과를 모형에 추가할 경우 등)에 기인하는 구조적인 다중공선성 문제는 위에서 제시한 여러 가지 해결책들을 고려하기 전에 변수의 중심화(또는 표준화)를 수행하는 것이 쉬운 해결책이 될 수 있다.

어떠한 해결책을 고려하더라도, 모든 치료법은 잠재적으로 약점을 가진다는 점을 명심할 필요가 있다. 만약 덜 정확한 계수추정값 또는 덜 유의하나 높은 R^2를 가지는 모형에 만족한다면, 아무런 조치를 하지 않는 것이 올바른 결정이 될 수도 있다(적합에는 영향을 미치지 않으므로).

5.3* 회귀진단

회귀진단(regression diagnostics)은 다중회귀에서 적합된 회귀모형이 타당한지에 대한 다음의 진단을 수행한다. 이 가운데 다중공선성의 진단에 대해서는 앞 절에서 다룬 바 있다.

- 이상치와 영향점 진단
- 오차에 대한 진단(정규성, 등분산성, 독립성)
- 다중공선성 진단

회귀진단에 등장하는 주요 용어를 소개(정의)하면 다음과 같다.

○ 잔차(residual): (추정된 회귀식에 기초한) 예측값과 실제 관측값과의 차이를 말한다.

○ 이상치(outlier): (다른 관측값들이 모형을 잘 따르는 반면) 모형을 잘 따르지 않는 관측값 $(y, x_1, \cdots, x_p)$을 말한다.

- 예측변수에서 이상치: 다른 예측변수들의 모임으로부터 벗어난 예측변수값을 말한다. 이 값은 모형을 부적절하게 적합할 수 있다. h_{ii}는 i-번째 예측변수값이 얼마나 벗어나 있는가를 나타낸다. h_{ii}는 hat 행렬(H)의 i-번째 대각원소로 다음과 같이 정의되며, 이 값을 흔히 i-번째 자료의 지레(leverage)라고 한다.

$$leverage_i = h_{ii} = (X(X'X)^{-1}X')_{ii}$$

- 반응변수에서 이상치: 적합모형으로부터 멀리 떨어진 반응변수값을 말한다. 표준화잔차의 값이 클수록 이상치에 가깝다.

○ 지렛점(leverage point): (예측변수의) 평균으로부터 멀리 떨어진 예측변수에서 측정된 관측값을 말한다. 이 값은 회귀계수의 추정에 큰 영향을 미칠 수 있다.

○ 영향점(influential point): 회귀식에 크게 영향을 미치는 관측값을 말하며, 이 값이 제거될 경우 회귀계수의 추정값이 크게 변하게 된다. 영향점은 지렛점과 이상치의 산물로 생각될 수 있다.

○ 쿡의 거리(Cook's D): i-번째 관측값이 제거될 때 회귀함수가 얼마나 크게 변하는가를 측정하는 것으로, 관측값의 지레(leverage)와 잔차(residual)의 정보를 결합한 측도이다.

R의 {stats} 패키지에서는 제공하는 회귀진단 함수는 [표 5.1]과 같다(자세한 내용은 관련 서적을 참고할 것). 또한, R의 {car} 패키지는 회귀진단을 포함한 회귀모형에서 유용한 다양한 고급 기법을 제공한다.

[표 5.1] R의 회귀진단 기본 함수({stats} 패키지 제공)

R 함수	기능	기준(또는 정의)
resid( )	원 잔차	•
fitted( )	적합값	•
rstandard( )	스튜던트화 잔차	$r_i = e_i/s(e_i) = e_i/\hat{\sigma}\sqrt{1-h_{ii}}$
rstudent( )	externally 스튜던트화 잔차 (aka detected t 잔차): 이상치 진단(검정)	$t_i = e_i/\widehat{\sigma_{(i)}}\sqrt{1-h_{ii}} \sim t_{n-p-2}$
dffits( )	영향점 진단	$DFFITS_i > 3\sqrt{\frac{p+1}{n-p-1}}$
dfbetas( )	영향점 진단	$DFBETAS_{k(i)} > 1$
cooks.distance( )	영향점 진단	$D_i >$ median of $F_{p+1,n-p-1}$
hatvalues( )	영향점 진단	$h_i > \frac{3(p+1)}{n}$
covratio( )	영향점 진단	$\lvert 1-COVR_i \rvert > \frac{3(p+1)}{n-p-1}$, $COVR_i = \left(\frac{\hat{\sigma}^2_{(i)}}{\hat{\sigma}^2}\right)^{p+1}\frac{1}{1-h_i}$
influence.measures( )	영향점 진단 측도 5개	

(주1) cooks.distance( )의 기준: Cook의 거리(D)는 회귀계수 β의 신뢰타원에 기초하며, 이는 F분포와 관계한다.

(주2) covratio( )의 기준: $COVR_i$는 σ의 추정 시 관측값의 영향을 나타낸다.

예제 1

mtcars 자료를 이용하여 회귀진단을 수행한다. 여기서는 진단의 방법만을 제시하고, 진단결과에 의한 모형의 개선은 실시하지 않는다.

```
> data(mtcars)
> fit <- lm(mpg~disp+hp+wt+drat, data=mtcars)
> ## 표준진단그림: 종합적인 진단결과 제공
> par(mfrow=c(2,2))
> plot(fit); par(mfrow=c(1,1))
```

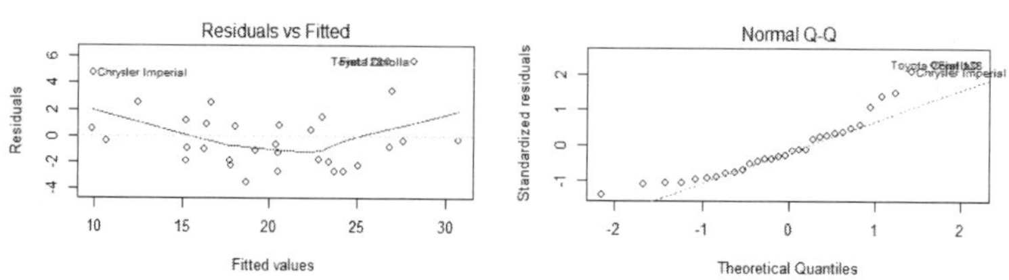

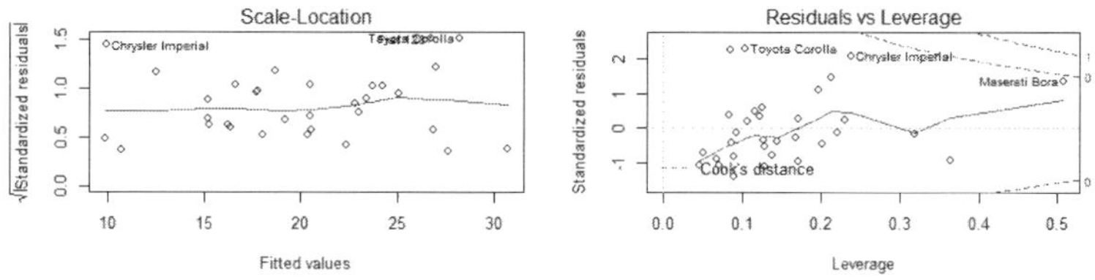

(해석) (좌상)은 적합값에 대한 잔차그림(residual plot)으로, 영(0)을 중심으로 골고루 퍼져 있어 대체로 무난하나 약간의 이차 곡선의 경향이 보인다. (우상)은 잔차에 대한 정규확률그림으로 기울기가 1인 직선을 벗어나는 점들이 많으며, 따라서 정규성 가정을 잘 따르지 않는다(즉, 모형의 개선이 요구됨). (좌하)는 적합값에 따른 표준화잔차(standardized residuals)그림으로 y의 제곱값(표준화잔차)이 표준정규분포의 가정을 크게 벗어나지 않으나, 라벨이 붙은 몇 개의 점은 이상치 여부를 살펴볼 필요가 있다. (우하)는 지렛값(leverage)에 대한 표준화잔차의 그림으로, 라벨이 붙은 점들에 대해서는 영향점 또는 이상치 여부에 대한 검토가 필요하다. 아울러 영향점 진단을 위한 쿡의 거리도 등고선으로 제시하고 있다.

위의 표준진단그림을 {car} 패키지를 이용하여 보다 자세히 살펴보면 다음의 [예제 2] ~ [예제 4]와 같다. R의 {car} 패키지는 Fox와 Weisberg(2011)의 "An R Companion to Applied Regression"에 소개된 다양한 회귀분석 관련 함수를 지원한다.

예제 2

([예제1]의 계속) 이상치와 영향점 진단: {car} 패키지 이용

```
> ## 이상치 진단
> # 이상치 검정
> library(car)
> outlierTest(fit)     # 가장 극단치에 대한 Bonferonni p-검정

No Studentized residuals with Bonferonni p < 0.05
Largest |rstudent|:
               rstudent unadjusted p-value Bonferonni p
Toyota Corolla  2.51597            0.01838      0.58816

> # 스튜던트화 잔차에 대한 qq-플롯
> qqPlot(fit, main="QQ Plot")
> # 적절한 t-분포에 대해 그려지며, 신뢰대는 (각 점별로) 붓스트랩 방법으로 구해짐
```

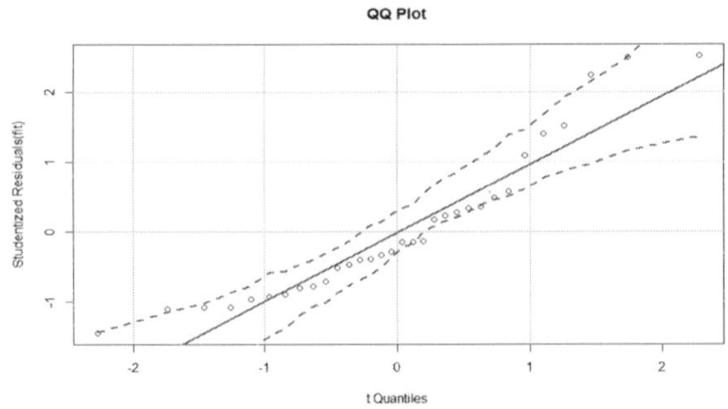


```
> # leverage 플롯
> leveragePlots(fit)
```

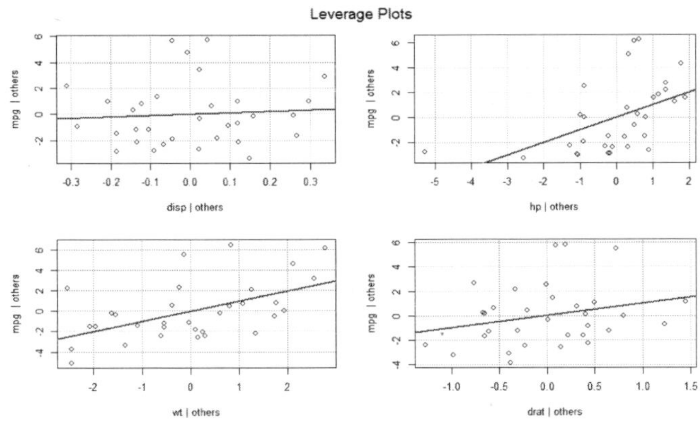


```
> ## 영향점 진단
> # 추가된 변수(added variable)그림
> # 특정 변수의 비선형성과 진단과 함께 영향점과 이상치를 찾는 데 유용
> avPlots(fit)
```

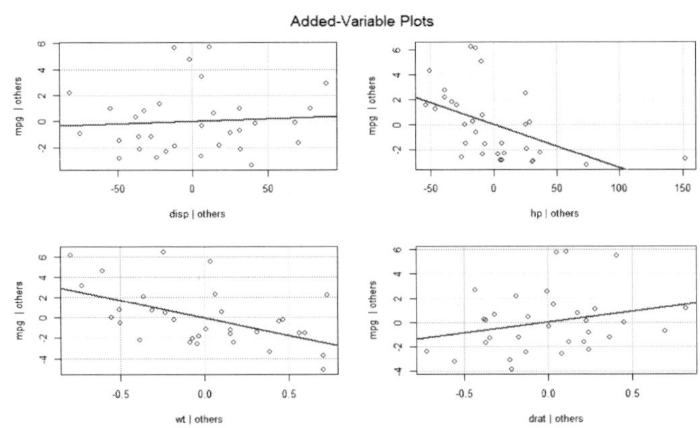

(해석) (disp|others, mpg|others) 그림은 예측변수 disp와 반응변수 mpg를 각각 (disp를 제외한) 나머지 예측변수들로 회귀(부분회귀, partial regression)를 수행한 후 잔차들 간의 관계를 그린 것이다. 즉, 나머지 변수들의 영향력을 제거한 후 잔차들 간의 관계를 그린 것으로, 두 변수 disp와 mpg 간의 관계가 직선적이면 이 그림은 직선으로 적합된다. 따라서 직선식으로부터 벗어난 자룟값들은 영향점(또는 이상치)의 가능성이 높다고 할 수 있다.

```
> # Cook의 거리(D) 그림
> # 기준값인 "4/(n-k-1)" 보다 큰 D를 식별
> cutoff <- 4/((nrow(mtcars)-length(fit$coefficients)-2))
> plot(fit, which=4, cook.levels=cutoff)
```

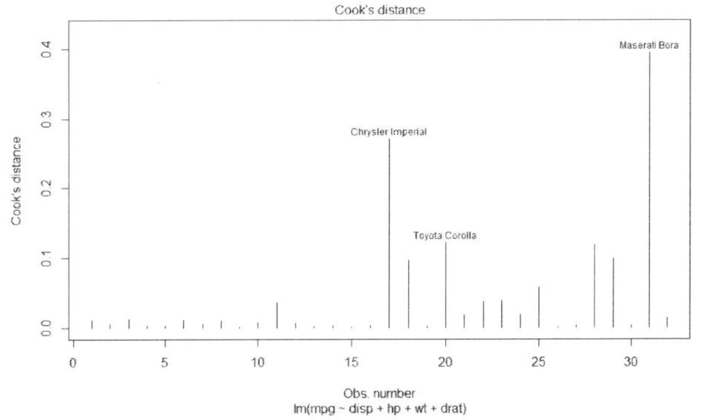


```
> # 회귀 영향(regression influence) 그림
> influencePlot(fit, id.method="identify", main="Influence Plot",
              sub="Circle size is proportial to Cook's Distance" )
> # 실행 후 마우스 대기 상태: 원하는 지점 클릭
```

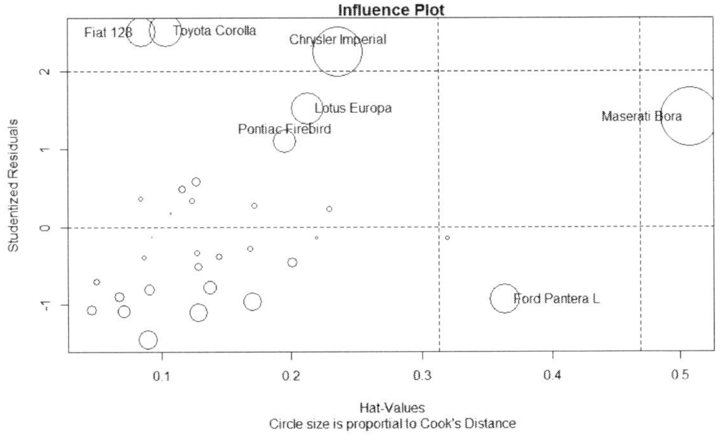

예제 3

([예제 2]의 계속) 오차에 대한 가정(정규성, 등분산성, 독립성) 진단

```
> ## 잔차의 정규성 검토
> # 스튜던트화 잔차에 대한 qq-플롯
> qqPlot(fit, main="QQ Plot")
```

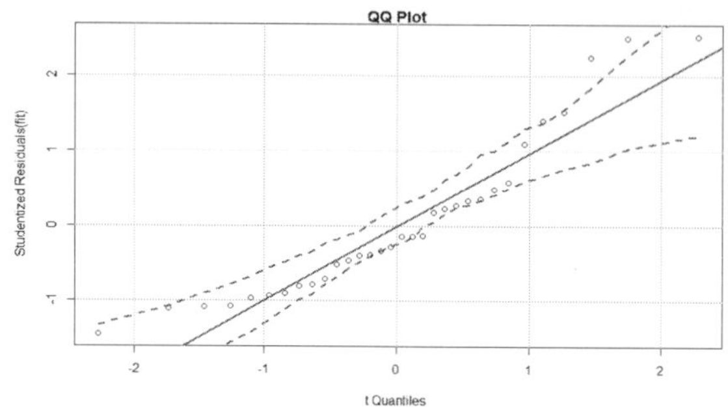


```
> # 스튜던트화 잔차의 분포(히스토그램)
> library(MASS)
> sresid <- studres(fit)
> hist(sresid, freq=FALSE,
      main="Distribution of Studentized Residuals")
> xfit<-seq(min(sresid),max(sresid),length=40)
> yfit<-dnorm(xfit)
> lines(xfit, yfit)
```

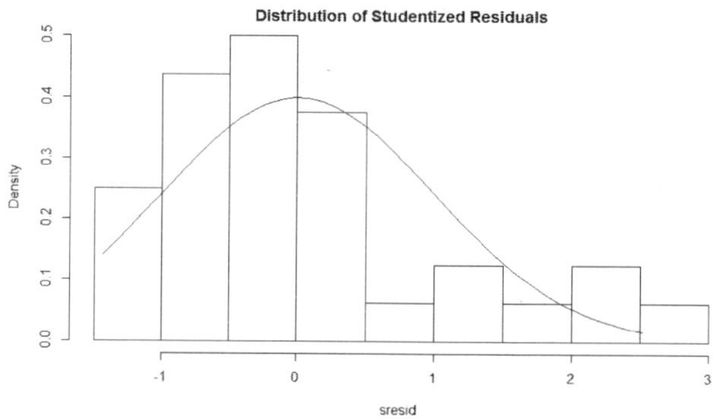


```
> ## 등분산성 검토
> # ncvTest(): "non-constant error variance test"의 약어
> ncvTest(fit)
Non-constant Variance Score Test
```

```
Variance formula: ~ fitted.values
Chisquare = 1.429672    Df = 1     p = 0.231818
> # 스튜던트화 잔차 vs 적합값 그림
> spreadLevelPlot(fit)

Suggested power transformation:  0.6616338
```

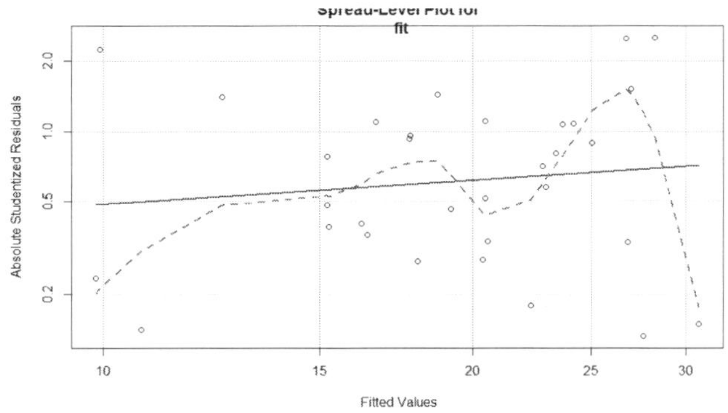


```
> # 오차의 자기상관(autocorrelation) 검정
> durbinWatsonTest(fit)    # dwtest{lmtest} 함수도 DW 검정을 제공함
 lag Autocorrelation D-W Statistic p-value
   1        0.100862      1.735915   0.268
 Alternative hypothesis: rho != 0
```

(해석) Durbin Watson(DW) 통계량은 계열 의존성(serial dependence)을 나타내는 측도로 $DW=\sum_{i=1}^{n-1}(e_i-e_{i+1})^2/\sum_{i=1}^{n}e_i^2$ 으로 정의된다. DW에 대한 해석 기준은 다음과 같다.

DW	<2	2	>2
해석	양의 계열 상관	계열 상관이 없음	음의 계열 상관

예제 4

([예제 3]의 계속) 기타 진단: 비선형성, 다중공선성 진단 및 선형모형 가정에 대한 일반 검정

```
> ## 비선형성 검토
> # (성분+잔차) 그림 또는 부분잔차(partial residual)그림
> # 추가된 변수그림과 유사하나, 비선형 관계를 파악하는 데 보다 유용한 그림을 제공
> crPlots(fit)    # component+residual plots
```

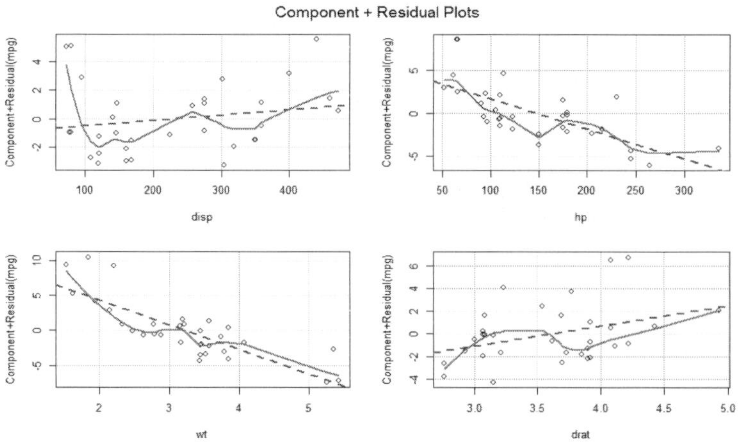

(해석) 좌상의 (disp, Component+Residual(mpg)) 그림은 예측변수의 i-번째 값($disp_i$)에서 (성분값+잔차)=$b \cdot (disp_i) + e_i$를 그린 것이다. b는 다중회귀에서 구한 예측변수(disp)의 추정회귀계수이다. 초록색 선은 산점도의 평활곡선으로 비선형 관계의 정보를 제공한다.

```
> # Ceres 플롯: (성분+잔차) 그림의 일반화
> ceresPlots(fit)
```

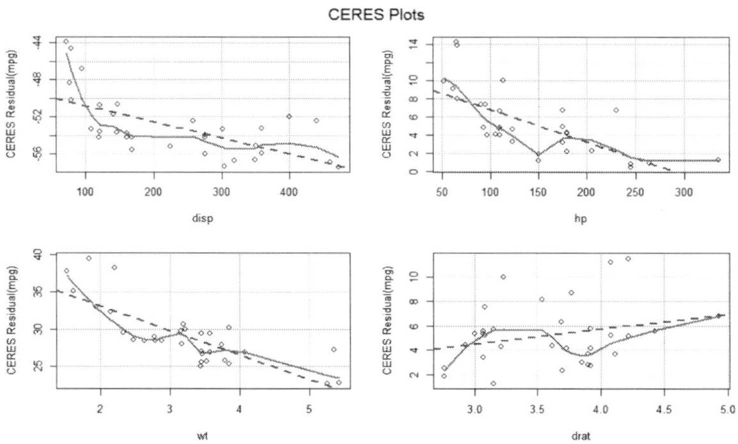


```
> ## 다중공선성 검토
> vif(fit)    # vif(): variance inflation factors
    disp       hp       wt     drat
8.209402 2.894373 5.096601 2.279547
```

(해석) 분산팽창요인(VIF)은 예측변수들이 선형적으로 관계되지 않을 때에 비해 추정된 회귀계수의 분산이 얼마나 많이 팽창되는지(inflated)를 나타내는 측도이다. VIF는 회귀에서 얼마나 큰 다중공선성(예측변수

들 간의 상관)이 존재하느냐를 나타낸다. 다중공선성은 회귀계수의 추정값의 분산을 증가시킬 수 있으며, 따라서 회귀계수를 불안정하게하고 해석을 어렵게 하는 문제를 야기한다. VIF에 대한 해석은 다음을 따른다.

VIF	예측변수의 상태
VIF=1	상관되지 않음
1〈VIF〈5	적당히 상관되어 있음
VIF〉 5 to 10	크게 상관됨

```
> ## 선형모형가정에 대한 일반적인 검정
> library(gvlma)
> gvmodel <- gvlma(fit)
> summary(gvmodel)

Call:
lm(formula = mpg ~ disp + hp + wt + drat, data = mtcars)

Residuals:
    Min      1Q  Median      3Q     Max 
-3.5077 -1.9052 -0.5057  0.9821  5.6883 

Coefficients:
             Estimate Std. Error t value Pr(>|t|)    
(Intercept) 29.148738   6.293588   4.631  8.2e-05 ***
disp         0.003815   0.010805   0.353  0.72675    
hp          -0.034784   0.011597  -2.999  0.00576 ** 
wt          -3.479668   1.078371  -3.227  0.00327 ** 
drat         1.768049   1.319779   1.340  0.19153    
---
Signif. codes:  0 '***' 0.001 '**' 0.01 '*' 0.05 '.' 0.1 ' ' 1

Residual standard error: 2.602 on 27 degrees of freedom
Multiple R-squared:  0.8376,	Adjusted R-squared:  0.8136 
F-statistic: 34.82 on 4 and 27 DF,  p-value: 2.704e-10


ASSESSMENT OF THE LINEAR MODEL ASSUMPTIONS
USING THE GLOBAL TEST ON 4 DEGREES-OF-FREEDOM:
Level of Significance =  0.05 

Call:
 gvlma(x = fit)
```

```
                      Value  p-value                   Decision
Global Stat        13.93816 0.007495 Assumptions NOT satisfied!
Skewness            4.31310 0.037820 Assumptions NOT satisfied!
Kurtosis            0.01378 0.906542    Assumptions acceptable.
Link Function       8.71658 0.003153 Assumptions NOT satisfied!
Heteroscedasticity  0.89470 0.344207    Assumptions acceptable.
```

6장

회귀계수 추정법

6.1 서론

다중선형회귀모형에서는 오차항에 대해 $\epsilon_i \sim i.i.d.\ N(0,\ \sigma^2)$을 가정한다. 이 가정하에서(정규성, 독립성, 등분산성) 회귀계수에 대한 추정은 흔히 최소제곱법으로 알려진 보통최소제곱(ordinary least squares, 이하 OLS)법을 사용한다.

이 장에서는 오차항에 대한 위의 가정이 위배될 경우에 사용되는 회귀계수의 추정법을 다룬다. 즉, 오차항이 무상관이나 분산이 동일하지 않거나(WLS 법), 무상관이나 알려져 있지 않은 경우(IRLS 법)에 대한 추정법을 다룬다. 또한, 오차항이 자기상관을 가지는 경우를 비롯한 일반적인 상관구조를 가지는 경우에 대한 추정법(GLS 법)을 다룬다.

6.2 가중최소제곱추정(WLS)

가중최소제곱(weighted least squares, 이하 WLS)법은 보통최소제곱(OLS)법과 같이 오차가 무상관(uncorrelated)이나, 오차(또는 반응변수)의 분산이 서로 다른 경우에 유용한 회귀추정방법이다. 이때 분산은 서로 다르지만 알려진 경우를 전제로 한다. 가중최소제곱법은 다음의 가중된 잔차제곱합

$$\sum_{i=1}^{n} w_i (y_i - \boldsymbol{x}' b)^2$$

을 최소화하는 b를 찾는 것이다. 이때 가중치 w_i는, 일종의 벌점(penalty)으로, 잔차가 큰 관측값(의 제곱잔차)에 큰 값을 부여하게 된다. 이때 가중최소제곱추정량은 다음과 같이 주어진다.

$$b = (X'WX)^{-1}X'Wy.$$

위 식에서 가중행렬 W는 i번째 관측값의 가중치를 원소로 가지는 대각행렬로 $W = diag(w_1, \cdots, w_n)$이다. WLS 추정량은 OLS 추정량과 같이 불편성을 만족하며, OLS 추정량보다 더 작은 분산을 가진다.

[참고] 오차분산과 회귀계수의 분산에 대한 추정:

$$\begin{aligned}\widehat{\sigma_w^2} &= \frac{1}{n-p-1}\sum_{i=1}^{n} w_i(y_i - \hat{y_i})^2 \\ &= \frac{1}{n-p-1}\sum_{i=1}^{n} w_i e_i^2 \\ &= \frac{(y-\hat{y})'W(y-\hat{y})}{n-p-1}.\end{aligned}$$

$$Var(b) = (X'WX)^{-1}\sigma_w^2 \quad \& \quad \widehat{Var}(b) = (X'WX)^{-1}\hat{\sigma}_w^2.$$

WLS 추정에서 가중치를 부여하는 몇 가지 방법을 소개하면 다음과 같다.

- y_i가 서로 다른 표본 n_i개의 평균값인 경우: $w_i = n_i$.
- OLS 추정값 $\hat{y}_i$의 분산을 가중치로 주는 방법: $w_i = Var(\hat{y}_i)$.
- y_i의 분산이 예측변수의 크기에 비례하는 경우: $w_i = \frac{1}{x_i}$ 또는 $w_i = \frac{1}{x_i^2}$.

6.3 반복재가중 최소제곱추정(IRLS)

반복재가중 최소제곱(iteratively reweighted least squares, 이하 IRLS)법은 오차가 무상관이며, 분산이 알려져 있지 않으나 소수의 모수를 통해 추정될 수 있는 경우에 사용되는 추정법이다. 예를 들어, $Var(\epsilon_i) = \gamma_0 + \gamma_1 x_1$인 경우이다. IRLS 추정은 다음과 같이 수행된다.

(i) 초기 가중치를 준다. 예를 들어, $w_i = 1$을 부여한다(OLS 추정).

(ii) 모형을 적합하여 회귀계수의 추정값 b를 얻는다.

(iii) 잔차를 이용하여 γ를 추정한다(e_i^2을 x로 회귀함).

(iv) 가중치를 다시 계산하고 (2)를 수행한다. 이 과정을 추정값이 수렴할 때까지 반복한다.

다른 예로, 산점도상에서 y의 표준편차가 평균 μ에 비례하여 커지는 경우를 생각하자. 이때, $Var(y) \propto \mu^2$이고 μ는 모르는 값이다. 모형을 적합하고(OLS 이용) 가중치를 $\hat{w}_i = 1/\hat{\mu}^2$으로 추정한다. 새로운 가중치로 모형을 다시 적합하고, 이 과정을 수렴 시까지 반복한다.

예제 1

strongx{faraway} 자료에 대해 WLS와 IRLS 방법으로 회귀계수를 추정하고, OLS의 결과와 비교를 수행한다.

```
> library(faraway)
> data(strongx)
> strongx
  momentum energy crossx sd
1        4  0.345    367 17
2        6  0.287    311  9
3        8  0.251    295  9
4       10  0.225    268  7
5       12  0.207    253  7
6       15  0.186    239  6
7       20  0.161    220  6
8       30  0.132    213  6
9       75  0.084    193  5
10     150  0.060    192  5

> pairs(strongx)
```

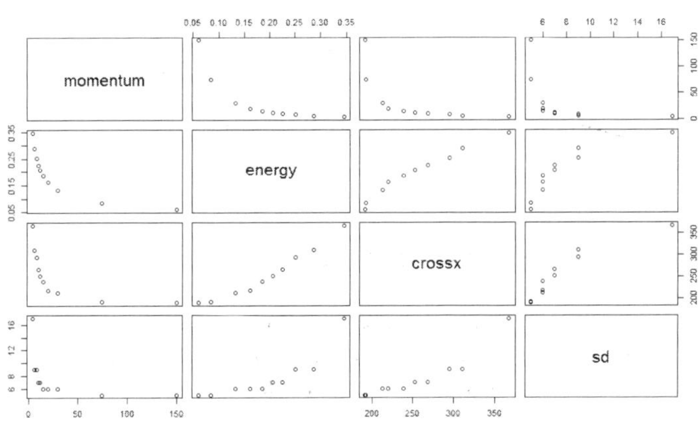

```
> ## WLS 추정결과
> m.1 <- lm(crossx ~ energy, data=strongx, weights=sd^-2)
> summary(m.1)

Call:
lm(formula = crossx ~ energy, data = strongx, weights = sd^-2)

Weighted Residuals:
    Min      1Q  Median      3Q     Max
-2.3230 -0.8842  0.0000  1.3900  2.3353

Coefficients:
            Estimate Std. Error t value Pr(>|t|)
(Intercept)  148.473      8.079   18.38 7.91e-08 ***
energy       530.835     47.550   11.16 3.71e-06 ***
---
Signif. codes:  0 '***' 0.001 '**' 0.01 '*' 0.05 '.' 0.1 ' ' 1

Residual standard error: 1.657 on 8 degrees of freedom
Multiple R-squared:  0.9397,	Adjusted R-squared:  0.9321
F-statistic: 124.6 on 1 and 8 DF,  p-value: 3.71e-06

> ## IRLS 추정결과
> a <- rep(1, 10)
> m.2 <- lm(crossx ~ energy, data=strongx, weights=a)
> a <- rep(1, 10)
> m.2 <- lm(crossx ~ energy, data=strongx, weights=a)
> for(i in 1:20) {
      tem <- lm(m.2$res^2 ~ crossx, data=strongx)
      g0 <- summary(tem)$coefficients[1]
      g1 <- summary(tem)$coefficients[2]
      w <- abs(1/(g0+g1*strongx$crossx))
      m.2 <- lm(crossx ~ energy, data=strongx, weights=w)
        }
> summary(m.2)

Call:
lm(formula = crossx ~ energy, data = strongx, weights = w)

Weighted Residuals:
     Min       1Q   Median       3Q      Max
-1.44014 -0.00437  0.37332  0.76038  1.39141
Coefficients:
            Estimate Std. Error t value Pr(>|t|)
(Intercept)  142.892      9.246   15.45 3.06e-07 ***
energy       531.344     62.002    8.57 2.65e-05 ***
---
Signif. codes:  0 '***' 0.001 '**' 0.01 '*' 0.05 '.' 0.1 ' ' 1
```

```
Residual standard error: 0.9362 on 8 degrees of freedom
Multiple R-squared:  0.9018,	Adjusted R-squared:  0.8895
F-statistic: 73.44 on 1 and 8 DF,  p-value: 2.652e-05

> ## OLS 추정과의 비교
> m <- lm(crossx ~ energy, data=strongx)
> summary(m)

Call:
lm(formula = crossx ~ energy, data = strongx)

Residuals:
    Min      1Q  Median      3Q     Max
-14.773  -9.319  -2.829   5.571  19.817

Coefficients:
            Estimate Std. Error t value Pr(>|t|)
(Intercept)   135.00      10.08    13.4 9.21e-07 ***
energy        619.71      47.68    13.0 1.16e-06 ***
---
Signif. codes:  0 '***' 0.001 '**' 0.01 '*' 0.05 '.' 0.1 ' ' 1

Residual standard error: 12.69 on 8 degrees of freedom
Multiple R-squared:  0.9548,	Adjusted R-squared:  0.9491
F-statistic: 168.9 on 1 and 8 DF,  p-value: 1.165e-06

> ## 시각화를 통한 OLS, WLS, IRLS 추정결과 비교
> plot(strongx$energy, strongx$crossx, col="blue")
> abline(a=m$coefficients[1], b=m$coefficients[2], lty=2)
> abline(a=m.1$coefficients[1], b=m.1$coefficients[2])
> abline(a=m.2$coefficients[1], b=m.2$coefficients[2], col="red")
> legend("topleft", col=c("black","black","red"), lty=c(2,1,1),
       legend=c("OLS","WLS","IRLS"))
```

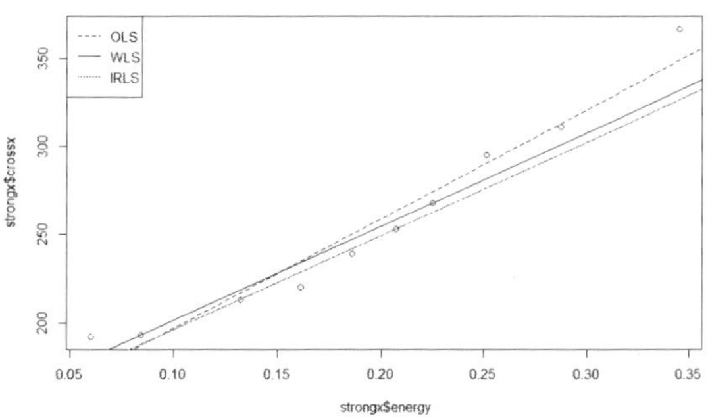

(해석) 검은 점선: OLS 추정결과, 검은 실선: WLS 추정결과, 붉은 실선: IRLS 추정결과임.

6.4* 일반화최소제곱회귀

일반화최소제곱(generalized least squares, 이하 GLS)법은 상관된 오차(correlated errors)를 가지는 회귀모형의 적합에 유용한 방법이다(회귀의 문제에서 연속된 오차는 서로 상관되는 경우가 자주 발생함). 이 방법은 비정상(non-stationary)의 평균을 가지는 시계열자료에 대한 회귀를 수행하거나, 오차항이 ARMA 과정을 따르는 경우의 회귀를 수행할 때 유용하다.

OLS의 경우에는 오차항의 분산에 대해 $\sigma^2 I$ 형태를 가정한다. GLS에서는 오차항에 대해 공분산행렬 Σ를 가정한다. 만약 Σ가 알려져 있다면, 회귀모형의 양변에 $\Sigma^{-1/2}$를 곱해주면 직접 OLS를 적용할 수 있는 구조로 쉽게 변형된다. 만약 Σ를 모르는 경우라면, (i) 먼저 OLS를 적용하여 회귀계수를 추정한 뒤, (ii) 잔차를 이용하여 Σ를 추정하고, 이 과정을 반복한다. (오차에 대해 정규분포 가정하에서) 수렴된 값은 최대가능도추정값(MLE)이 된다.

R의 gls{nlme} 함수는 GLS 회귀를 제공한다.

예제 2

longley{datasets} 자료에 대해 GLS 회귀를 수행한다.

```
> library(nlme)
> g <- gls(Employed~GNP+Population, correlation=corAR1(),data=longley)
> # 위 옵션은 correlation=corARMA(p=1, q=0)과 동일함
> # method="REML"(디폴트). "ML" 옵션 사용 시 다소 차이가 있음
```

[유의] 오차에 대한 상관구조(correelation= 옵션)를 지정하기 위해서는 먼저 OLS 적합을 실시하고, 잔차에 대한 분석(acf, pacf, Durbin-Watson 검정, Ljung-Box 검정 등)을 통해 ARMA 모형의 차수를 구한 뒤, 이를 위 모형식에 지정한다.

```
> summary(g)    # REML은 Σ에 대한 불편추정량을 제공해 줌
Generalized least squares fit by REML
  Model: Employed ~ GNP + Population
  Data: longley
       AIC      BIC    logLik
  44.66377 47.48852 -17.33188

Correlation Structure: AR(1)
 Formula: ~1
 Parameter estimate(s):
```

```
      Phi
0.6441692     # 일차자기회귀계수의 추정값

Coefficients:
                Value Std.Error   t-value p-value
(Intercept) 101.85813 14.198932  7.173647  0.0000
GNP           0.07207  0.010606  6.795485  0.0000
Population   -0.54851  0.154130 -3.558778  0.0035

 Correlation:    # 계수 추정값들 간의 상관계수 추정
           (Intr) GNP
GNP         0.943
Population -0.997 -0.966

Standardized residuals:
       Min         Q1        Med         Q3        Max
-1.5924564 -0.5447822 -0.1055401  0.3639202  1.3281898

Residual standard error: 0.689207
Degrees of freedom: 16 total; 13 residual

> round(intervals(g)$coef, 2)
            lower   est.  upper
(Intercept) 71.18 101.86 132.53
GNP          0.05   0.07   0.09
Population  -0.88  -0.55  -0.22
attr(,"label")
[1] "Coefficients:"

> round(intervals(g)$corStruct, 2)
    lower est. upper
Phi -0.44 0.64  0.96
attr(,"label")
[1] "Correlation structure:"

> ## OLS 추정과의 비교
> # OLS 추정 결과
>  o <- lm(Employed ~GNP + Population, data=longley)
>  summary(o, cor=T)

Call:
lm(formula = Employed ~ GNP + Population, data = longley)

Residuals:
     Min       1Q   Median       3Q      Max
-0.80899 -0.33282 -0.02329  0.25895  1.08800

Coefficients:
```

```
            Estimate Std. Error t value Pr(>|t|)
(Intercept) 88.93880   13.78503   6.452 2.16e-05 ***
GNP          0.06317    0.01065   5.933 4.96e-05 ***
Population  -0.40974    0.15214  -2.693   0.0184 *
---
Signif. codes:  0 '***' 0.001 '**' 0.01 '*' 0.05 '.' 0.1 ' ' 1

Residual standard error: 0.5459 on 13 degrees of freedom
Multiple R-squared:  0.9791,       Adjusted R-squared:  0.9758
F-statistic: 303.9 on 2 and 13 DF,  p-value: 1.221e-11

Correlation of Coefficients:
           (Intercept) GNP
GNP         0.98
Population -1.00       -0.99

> # 신뢰구간 비교
> round(confint(o), 2)
            2.5 % 97.5 %
(Intercept) 59.16 118.72
GNP          0.04   0.09
Population  -0.74  -0.08

> # 두 모형 간의 비교
> anova(g, o)
  Model df      AIC      BIC    logLik   Test  L.Ratio p-value
g     1  5 44.66377 47.48852 -17.33188
o     2  4 46.38923 48.64903 -19.19462 1 vs 2 3.725466  0.0536
```

(해석) 두 모형 간에 무시할 수 없는 유의성이 존재하며, BIC 등의 측도에서 GLS 방법이 다소 우수하다. 계수 추정값과 표준오차에서 큰 차이를 보이지는 않는다.

7장 로버스트 회귀와 저항회귀

7.1 서론

로버스트 회귀는 통상적인 OLS 추정이 이상치에 민감하게 반응하는 것에 비해, 이상치 자료에 덜 민감하게 반응하는(로버스트한) 회귀분석 방법이다. 따라서 데이터의 수가 작거나 이상치를 포함한 자료의 적합에 유용하다. 회귀계수의 추정방법으로 반복재가중 최소제곱법이 사용된다. 로버스트 회귀의 일종인 저항회귀에 대해서도 다루기로 한다.

7.2 로버스트 회귀

로버스트(robust) 회귀는 최소제곱회귀의 대안적인 방법으로, 자료에 이상치(outliers) 또는 영향점(influential points)이 포함된 경우에 유용하다. 이 방법은 영향점을 찾는 목적으로도 사용될 수 있다.

로버스트 회귀에서 사용되는 몇 가지 용어를 소개한다(앞서 회귀진단(5.3절)에서 소개한 용어를 간추린 것이다.)

- 잔차(residual): (추정된 회귀식에 기초한) 예측값과 실제 관측값과의 차이를 말한다.
- 이상치(outlier): (다른 관측값들이 모형을 잘 따르는 반면) 모형을 잘 따르지 않는 관측값을 말한다.
- 지렛점(leverage point): (예측변수의) 평균으로부터 멀리 떨어진 예측변수에서 측정된 관측값을 말한다. 이 값은 회귀계수의 추정에 큰 영향을 미칠 수 있다.
- 영향점(influential point): 회귀식에 크게 영향을 미치는 관측값을 말하며, 이 값이 제거될 경우 회귀계수의 추정값이 크게 변하게 된다.

- 쿡의 거리(Cook's D): i-번째 관측값이 제거될 때 회귀함수가 얼마나 크게 변하는가에 대한 측도이다.

로버스트 회귀는 최소제곱회귀가 적용되는 모든 경우에 적용될 수 있다. 최소제곱회의 적용 시에, 자료에 이상치와 큰 지렛값을 가지는 자료가 포함되어 있으나, 이들이 정상적인 자료인 경우에는 분석 시에 제외할 수 없다. 로버스트 회귀는 '이 값을 분석에서 제외시키는 방법'과 '이 값을 분석에 포함시키고, OLS 회귀에서와 같이 동등한 가중을 부여하는 방법' 간을 절충한 방법으로 생각할 수 있다. 로버스트 회귀의 아이디어는 관측값이 얼마나 잘 행동(behaved)하느냐에 따라 서로 다른 가중치를 부여하는 것이다. 로버스트 회귀에서 회귀계수에 대한 추정은 IRLS 방법을 사용한다. IRLS는 여러 가지 가중함수를 사용하여 수렴이 될 때까지 반복적으로 가중치를 재조정해나가는 방법으로, 자세한 설명은 관련 서적을 참고하기 바란다.

R에서 rlm{MASS} 함수는 다양한 로버스트 회귀를 수행한다.

예제 1 (출처: http://stats.idre.ucla.edu/r/)

미국 51개 주의 범죄 관련 자료(crime.dta)에 대해 로버스트 회귀를 수행한다.

```
> library(foreign)
> cdata <- read.dta("http://stats.idre.ucla.edu/stat/data/crime.dta")
> str(cdata)
'data.frame':   51 obs. of  9 variables:
 $ sid     : num  1 2 3 4 5 6 7 8 9 10 ...
 $ state   : chr  "ak" "al" "ar" "az" ...
 $ crime   : int  761 780 593 715 1078 567 456 686 1206 723 ...
 $ murder  : num  9 11.6 10.2 8.6 13.1 ...
 $ pctmetro: num  41.8 67.4 44.7 84.7 96.7 ...
 $ pctwhite: num  75.2 73.5 82.9 88.6 79.3 ...
 $ pcths   : num  86.6 66.9 66.3 78.7 76.2 ...
 $ poverty : num  9.1 17.4 20 15.4 18.2 ...
 $ single  : num  14.3 11.5 10.7 12.1 12.5 ...
```

(자료 설명) 이 자료는 미국의 51개 주에서 범죄와 관련된 9개 변수를 조사한 자료이다. 변수는 주 ID(sid), 주 이름(state), 10만 명당 강력범죄(crime), 10만 명당 살인(murder), 도시에 거주하는 인구 비율(pctmetro), 백인의 인구 비율(pctwhite), 고교졸업 이상의 인구 비율(pcths), 빈곤층의 인구 비율(poverty), 한부모의 인구 비율(single)이다. 한부모의 비율(single)과 빈곤층의 비율(poverty)을 이용하여 강력범죄(crime)를 예측하기로 한다.

```
> summary(cdata)
      sid            state               crime             murder          pctmetro
```

```
 Min.   : 1.0   Length:51          Min.   :  82.0   Min.   : 1.600   Min.   : 24.00
 1st Qu.:13.5   Class :character   1st Qu.: 326.5   1st Qu.: 3.900   1st Qu.: 49.55
 Median :26.0   Mode  :character   Median : 515.0   Median : 6.800   Median : 69.80
 Mean   :26.0                      Mean   : 612.8   Mean   : 8.727   Mean   : 67.39
 3rd Qu.:38.5                      3rd Qu.: 773.0   3rd Qu.:10.350   3rd Qu.: 83.95
 Max.   :51.0                      Max.   :2922.0   Max.   :78.500   Max.   :100.00
    pctwhite         pcths          poverty          single
 Min.   :31.80   Min.   :64.30   Min.   : 8.00   Min.   : 8.40
 1st Qu.:79.35   1st Qu.:73.50   1st Qu.:10.70   1st Qu.:10.05
 Median :87.60   Median :76.70   Median :13.10   Median :10.90
 Mean   :84.12   Mean   :76.22   Mean   :14.26   Mean   :11.33
 3rd Qu.:92.60   3rd Qu.:80.10   3rd Qu.:17.40   3rd Qu.:12.05
 Max.   :98.50   Max.   :86.60   Max.   :26.40   Max.   :22.10

> ## OLS 회귀
> summary(ols <- lm(crime ~ poverty + single, data = cdata))

Call:
lm(formula = crime ~ poverty + single, data = cdata)

Residuals:
    Min      1Q  Median      3Q     Max
-811.14 -114.27  -22.44  121.86  689.82

Coefficients:
             Estimate Std. Error t value Pr(>|t|)
(Intercept) -1368.189    187.205  -7.308 2.48e-09 ***
poverty         6.787      8.989   0.755    0.454
single        166.373     19.423   8.566 3.12e-11 ***
---
Signif. codes:  0 '***' 0.001 '**' 0.01 '*' 0.05 '.' 0.1 ' ' 1

Residual standard error: 243.6 on 48 degrees of freedom
Multiple R-squared:  0.7072,	Adjusted R-squared:  0.695
F-statistic: 57.96 on 2 and 48 DF,  p-value: 1.578e-13

> # 회귀진단그림
> opar <- par(mfrow = c(2,2), oma = c(0, 0, 1.1, 0))
> plot(ols, las = 1)
```

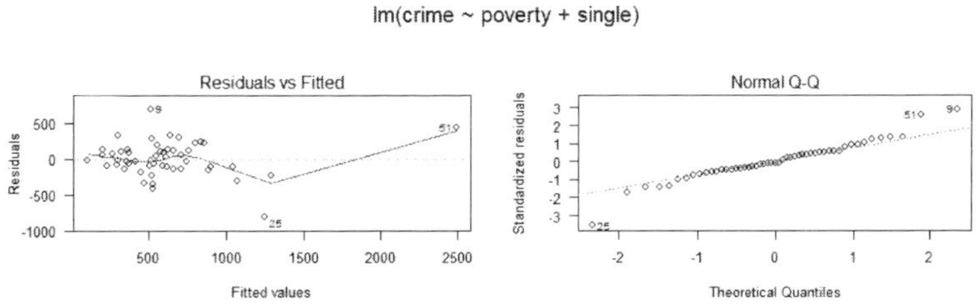

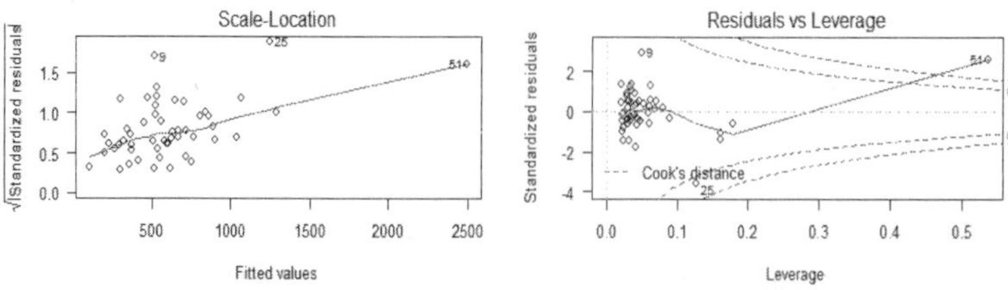

(해석) 위 그림으로부터, 9번, 25번, 51번 관측값이 잔차와 지레의 관점에서 문제가 있어 보인다(큰 값을 가진다). 또한 이들 관측값은 쿡의 거리도 큰 값으로 나타나고 있다.

```
> # 큰 지레값과 큰 잔차를 가지는 관측값: 9, 25, 51번 자료에 대한 정보
> cdata[c(9, 25, 51), 1:2]
   sid state
9    9    fl
25  25    ms
51  51    dc
```

(해석) DC, 플로리다(fl), 미시시피(ms)가 큰 지렛값 또는 큰 잔차를 가진다.

```
> # 쿡의 거리가 기준값인 4/n 보다 큰 관측값 출력
> library(MASS)     # stdres() 함수 적용에 필요
> d1 <- cooks.distance(ols)
> r <- stdres(ols)      # 표준화잔차값도 같이 출력
> a <- cbind(cdata, d1, r)
> a[d1 > 4/51, ]
   sid state crime murder pctmetro pctwhite pcths poverty single        d1         r
1    1    ak   761    9.0     41.8     75.2  86.6     9.1   14.3 0.1254750 -1.397418
9    9    fl  1206    8.9     93.0     83.5  74.4    17.8   10.6 0.1425891  2.902663
25  25    ms   434   13.5     30.7     63.3  64.3    24.7   14.7 0.6138721 -3.562990
51  51    dc  2922   78.5    100.0     31.8  73.1    26.4   22.1 2.6362519  2.616447
```

(해석) DC는 다른 자료와 달리 주(state)가 아니므로 분석의 초기에 제외되어야 하나, 이 자료는 쿡의 거리가 큰 자료로, 이러한 자료가 로버스트 회귀에서 어떻게 다루어지는가를 살펴보기 위해 분석에 포함시켰다.

```
> # 잔차의 절댓값이 큰 관측값 출력(상위 10개)
> rabs <- abs(r)
> a <- cbind(cdata, d1, r, rabs)
> asorted <- a[order(-rabs), ]
> asorted[1:10, ]
   sid state crime murder pctmetro pctwhite pcths poverty single         d1         r
25  25    ms   434   13.5     30.7     63.3  64.3    24.7   14.7 0.61387212 -3.562990
9    9    fl  1206    8.9     93.0     83.5  74.4    17.8   10.6 0.14258909  2.902663
```

```
51  51    dc  2922   78.5    100.0    31.8  73.1    26.4    22.1 2.63625193  2.616447
46  46    vt   114    3.6     27.0    98.4  80.8    10.0    11.0 0.04271548 -1.742409
26  26    mt   178    3.0     24.0    92.6  81.0    14.9    10.8 0.01675501 -1.460885
21  21    me   126    1.6     35.7    98.5  78.8    10.7    10.6 0.02233128 -1.426741
1    1    ak   761    9.0     41.8    75.2  86.6     9.1    14.3 0.12547500 -1.397418
31  31    nj   627    5.3    100.0    80.8  76.7    10.9     9.6 0.02229184  1.354149
14  14    il   960   11.4     84.0    81.0  76.2    13.6    11.5 0.01265689  1.338192
20  20    md   998   12.7     92.8    68.9  78.4     9.7    12.0 0.03569623  1.287087
        rabs
25 3.562990
9  2.902663
51 2.616447
46 1.742409
26 1.460885
21 1.426741
1  1.397418
31 1.354149
14 1.338192
20 1.287087

> ## 로버스트 회귀 적합: rlm{MASS} 함수 이용
> # IRLS 추정 시 Huber의 가중함수 사용
> # psi= 옵션은 가중함수를 지정하며 "psi.huuber(디폴트)", "psi.hampel", "psi.bisquare"가 있다.
> summary(rr.huber <- rlm(crime ~ poverty + single, data = cdata))

Call: rlm(formula = crime ~ poverty + single, data = cdata)
Residuals:
    Min      1Q  Median     3Q     Max
-846.09 -125.80  -16.49 119.15  679.94

Coefficients:
            Value      Std. Error t value
(Intercept) -1423.0373  167.5899    -8.4912
poverty         8.8677    8.0467     1.1020
single        168.9858   17.3878     9.7186

Residual standard error: 181.8 on 48 degrees of freedom
```

(해석) 유의확률을 구해보면 single 변수는 유의하나. poverty 변수는 유의하지 않다. 여기서 모형의 개선에 대해서는 논하지 않기로 한다.

```
> # 잔차가 큰 상위 15개 자료에 대해 Huber의 가중함수를 사용한 경우 가중치 출력
> hweights <- data.frame(state = cdata$state, resid = rr.huber$resid,
                         weight = rr.huber$w)
```

```
> hweights2 <- hweights[order(rr.huber$w), ]
> hweights2[1:15, ]
   state       resid    weight
25    ms -846.08536 0.2889618
9     fl  679.94327 0.3595480
46    vt -410.48310 0.5955740
51    dc  376.34468 0.6494131
26    mt -356.13760 0.6864625
21    me -337.09622 0.7252263
31    nj  331.11603 0.7383578
14    il  319.10036 0.7661169
1     ak -313.15532 0.7807432
20    md  307.19142 0.7958154
19    ma  291.20817 0.8395172
18    la -266.95752 0.9159411
2     al  105.40319 1.0000000
3     ar   30.53589 1.0000000
4     az  -43.25299 1.0000000
```

(해석) 회귀모수의 추정 시 잔차가 큰 자료일수록 작은 가중치가 적용되고 있음을 알 수 있다. 잔차가 큰 상위 12개의 자료에 대한 가중치는 1보다 작으며, 13번 이후의 모든 자료의 가중치는 1이다.

```
> ## 로버스트 회귀적합: Tukey의 bisquare 가중함수 사용
> rr.bisquare <- rlm(crime ~ poverty + single, data=cdata, psi = psi.bisquare)
> summary(rr.bisquare)

Call: rlm(formula = crime ~ poverty + single, data = cdata, psi = psi.bisquare)
Residuals:
    Min      1Q  Median     3Q     Max
-905.59 -140.97  -14.98 114.65  668.38

Coefficients:
            Value      Std. Error t value
(Intercept) -1535.3338  164.5062   -9.3330
poverty        11.6903    7.8987    1.4800
single        175.9303   17.0678   10.3077

Residual standard error: 202.3 on 48 degrees of freedom

> biweights <- data.frame(state = cdata$state, resid = rr.bisquare$resid, weight =
rr.bisquare$w)
> biweights2 <- biweights[order(rr.bisquare$w), ]
> biweights2[1:15, ]
   state     resid      weight
25    ms -905.5931 0.007652565
```

```
9     fl  668.3844 0.252870542
46    vt -402.8031 0.671495418
26    mt -360.8997 0.731136908
31    nj  345.9780 0.751347695
18    la -332.6527 0.768938330
21    me -328.6143 0.774103322
1     ak -325.8519 0.777662383
14    il  313.1466 0.793658594
20    md  308.7737 0.799065530
19    ma  297.6068 0.812596833
51    dc  260.6489 0.854441716
50    wy -234.1952 0.881660897
5     ca  201.4407 0.911713981
10    ga -186.5799 0.924033113
```

(해석) 가중함수의 종류에 따라 가중치가 많이 달라지며, 따라서 회귀계수의 추정값도 달라진다. 가중함수의 종류에 따라 장, 단점이 있다. Huber의 가중함수는 심한 이상치를 가지는 경우 어려움이 있으며, bisquare 가중함수는 수렴이 안 되거나 다중의 해를 가질 수 있다.

7.3 회귀계수 추정: M-추정량

로버스트 회귀에서의 회귀계수추정법으로 M-추정량을 소개한다. 회귀모형에서 최소제곱추정량은 목적함수인 잔차제곱합 $\sum e_i^2 = \sum (y_i - x_i^T b)^2$을 최소화하는 b로 정의된다. 이때, 자료 y_i 가운데 이상치가 포함되는 경우 제곱합은 이 값에 크게 영향을 받게 된다. 따라서 잔차에 대해 제곱함수를 고려하는 대신 이상치 자료에 덜 영향을 받는 ρ-함수를 적용한 목적함수를 최소화하는 방법이 M-추정량이다.

(a) M-추정량

M-추정량은 목적함수

$$\sum_{i=1}^{n} \rho(y_i - x_i^T b)$$

를 최소화하는 $\hat{\theta}$, 또는 연립방정식

$$\sum_{i=1}^{n}\psi(y_i - x_i^T b)\,x_i^T = 0$$

의 해로 정의된다. 여기서 영향함수(influential function)로 알려진 $\psi = \rho'$이다.

위의 방정식은 다시, 가중함수를 $w_i = w(e_i) = \psi(e_i)/e_i$으로 정의할 때, 다음의 추정방정식(estimating equation)

$$\sum_{i=1}^{n} w_i \cdot (y_i - x_i^T b)\,x_i^T = 0$$

의 근이 된다. 이 방정식의 해는 반복재가중 최소제곱(iteratively reweighted least-square, IRLS) 방법으로 구해진다. 이 방법은 반복식 $b^{(t)} = [X^T W^{(t-1)} X]^{-1} X^T W^{(j-1)} y$을 통해 계수가 추정된다. 이때, W는 가중행렬로 $W^{(t-1)} = diag\{w_i^{(t-1)}\}$이다.

(b) 로버스트 회귀에서의 영향함수 ψ와 가중함수 w

로버스트 회귀에 사용되는 영향함수에는 Huber, Tukey의 bisquare(또는 biweight), Hampel, Andrew의 사인곡선(sine wave) 등이 있다. 다음의 [그림 7.1]은 로버스트 회귀에서의 영향함수(Huber, bisquare)와 이에 대응되는 목적함수 및 가중함수의 예(적절히 선택된 조율 상수값의 경우)를 제시하였다(구체적인 식은 생략함). 직관적인 비교를 위해 OLS의 결과도 함께 제시하였다.

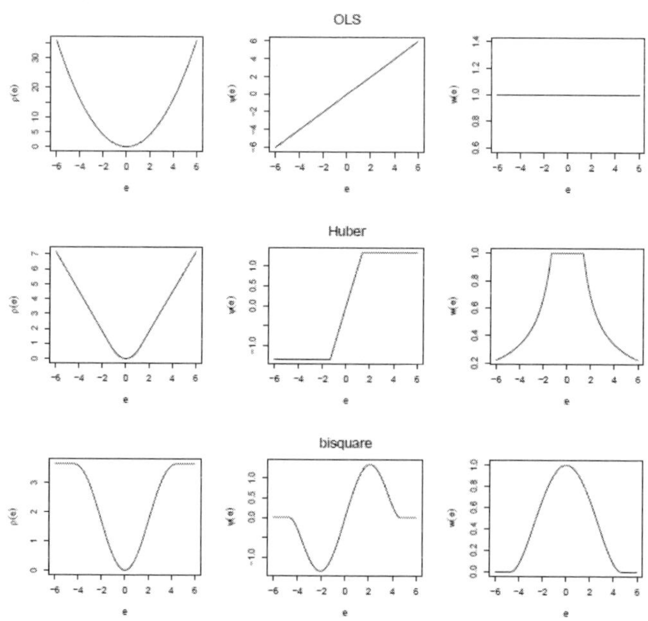

[그림 7.1] 로버스트 회귀에서의 영향함수와 가중함수

7.4 저항회귀 - LMS와 LTS 회귀

LMS(least median of squares)와 LTS(least trimmed squares) 회귀는 이상치가 존재하는 자료에 대해 매우 로버스트한 회귀방법이다. 최소제곱추정량은 잔차제곱합 $\sum e_i^2 = \sum_i (y_i - x_i^T b)^2$을 최소화하는 b로 정의된다. 따라서, 소수의 이상치가 존재할 경우 이 점들이 잔차제곱합에 미치는 영향이 매우 크므로 b가 크게 영향을 받게 된다. 이러한 단점을 보완하고 이상치에 덜 민감한(로버스트한) 추정량을 사용하는 방법으로 LMS와 LTS 회귀가 있다. 보통 LTS가 LMS보다 선호된다.

(a) LMS 추정량

LMS(최소메디안제곱) 추정량은 잔차제곱의 중위수, 즉

$$med_i\{e_i^2\} = med_i\{(y_i - x_i^T b)^2\}$$

을 최소로 하는 b로 정의된다.

(b) LTS 추정량

LTS(최소절사제곱) 추정량은 잔차제곱의 $h(< n)$번째 순서통계량까지의 합인

$$\sum_{i=1}^{h} (e_i^2(b))_{(i)}, \quad e_i(b) = y_i - x_i^T b$$

을 최소로 하는 b으로 정의된다. h는 흔히 $[n/2]$을 사용한다.

저항회귀에서 사용되는 몇 가지 용어를 소개하면 다음과 같다.

- 붕괴점(breakdown point): (유한표본) 붕괴점이란 추정량이 감당할 수 없는 극단 이상점의 최소 비율을 의미한다. 즉, n개의 자료 가운데 r개의 관측값이 무한히 커질 때 추정량의 값이 발산하여 추정의 의미가 없게 되는 비율 r/n의 최솟값을 (유한표본) 붕괴점이라고 한다. 예를 들어, 표본평균 $\bar{x}$의 경우 한 개의 관측값만 무한히 커져도 $\bar{x}$가 무한히 커지므로, $\bar{x}$의 붕괴점은 $1/n$이 된다. LMS와 LTS 추정량은 모두 높은 (유한표본) 붕괴점(breakdown point)을 가진다.
- 점근붕괴점: 붕괴점의 극한($n \to \infty$ 일때의 붕괴점)을 점근붕괴점이라고 한다. LMS와 LTS 추정량의 점근붕괴점은 모두 50%로 매우 높다.
- LMS와 LTS 회귀는 자료 가운데 좋은 값(good points)들만으로 회귀를 수행하므로 높은 붕괴점을 가지는 회귀추정량을 제공한다. 이런 의미에서 두 종류의 로버스트한 회귀를 저항회귀(resistant

regression)로 표현하기도 한다.

R에서 LMS와 LTS 회귀는 {MASS} 패키지의 lmsreg( ), ltsreg( ), lqs( ) 함수 또는 ltsReg {robustbase} 함수에서 제공한다.

예제 2

stackloss(datasets} 자료에 대해 저항회귀를 수행한다. 이 자료는 암모니아를 질산으로 상화하는 설비의 운영 관련 자료이다.

```
> data(stackloss)
> str(stackloss)
'data.frame':   21 obs. of  4 variables:
 $ Air.Flow  : num  80 80 75 62 62 62 62 62 58 58 ...
 $ Water.Temp: num  27 27 25 24 22 23 24 24 23 18 ...
 $ Acid.Conc.: num  89 88 90 87 87 87 93 93 87 80 ...
 $ stack.loss: num  42 37 37 28 18 18 19 20 15 14 ...

> pairs(stackloss)
```

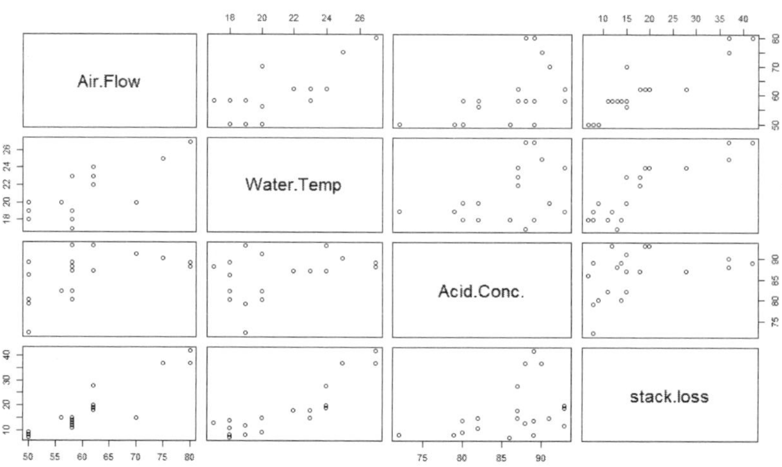


```
> ## LMS와 LTS 회귀적합
> # 일차분석에서 유의하지 않은 변수(Acid.Conc.)는 제외하였음
> # LMS 회귀 적합: lmsreg{MASS} 함수 이용
> library(MASS)
> lmsreg(stack.loss ~ .-Acid.Conc., data = stackloss)
> # lqs(stack.loss ~ .-Acid.Conc., data = stackloss, method="lms")와 동일
```

```
Call:
lqs.formula(formula = stack.loss ~ . - Acid.Conc., data = stackloss,
    method = "lms")

Coefficients:
(Intercept)     Air.Flow   Water.Temp
   -34.2500       0.7143       0.3571

Scale estimates 0.5514 0.4524

> # LTS 회귀적합: ltsreg{MASS} 함수 이용
> ltsreg(stack.loss ~ .-Acid.Conc., data = stackloss)
> # lqs(stack.loss ~ .-Acid.Conc., data = stackloss, method="lts")와 동일
Call:
lqs.formula(formula = stack.loss ~ . - Acid.Conc., data = stackloss,
    method = "lts")

Coefficients:
(Intercept)     Air.Flow   Water.Temp
   -35.8056       0.7500       0.3333

Scale estimates 0.8482 0.8243

> # LTS 회귀적합: ltsReg{robustbase} 함수 이용
> library(robustbase)
> ltsReg(stack.loss ~ .-Acid.Conc., data = stackloss)

Call:
ltsReg.formula(formula = stack.loss ~ . - Acid.Conc., data = stackloss)

Coefficients:
 Intercept    Air.Flow  Water.Temp
  -36.2478      0.6743      0.5647

Scale estimate 1.813

> ## 일반선형회귀모형과의 비교
> glm(stack.loss ~ .-Acid.Conc., data = stackloss)

Call:  glm(formula = stack.loss ~ . - Acid.Conc., data = stackloss)

Coefficients:
(Intercept)     Air.Flow   Water.Temp
   -50.3588       0.6712       1.2954

Degrees of Freedom: 20 Total (i.e. Null);  18 Residual
Null Deviance:      2069
Residual Deviance: 188.8  AIC: 113.7
```

8장 능형회귀와 벌점회귀

8.1 서론

앞서 5.2절에서 다중공선성에 대한 해결책으로 벌점회귀(능형, LASSO, Elestic Net)를 언급한 바 있다. 다중공선성이 심한 경우(예측변수들 간의 상관이 매우 높은 경우), OLS 추정에 문제가 발생하거나 추정결과에 대한 신뢰가 떨어지게 된다(5.2절). 그 결과 변수선택에도 영향을 미치게 된다. 예를 들어, 중요한 예측변수가 기 포함된 다른 변수의 영향으로 인해 모형에서 제외되는 경우도 발생하게 된다. 벌점회귀는 모형에서 특정 변수의 과다한 기여를 제한함으로써(큰 모수 값에 벌점을 부여함으로써), 상관된 다른 변수가 동시에 모형에 포함될 수 있도록 허용하는 회귀방법이다.

벌점회귀 추정량들은 불편성을 만족하지는 않으나, OLS 추정에 비해 MSE를 작게 할 수 있으며, 능형회귀를 제외한 나머지 방법(LASSO, Elestic Net)은 추정과정에서 변수선택의 기능을 함께 가진다.

8.2 능형회귀

능형회귀 또는 능선회귀(ridge regression)는 회귀계수를 다음의 식

$$\hat{\beta} = (X^TX + kI)^{-1}X^Ty$$

을 통해 추정한다. 여기서 k는 능형모수(ridge parameter)라고 하고 0과 1 사이의 값을 가지며

(보통 0.3보다 작은 값을 가짐), I 는 단위행렬을 의미한다. 추정된 능형회귀계수는 편향추정량(biased estimator)이지만, OLS 추정량보다 MSE(=분산+제곱편향)를 더 작게 해주는 k값이 존재함이 밝혀져 있다.

능형회귀를 수행할 때 한 가지 주의할 점은 모든 예측변수와 반응변수는 표준화(standardized)가 먼저 수행되어야 한다. 위 식에서 X와 y 역시 표준화된 것으로 약속한다. 능형회귀는 상관행렬 X^TX의 대각원소에 작은 k값을 더해 줌으로써 수행되는데, 그 명칭은 1의 값을 가지는 상관행렬의 대각원소가 ridge(융기)로 생각될 수 있음에 유래한다.

능형회귀의 추정에서 중요한 문제는 k값의 결정이다. 일반적으로 능형추적(Ridge Trace), GCV(generalized cross validation)와 Mallow's C_p가 사용된다. 이 가운데 능형추적은 능형모수(λ) 값의 변화에 따른 추정된 모수 값(능형회귀계수)의 변화를 그림(ridge trace curve)으로 제공한다. k값이 증가하면 모든 회귀계수는 안정화 단계를 거쳐 궁극적으로 0으로 수렴하게 되는데, 회귀계수들이 안정화되는 가능한 최소의 k값(이때 회귀계수의 편향이 가장 작아짐)을 선택한다.

예를 들어, 다음의 [그림 8.1]의 능형추적 곡선에서 회귀계수가 안정화되기 시작하는 k값으로 0.01보다 조금 큰 값(0.07 정도)이 선택된다. 아래 그림에서는 나타나지 않았지만 각 선의 맨 좌측값($k=0$인 경우)은 OLS 추정값을 나타낸다.

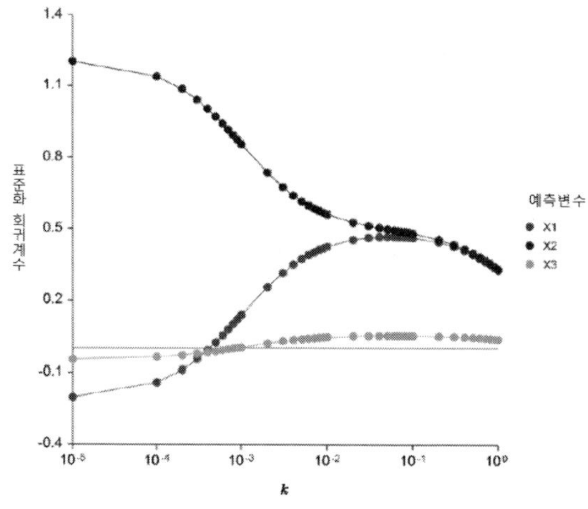

[그림 8.1] 능형추적 곡선을 이용한 능형모수의 선택

다음의 [예제 1]은 R 패키지 {MASS}의 lm.ridge( ) 함수는 능형회귀를 수행한다.

예제 1

longley{datasets} 자료를 이용하여 능형회귀를 수행한다. longley 자료는 다중공선성 문제에 자주 등장하는 거시경제 관련 자료로 7개의 경제변수를 16년(n=16)에 걸쳐 측정된 자료이다.

```
> library(MASS)
> data(longley)
> head(longley)
        y     GNP Unemployed Armed.Forces Population Year Employed
1947 83.0 234.289      235.6        159.0    107.608 1947   60.323
1948 88.5 259.426      232.5        145.6    108.632 1948   61.122
1949 88.2 258.054      368.2        161.6    109.773 1949   60.171

> tail(longley,2)
         y     GNP Unemployed Armed.Forces Population Year Employed
1961 115.7 518.173      480.6        257.2    127.852 1961   69.331
1962 116.9 554.894      400.7        282.7    130.081 1962   70.551
```

먼저 OLS 추정을 실시한다.

```
> names(longley)[1]<-"y"
> lm.ridge(y~.,longley); #OLS
                     GNP   Unemployed  Armed.Forces   Population
2946.85636017 0.26352725   0.03648291    0.01116105  -1.73702984
         Year   Employed
  -1.41879853 0.23128785
```

lm.ridge{MASS} 함수를 이용하여 능형회귀를 수행한다.

```
> r<-lm.ridge(y~.,data=longley,lambda=seq(0,0.1,0.001),model=TRUE)
> r$lambda[which.min(r$GCV)]
[1] 0.006
> r$coef[,which.min(r$GCV)]
        GNP  Unemployed Armed.Forces  Population        Year    Employed
 16.9874524   1.7527228    0.4423901  -8.9474628   1.1782609  -0.1976319
```

위의 결과에서 GCV 기준에서 적절한 능형모수로 0.006이 선택되었다.

예제 2

[예제 1]의 자료에 대해 linearRidge{ridge} 함수를 이용하여 능형회귀를 수행한다. lambda="automatic"은 Cule(2012)에 의한 능형모수의 선택방법을 사용한 것으로 0.010이 선택되었다. 이 값은 위의 lm.ridge()를 수행한 결과와 크게 다르지 않다.

```
> library(ridge)
> data(longley)
> names(longley)[1]<-"y"
> mod<-linearRidge(y~.-1, data=longley, lambda="automatic")
> summary(mod)
Call:
linearRidge(formula = y ~ . - 1, data = longley, lambda = "automatic")

Coefficients:
             Estimate Scaled estimate Std. Error (scaled) t value (scaled)
GNP           0.04338        16.69895             3.68931            4.526
Unemployed    0.01184         4.28639             2.50693            1.710
Armed.Forces  0.01381         3.72087             1.90482            1.953
Population   -0.02831        -0.76273             5.28549            0.144
Year          0.65665        12.10811             2.69073            4.500
Employed      0.67454         9.17494             4.99599            1.836
             Pr(>|t|)
GNP           6.0e-06 ***
Unemployed     0.0873 .
Armed.Forces   0.0508 .
Population     0.8853
Year          6.8e-06 ***
Employed       0.0663 .
---
Signif. codes:  0 '***' 0.001 '**' 0.01 '*' 0.05 '.' 0.1 ' ' 1

Ridge parameter: 0.01046912, chosen automatically, computed using 2 PCs

Degrees of freedom: model 3.67 , variance 3.218 , residual 4.123
```

R 패키지 {genridge}의 traceplot( ) 함수를 이용하여 ridge trace 곡선을 그릴 수 있다.

```
> library(genridge)
> lambda <- c(0, 0.005, 0.01, 0.02, 0.04, 0.08)
> r <- ridge(y~.,longley, lambda=lambda)
> traceplot(r)
```

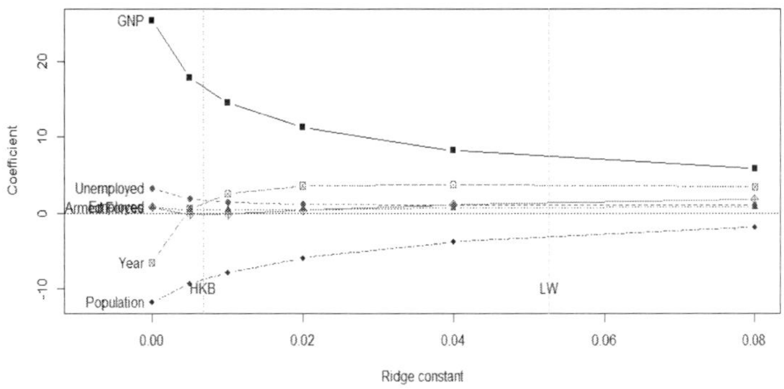


```
> traceplot(r, X="df")     #자유도(df)를 x축으로 함
```

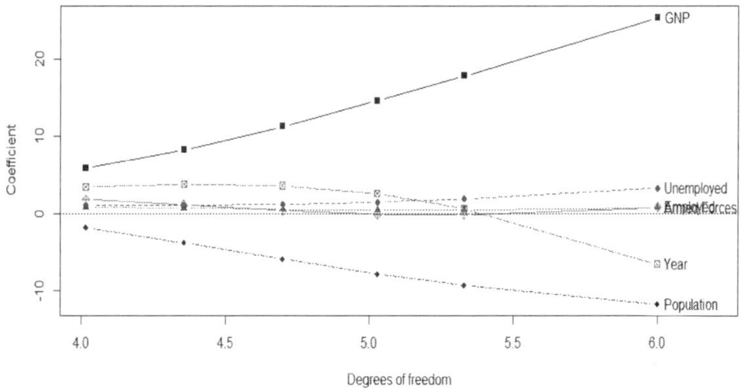

8.3 벌점회귀 - 능형, LASSO, Elastic Net 회귀

다중회귀에서 최소제곱법에 의한 추정값은 주어진 자료에 대해서는 최적이라고 할 수 있다. 다만 추정된 회귀식이 새로운 자료에 대해서도 좋은 성능을 유지하기 위해서는 일반화에 유리한 모형이 필요하다. 벌점회귀(penalized regression)는 모형의 일반화(generalization)의 성능이 우수한 회귀방법으로 모수에 대해 적절한 제약(regularization) 조건하에서 최소제곱법을 이용하는 방법을 사용한다. 제약조건의 예로는 (ⅰ) 회귀계수들의 제곱합이 특정값 이하이도록(능형회귀), (ⅱ) 회귀계수들의 절댓값의 합이 특정값 이하이도록(LASSO 회귀), (ⅲ) (ⅰ)과 (ⅱ)의 혼합된 형태의 제약(Elastic Net 회귀)을 주는 방법이 있다. 다양한 제약조건하에서 오차제곱합을 최소화하는 회귀계수를 찾는 문제는 라그랑지 승수법(Lagrange multiplier method)을 통해 해결된다.

다중회귀의 경우 라그랑지 승수법의 목적함수는

$$Q(\beta,\lambda) = \sum_{i=1}^{n}(y_i - \beta_0 - \sum_{j=1}^{p} x_{ij}\beta_j)^2 + \lambda P(\beta) \qquad (\lambda \geq 0)$$

이고, 우리는 이를 최소화하는 회귀계수를 찾는 것이 목적이다. 위 식의 두 번째 항은 벌점항(penalty term)이라고 하며, 벌점의 크기를 조절하는 모수 λ[이를 조율모수(tuning parameter)라고 함]와 벌점함수(penalty function) $P(\beta)$로 주어진다. 벌점함수 $P(\beta)$는 다음과 같이 주어진다.

- 능형회귀의 경우: $P(\beta) = \sum_{j=1}^{p} \beta_j^2$ (l_2- norm)
- LASSO 회귀의 경우: $P(\beta) = \sum_{j=1}^{p} |\beta_j|$ (l_1- norm)
  (LASSO: Least Absolute Shrinkage and Selection Operator)
- Elastic net 회귀의 경우: $P(\beta) = \sum_{j=1}^{p} \{\alpha|\beta_j| + (1-\alpha)\beta_j^2\}$ $(0 \leq \alpha \leq 1)$
  (l_1- norm과 l_2-norm의 가중합)

다음의 [그림 8.2]는 LASSO와 능형회귀에서 제약조건에 따른 모수추정과 그 차이를 보여 준다. 즉, LASSO의 경우(좌측 그림)에는 특정 모수의 추정값이 영(0)이 될 수 있어 자동적으로 변수선택이 이루어지는 반면, 능형회귀의 경우(우측 그림)에는 변수선택의 기능이 없음을 알 수 있다.

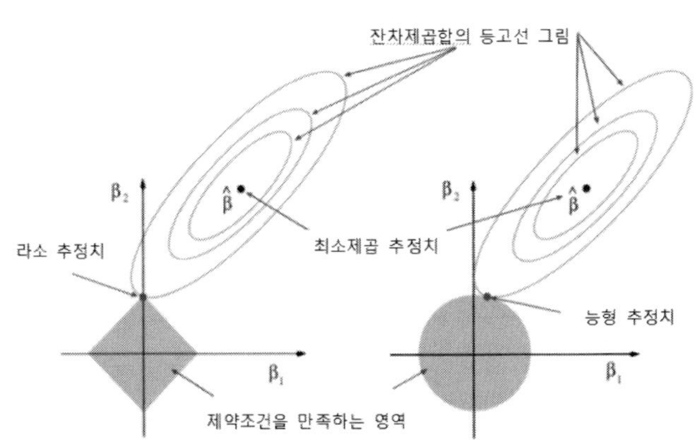

[그림 8.2] LASSO와 능형회귀에서의 모수추정

[참고] (1) 위의 목적함수에서 흔히 라그랑지 승수(Laglannge mutiplier)로 불리는 λ는 제약모수(regularization parameter), 벌점함수 $P(\beta)$는 제약자(regularizer)라고도 한다.
(2) Elastic Net 회귀에서 $\alpha = 0$이면 능형회귀, $\alpha = 1$이면 LASSO 회귀가 된다.

벌점회귀는 위의 목적함수 Q를 최소화하는 모수를 찾는 것으로 λ가 영(zero)일 때는 통상적인 최소제곱법의 결과와 동일하지만, λ가 커질수록 목적함수를 최소화하는 회귀계수는 더 작은 값으로 축소(shrinkage)되어 추정된다(실제 자료분석에서 적절한 λ값의 선택은 교차타당성 방법 등을 이용한다). 최소제곱법에서는 특정 변수의 계수가 크게 추정되면(영향력이 커지면), 이와 상관이 높은 다른 변수의 영향은 줄어들게 되어 모형에서 제거되는 경우가 발생한다. 벌점회귀에서는 특정회귀계수가 과다하게 크게 추정되지 않도록 하여(벌점항을 통한 축소 추정) 모형에서 특정 변수의 영향력을 줄여줌으로써 더 많은 변수들이 모형에 포함될 수 있도록 한다. 또한 벌점회귀는 더욱 안정적인 추정을 제공하여 추정된 회귀식이 새로운 자료에 대해 더욱 나은 일반화가 되는 데 기여한다.

벌점회귀의 특징을 정리하면 다음과 같다.

- 다중회귀에서 전통적인 변수선택법(전진선택법, 후진제거법 등)은 변수들을 불연속적으로 선택하지만(선택 또는 미선택), 벌점회귀에서는 축소추정의 과정을 통해 더 유연하게 변수를 참여시킨다.
- 능형회귀는 회귀모수에 대해 축소추정(shrinkage estimates)과 함께 모든 예측변수를 모형에 참여시키며 따라서 변수선택의 기능은 없다. 반면, LASSO 회귀는 축소추정과 변수선택의 기능을 동시에 가진다. 즉, 중요하지 않은 변수의 회귀계수가 0으로 추정될 수 있는 여지를 두어 자동적으로 변수선택이 이루어지게 한다.
- Elastic Net 회귀는 능형회귀와 LASSO 회귀의 절충적인 방법이다. LASSO는 상관이 높은 예측변수 가운데 일부만을 선택하는 경향을 가지나, Elastic Net은 상관이 높은 예측변수들이 모두 선택되도록 하는 특징(장점)을 가진다. 이를 그룹화 효과(grouping effect)라고 한다.
- 능형회귀는 본래 다중공선성 문제에 대한 해결책으로 제시된 방법이다(다중공선성은 상관이 높은 예측변수가 존재하거나, 변수의 수가 자료의 수보다 많은 경우($p > n$) 등에 발생한다). 다중공선성이 존재할 때, 능형회귀의 추정량은

$$\widehat{\beta^{ridge}} = (X'X + kI)^{-1}X'y$$

  으로 주어진다(라그랑지 승수법으로부터 유도 가능). 이 추정량은 최소제곱추정량($\hat{\beta}$)의 축소추정량으로, 입력변수들이 서로 직교할 경우($X'X = I$)에는 $\widehat{\beta^{ridge}} = \hat{\beta}/(1+k)$이 성립한다.
- 최소제곱추정량이 최량선형불편추정량(BLUE)을 만족하는 반면, 벌점회귀의 추정량들은 최소제곱추정량의 축소추정량(shrinkage estimator)으로 편의(bias)는 존재하나 분산(variance)을 작게 해줌으로써 평균제곱오차(MSE)의 측면에서 최소제곱추정량을 개선할 수 있다.

예제 3

R 패키지 {glmnet}을 이용하여 벌점회귀를 수행한다. 분석에는 state.x77 자료를 사용한다.

```
> library(glmnet)
> data(state)
> state <- data.frame(state.x77, row.names=NULL)
> head(state)
  Population Income Illiteracy Life.Exp Murder HS.Grad Frost   Area
1       3615   3624        2.1    69.05   15.1    41.3    20  50708
2        365   6315        1.5    69.31   11.3    66.7   152 566432
3       2212   4530        1.8    70.55    7.8    58.1    15 113417
4       2110   3378        1.9    70.66   10.1    39.9    65  51945
5      21198   5114        1.1    71.71   10.3    62.6    20 156361
6       2541   4884        0.7    72.06    6.8    63.9   166 103766

> y <- state$Life.Exp
> x <- scale(state[,-4])   # 예측변수를 표준화 함
```

glmnet( ) 함수를 이용하여 LASSO 회귀를 수행한다. alpha=1은 LASSO, alpha=0은 능형회귀이다.

```
> lasso <- glmnet(x, y, alpha=1)
> ls(lasso)
> plot(lasso, xvar="lambda")
```

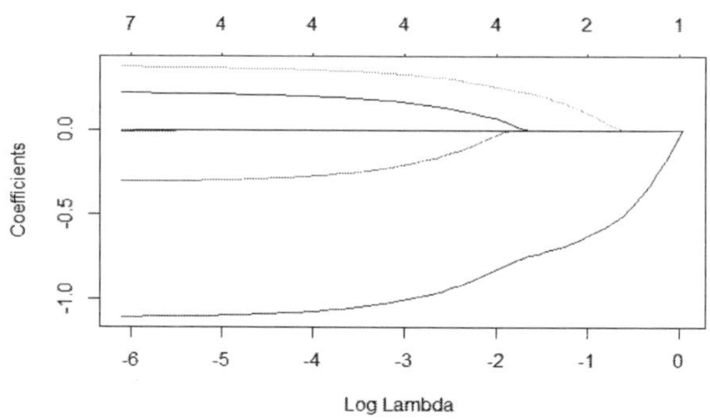


```
> cv.lasso <- cv.glmnet(x, y, alpha=1)
> plot(cv.lasso)
```

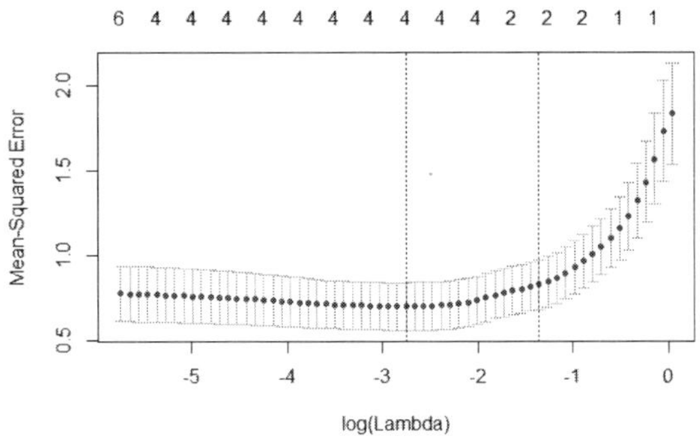


```
> lambda <- cv.lasso$lambda.min
> lambda
[1] 0.09237471
```

(해석) lambda.min은 평균 교차타당오차를 최소로 하는 λ이다. cv.glmnet( ) 함수를 실행할 때마다 다른 값을 제공하므로 유의할 것(이후의 추정 결과도 달라짐에 유의). cv.glmnet( ) 함수를 실행하기 전 set.seed( ) 함수를 사용하면, 일정한 결과를 얻을 수 있다.

```
> # 추정된 회귀계수
> coef <- coef(lasso, s=lambda)
> coef
8 x 1 sparse Matrix of class "dgCMatrix"
                     1
(Intercept) 70.8786000
Population   0.1200443
Income       .
Illiteracy   .
Murder      -0.9141759
HS.Grad      0.2967247
Frost       -0.1164829
Area         .
```

(해석) LASSO 회귀를 수행한 결과 4개의 변수가 선택되었으며, 선택된 변수는 다중회귀의 결과와 동일함을 확인할 수 있다. 여러 가지 벌점회귀를 수행한 결과를 요약하면 다음의 [표 8.1]과 같다. 벌점회귀를 통한 회귀계수의 추정값들이 다중회귀의 결과보다 축소되어 추정되었음을 알 수 있다.

[표 8.1] 여러 가지 벌점회귀를 통한 모수추정 결과

예측변수	LASSO (alpha=1)	Ridge (alpha=0)	Elastic Net (alpha=0.5)	Stepwise
(Intercept)	70.8786	70.8786	70.8786	70.8786
Population	0.1200	0.1658	0.1405	0.2238
Income	•	0.0252	0.0405	•
Illiteracy	•	−0.0723	−0.1021	•
Murder	−0.914	−0.9185	−0.8366	−1.1080
HS.Grad	0.296	0.3621	0.3476	0.3762
Frost	−0.116	−0.2511	−0.2232	−0.3089
Area	•	−0.0437	−0.0577	•
비고	예측변수를 표준화한 표준화 회귀계수임			

새로운 자료에 대한 예측값은 predict( ) 함수를 이용한다.

```
> predict(cv.lasso, newx= , s="lambda.min")
```

R 패키지 {lars}는 Efron 등(2004)이 제안한 LASSO를 일반화한 LARS(Least Angle Regression)을 제공하며, 디폴트로 LASSO 회귀를 적합한다. {lars}는 λ의 변화에 따른 추정값들의 변화를 자세히 제공한다. 이외 l1ce{lasso2} 함수도 LASSO 회귀를 제공한다.

예제 4

R 패키지 {lars}를 이용하여 벌점회귀를 수행한다. 자료는 state.x77을 사용한다. lars() 함수에서는 type="lars", "lasso"(디폴트), "forward.stagewise", "stepwise" 옵션을 제공한다.

```
> library(lars)
> x <- scale(state[,-4])
> m <- lars(x, state[,4], type="lasso")
> m

Call:
lars(x = x, y = state[, 4], type = "lasso")
R-squared: 0.736
Sequence of LASSO moves:
     Murder HS.Grad Population Frost Income Area Illiteracy
Var       4       5          1     6      2    7          3
Step      1       2          3     4      5    6          7

> summary(m)
> plot(m)
```

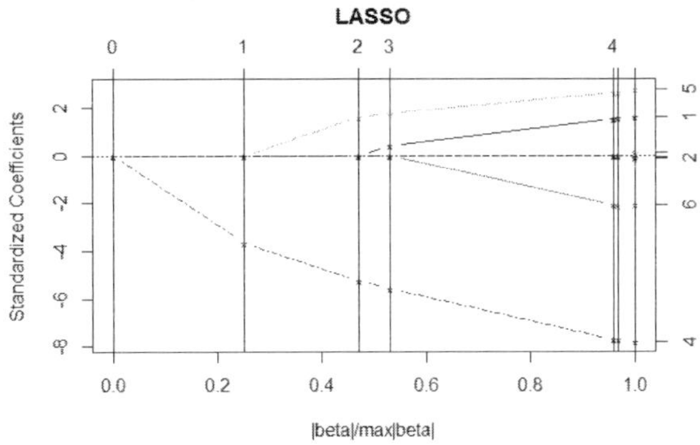

(해석) 추정된 회귀계수의 축소(shrinkage) 정도에 따라(|beta|/max|beta|) 선택되는 회귀계수와 함께 추정값을 보여 준다. 그림의 x축에서 |beta|와 max|beta|는 각각 LASSO 추정값과 OLS 추정값들의 $l_1 - norm$을 나타낸다.

```
> # cv.lars() 함수는 k-중첩(K= 옵션) 교차타당오차곡선을 제공함
> cv.m <- cv.lars(x, state[,4], K=10)
```

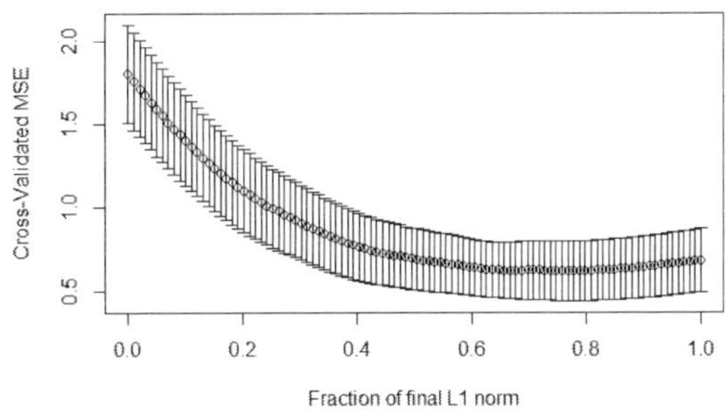


```
> ls(cv.m)
> lambda.1 <- cv.m$index[which.min(cv.m$cv.error)]
> lambda.2 <- cv.m$index[which.min(cv.m$cv)]
> lambda.3 <- which.min(m$Cp)[1]

> coef.1 <- coef.lars(m, mode="fraction", s=lambda.1)
> coef.2 <- coef.lars(m, mode="fraction", s=lambda.2)
> coef.3 <- coef.lars(m, mode="step", s=lambda.3)
> coef.1
Population     Income Illiteracy     Murder    HS.Grad      Frost       Area
 0.1391110  0.0000000  0.0000000 -0.9497722  0.3113689 -0.1518765  0.0000000

> coef.2
Population     Income Illiteracy     Murder    HS.Grad      Frost       Area
 0.1429340  0.0000000  0.0000000 -0.9569112  0.3142958 -0.1589624  0.0000000
```

```
> coef.3
Population     Income Illiteracy     Murder    HS.Grad      Frost       Area
 0.2187459  0.0000000  0.0000000 -1.0984809  0.3723374 -0.2994779  0.0000000
```

R 패키지 {glmnet}을 이용하여 벌점회귀를 수행할 때, 예측변수가 범주형인 경우에는 가변수(dummy variable)를 이용하여 계획행렬(design matrix)을 만들어 준다. 이때, 가변수의 수(열의 수)는 (범주수−1)개가 된다. 다음의 [예제 5]는 범주형 예측변수를 포함한 벌점회귀를 수행한다.

예제 5

iris 자료에서 Sepal.Length를 반응변수로 하고, 나머지 4개 변수(Sepal.Width, Petal.Length, Petal.Width, Species)를 예측변수로 한다. 예측변수 가운데 Species는 3개의 범주(setosa, versicolor, virginica)를 가진 범주형 변수이다.

```
> library(glmnet)
> data(iris)
```

model.matrix( ) 함수를 이용하여 계획행렬을 더욱 쉽게 만들 수 있다. 이 함수는 모형식(model formula)을 요구한다.

```
> x <- model.matrix(Sepal.Length~., iris)[,-1]
> y <- iris$Sepal.Length
> head(x)
  Sepal.Width Petal.Length Petal.Width Speciesversicolor Speciesvirginica
1         3.5          1.4         0.2                 0                0
2         3.0          1.4         0.2                 0                0
3         3.2          1.3         0.2                 0                0
4         3.1          1.5         0.2                 0                0
5         3.6          1.4         0.2                 0                0
6         3.9          1.7         0.4                 0                0

> tail(x)
    Sepal.Width Petal.Length Petal.Width Speciesversicolor Speciesvirginica
145         3.3          5.7         2.5                 0                1
146         3.0          5.2         2.3                 0                1
147         2.5          5.0         1.9                 0                1
148         3.0          5.2         2.0                 0                1
149         3.4          5.4         2.3                 0                1
150         3.0          5.1         1.8                 0                1
> m <- cv.glmnet(x, y)
> coef(m, m$lambda.min)
```

```
6 x 1 sparse Matrix of class "dgCMatrix"
                            1
(Intercept)         2.1667622
Sepal.Width         0.5042303
Petal.Length        0.8113706
Petal.Width        -0.3120408
Speciesversicolor -0.6694747
Speciesvirginica  -0.9502824
```

참고로, iris 자료에 대해 일반선형모형(GLM)을 적합한 결과는 다음과 같다.

```
> t(t(coef(glm(Sepal.Length~., data=iris))))
                         [,1]
(Intercept)         2.1712663
Sepal.Width         0.4958889
Petal.Length        0.8292439
Petal.Width        -0.3151552
Speciesversicolor -0.7235620
Speciesvirginica  -1.0234978
```

벌점회귀는 일반다중회귀(multiple regression)뿐 아니라 다양한 모형(로지스틱 회귀, 다항회귀, 포아송 회귀, Cox 모형 등)에 적용될 수 있다. 로지스틱 회귀의 경우 cv.glmnet( ) 함수의 적용 예는 다음과 같다.

```
> cv.glmnet(x=input_matrix, y=output_matrix, family="binomial",
            type.measure="auc")
```

위에서 type.measure="auc" 옵션은 적합모형의 성능평가를 위한 측도로 "area under the (ROC) curve"를 제공한다. 포아송 회귀의 경우에는 family="poisson"을 지정한다.

참고 라소의 일반화(generalization): 그룹라소

라소의 변형에는 여러 가지가 있다. 이들은 모두 공변량들 간의 서로 다른 유형의 의존성을을 고려하는 방법에 중점을 두고 있다. Elastic net은 예측자의 수가 표본의 크기보다 클 때 능형회귀-형 벌점을 추가하여 성능을 향상시키는 방법으로, 강하게 상관된 변수를 함께 선택하여 전반적인 예측 정확도를 향상시키는 방법이다. 그룹라소(group lasso)는 관련된(미리 정해진) 공변량의 그룹이 하나의 단위로 선택되도록 허용하는데, 몇 개 공변량이 다른 공변량 없이 포함되는 것이 무의미한 경우에 유용한 방법이다. 예를 들어, 범주형 변수의 수준이 여러 개의 이진 공변량으로 코딩된 경우 또는 생물학에서 어떤 그룹핑이 더 자연적인지를 알고자 하는 경우(유전자와 단백질은 종종 알려진 경로(pathways)에 놓여 있기 때문에 연구자는 특정 개별 유전자보다는 어떤 경로가 출현과 관련이 있는지에 더 관심이 있음)가 있다. 그룹 라소의 확장으로, (각 그룹 부공간에 추가적으로 l^1 벌점을 추가하는 방법을 사용하여) 개별 그룹 내에서 변수선택을 수행하는 방법(희박 그룹라소: sparse group lasso)과 공변량의 그룹간 중복을 허용하는 방법(중복 그룹라소: overlap group lasso)이 있다. 융합라소(fused lasso)는 문제의 공간적 또는 시간적 특성을 설명할 수 있기 때문에 연구되는 시스템의 구조와 더 잘 맞는 추정이 가능하다. 일반화된(regularized) 라소모형은 부경사법, LARS(least-angle regression)와 근접경사법 등을 사용하여 적합할 수 있다. 제약모수에 대한 최적값은 모형이 잘 작동하는지 확인하는 데 중요한 부분으로, 일반적으로 교차타당성 방법을 통해 선택된다.

2부

회귀분석 II

9장

로지스틱 회귀

9.1 서론

이 장에서는 반응변수가 범주형인 경우의 회귀분석모형을 다룬다. 로지스틱 회귀(logistic regression)모형은 반응변수가 범주형인 경우에 적용되는 회귀분석모형이다. 이 방법은 새로운 설명변수(또는 예측변수)의 값이 주어질 때 반응변주의 각 범주(또는 집단)에 속할 확률이 얼마인지를 추정해 주며(예측모형), 추정 확률의 기준치에 따라 반응변수를 분류(또는 판별)하는 목적으로 사용될 수도 있다(로지스틱 판별분석). 이때 모형의 적합을 통해 추정된 확률을 사후확률(posterior probability)이라고도 한다.

이 장에서는 반응변수의 범주가 이진형(binary)인 경우를 다루기로 한다. 반응변수의 범주가 3개 이상인 경우(다범주 로짓모형)와 순서적인 경우(순서형 로지스틱 회귀)에 대해서는 다음 장을 참고하기 바란다.

9.2 로지스틱 회귀

이진반응변수 Y에 대해 다중(multiple) 로지스틱 회귀모형의 일반적 형태는 다음과 같다.

$$\log\left(\frac{\pi(x)}{1-\pi(x)}\right) = \alpha + \beta_1 x_1 + \cdots + \beta_k x_k .$$

위 식에서 $\pi(x) = P(Y=1\,|\,x)$, $x = (x_1, \cdots, x_k)$ 을 나타낸다.

로지스틱 회귀모형은 오즈(odds)의 관점에서 해석될 수 있다는 장점을 가진다. 예를 들어, $\exp(\beta_1)$의 의미는 나머지 변수($x_2,\cdots,x_k$)가 주어질 때 x_1이 한 단위 증가할 때마다 성공 ($Y=1$)의 오즈가 몇 배 증가하는지를 나타내는 값이다.

위 모형은 다음과 같이 $\pi(x)$에 관한 식으로 재표현될 수 있다.

$$\pi(x) = \frac{\exp(\alpha+\beta_1 x_1+\cdots+\beta_k x_k)}{1+\exp(\alpha+\beta_1 x_1+\cdots+\beta_k x_k)}$$

$$= \frac{1}{1+\exp\{-(\alpha+\beta_1 x_1+\cdots+\beta_k x_k)\}}.$$

다음의 [그림 9.1]은 예측변수가 1개인 경우와 2개인 경우에 대해 로지스틱 회귀를 적합한 결과를 보여 준다.

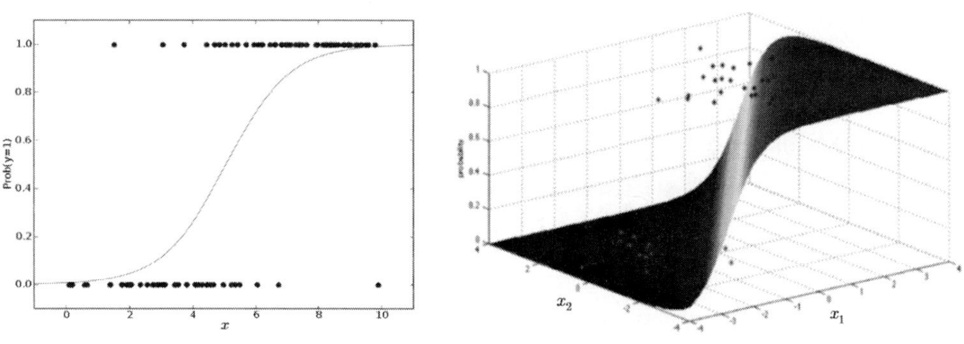

(a) 예측변수가 1개인 경우

(b) 예측변수가 2개인 경우

[그림 9.1] 로지스틱 회귀의 적합결과

위 식에 대한 의미를 두 가지 관점에서 해석해 보자.

첫째, 위 식의 형태는 소위 다중 로지스틱 함수에 해당되며, 그래프의 형태는 설명변수가 한 개(x_1)인 경우 해당 회귀계수 β_1의 부호에 따라 S자 모양($\beta_1 > 0$) 또는 역 S자 모양($\beta_1 < 0$)을 가진다.

둘째, 위 식은 표준 로지스틱 분포의 누적분포함수(c.d.f.)를 $F(x)$라고 할 때

$$\pi(x) = F(\alpha+\beta_1 x_1+\cdots+\beta_k x_k)$$

과 동일한 표현이며, 그 의미는 표준 로지스틱 분포의 누적분포함수로 성공의 확률을 설명(또는 추정)한다는 의미이다.

로지스틱 회귀모형과 유사한 프로빗(probit) 모형은 위 식에서 $F(\cdot)$ 대신 표준정규분포의 누적함수 $\Phi(\cdot)$로 성공의 확률을 모형화한 것이다. 즉, 프로빗 모형은 다음과 같이

$$\Phi^{-1}(\pi(x)) = \alpha + \beta_1 x_1 + \cdots + \beta_k x_k$$

으로 표현된다.

로지스틱 회귀가 분류의 목적으로 사용될 경우에는 $\pi(x)$가 기준값(예를 들어, 1/2)보다 크면 $Y=1$인 집단으로, 작으면 $Y=0$인 집단으로 분류하게 된다. 분류기준값의 결정은 사전정보 또는 손실함수를 이용하거나 (정분류율, 민감도, 특이도)를 동시에 고려하는 등의 다양한 방법이 사용된다.

다음의 [예제 1]은 예측변수가 1개인 단순 로지스틱 회귀모형을 적합한다. R에서 로지스틱 회귀모형의 적합은 glm( ) 함수를 이용한다.

예제 1

반응변수의 범주가 2개인 로지스틱 회귀를 적용하기 위해 iris 자료의 일부분만 이용하기로 한다. Species가 setosa와 versicolor인 100개의 자료만을 이용한다.

```
> data(iris)
> a <- subset(iris, Species == "setosa" | Species == "versicolor")
> a$Species <- factor(a$Species )
> str(a)
'data.frame':   100 obs. of  5 variables:
 $ Sepal.Length: num  5.1 4.9 4.7 4.6 5 5.4 4.6 5 4.4 4.9 ...
 $ Sepal.Width : num  3.5 3 3.2 3.1 3.6 3.9 3.4 3.4 2.9 3.1 ...
 $ Petal.Length: num  1.4 1.4 1.3 1.5 1.4 1.7 1.4 1.5 1.4 1.5 ...
 $ Petal.Width : num  0.2 0.2 0.2 0.2 0.2 0.4 0.3 0.2 0.2 0.1 ...
 $ Species     : Factor w/ 2 levels "setosa","versicolor": 1 1 1 1 1 1 1 1 1 1 ...
```

위의 결과에서 Species는 Factor형 변수로 setosa는 Y=1, versicolor는 Y=2로 인식하고 있음을 나타낸다. 이 자료에 대해 로지스틱 회귀가 적용될 때, 더 큰 숫자인 versicolor일 오즈를 모형화하므로 해석에 유의할 필요가 있다.

glm( ) 함수를 이용하여 로지스틱 회귀모형을 적합한다. 이때 family= binomial 옵션을 사용한다.

```
> b <- glm(Species~Sepal.Length, data=a, family=binomial)
```

summary( ) 함수를 통해 그 결과를 확인할 수 있다.

```
> summary(b)

Call:
glm(formula = Species ~ Sepal.Length, family = binomial, data = a)
```

```
Deviance Residuals:
     Min        1Q    Median        3Q       Max
-2.05501  -0.47395  -0.02829   0.39788   2.32915

Coefficients:
             Estimate Std. Error z value Pr(>|z|)
(Intercept)   -27.831      5.434  -5.122 3.02e-07 ***
Sepal.Length    5.140      1.007   5.107 3.28e-07 ***
---
Signif. codes:  0 '***' 0.001 '**' 0.01 '*' 0.05 '.' 0.1 ' ' 1

(Dispersion parameter for binomial family taken to be 1)

    Null deviance: 138.629  on 99  degrees of freedom
Residual deviance:  64.211  on 98  degrees of freedom
AIC: 68.211

Number of Fisher Scoring iterations: 6
```

(해석) 회귀계수의 검정에서 p-값이 거의 영(0)이므로 Sepal.Length가 매우 유의한 변수이며, Sepal.Length가 한 단위 증가함에 따라 versicolor(Y=2)일 오즈가 exp(5.140) $\approx$ 170배 증가함을 알 수 있다. 위 결과의 마지막 부분에 제시된 Null deviance는 절편만 포함하는 모형($H_0 : \beta = 0$하의 모형)의 완전모형(또는 포화모형)으로부터의 이탈도(deviance)를 나타내며 p-값=$P(\chi^2(99) > 138.629) \approx 0.005$으로 통계적으로 유의하므로 적합결여를 나타낸다. Residual deviance는 예측변수 Sepal.Length가 추가된 적합모형의 이탈도를 나타낸다. Null deviance에 비해 자유도 1 기준에 이탈도의 감소가 74.4 정도의 큰 감소를 보이며, p-값=$P(\chi^2(98) > 64.211) \approx 0.997$이므로 귀무가설(적합모형)이 기각되지 않으며 적합값이 관측된 자료를 잘 적합하고 있다고 말할 수 있다.

```
> coef(b)
 (Intercept) Sepal.Length
  -27.831451     5.140336

> exp(coef(b)["Sepal.Length"])
Sepal.Length
    170.7732
```

회귀계수 β와 오즈의 증가량 $\exp(\beta)$에 대한 신뢰구간은 다음과 같다.

```
> confint(b, parm = "Sepal.Length")
Waiting for profiling to be done...
   2.5 %   97.5 %
3.421613 7.415508
```

```
> exp(confint(b, parm = "Sepal.Length"))
Waiting for profiling to be done...
     2.5 %      97.5 %
  30.61878 1661.55385
```

fitted( ) 함수를 통해 적합결과를 확인할 수 있다.

```
> fitted(b)[c(1:5, 96:100)]     # p̂(y=2) : versicolor일 확률의 추정값
         1          2          3          4          5         96         97
0.16579367 0.06637193 0.02479825 0.01498061 0.10623680 0.81282396 0.81282396
        98         99        100
0.98268360 0.16579367 0.81282396
```

predict( ) 함수를 이용하여 새로운 자료에 대한 예측을 수행한다. 여기서는 편의상 모형구축에 사용된 자료를 다시 사용한다.

```
> predict(b, newdata=a [c(1, 50, 51, 100), ], type="response" )
        1        50        51       100
0.1657937 0.1062368 0.9997116 0.8128240
```

cdplot( ) 함수는 Sepal.Length(연속형 변수)의 변화에 따른 범주형 변수의 조건부분포를 보여 준다. 아래의 그림은 Sepal.Length가 커짐에 따라 versicolor의 확률이 증가함을 보여 준다. 이 함수는 로지스틱 회귀의 탐색적 분석에 유용하다.

```
> cdplot(Species~Sepal.Length, data=a)
```

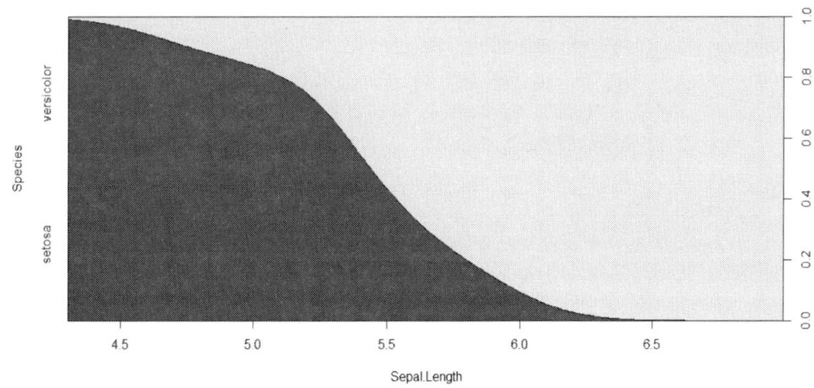

적합된 로지스틱 회귀모형의 그래프는 다음과 같다.

```
> plot(a$Sepal.Length, a$Species, xlab="Sepal.Length")
> x=seq(min(a$Sepal.Length), max(a$Sepal.Length), 0.1)
> lines(x, 1+(1/(1+(1/exp(-27.831+5.140*x)))), type="l", col="red")
```

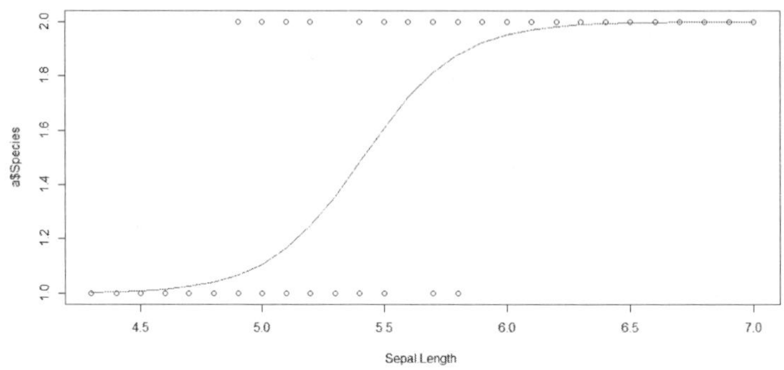

다음의 [예제 2]는 예측변수가 여러 개인 다중 로지스틱 회귀모형을 적합한다.

예제 2

분석에 사용되는 자료는 1973~1974년도에 생산된 32종류의 자동차에 대해 11개 변수값을 측정한 자료이다.

```
> attach(mtcars)
> str(mtcars)
'data.frame':   32 obs. of  11 variables:
 $ mpg : num  21 21 22.8 21.4 18.7 18.1 14.3 24.4 22.8 19.2 ...
 $ cyl : num  6 6 4 6 8 6 8 4 4 6 ...
 $ disp: num  160 160 108 258 360 ...
 $ hp  : num  110 110 93 110 175 105 245 62 95 123 ...
 $ drat: num  3.9 3.9 3.85 3.08 3.15 2.76 3.21 3.69 3.92 3.92 ...
 $ wt  : num  2.62 2.88 2.32 3.21 3.44 ...
 $ qsec: num  16.5 17 18.6 19.4 17 ...
 $ vs  : num  0 0 1 1 0 1 0 1 1 1 ...
 $ am  : num  1 1 1 0 0 0 0 0 0 0 ...
 $ gear: num  4 4 4 3 3 3 3 4 4 4 ...
 $ carb: num  4 4 1 1 2 1 4 2 2 4 ...
```

이항변수 vs(0:flat engine, 1:straight engine)를 반응변수로, mpg(miles/gallon)와 am(Transmission: 0=automatic, 1: manual)을 예측변수로 하는 로지스틱 회귀모형을 적합하면 다음과 같다. 아래 glm( ) 함수의 적용 시 family=binomial은 family=binomial(logit)과 동일하다.

```
> glm.vs <- glm(vs~mpg+am, data=mtcars, family=binomial)
> summary(glm.vs)

Call:
glm(formula = vs ~ mpg + am, family = binomial, data = mtcars)

Deviance Residuals:
     Min        1Q    Median        3Q       Max
-2.05888  -0.44544  -0.08765   0.33335   1.68405

Coefficients:
            Estimate Std. Error z value Pr(>|z|)
(Intercept) -12.7051     4.6252  -2.747  0.00602 **
mpg           0.6809     0.2524   2.698  0.00697 **
am           -3.0073     1.5995  -1.880  0.06009 .
---
Signif. codes:  0 '***' 0.001 '**' 0.01 '*' 0.05 '.' 0.1 ' ' 1

(Dispersion parameter for binomial family taken to be 1)

    Null deviance: 43.860  on 31  degrees of freedom
Residual deviance: 20.646  on 29  degrees of freedom
AIC: 26.646

Number of Fisher Scoring iterations: 6
```

(해석) 다중 로지스틱에서 추정된 회귀계수 $\widehat{\beta_1}$에 대한 해석은 다음과 같다. 다른 모든 변수들(여기서는 am)이 주어질 때, mpg 값이 한 단위 증가함에 따라 vs가 1일 오즈가 exp(0.6809) $\approx$ 1.98배(즉, 98%) 증가한다. 마찬가지로 mpg가 주어질 때 오즈에 대한 am의 효과는 exp(-3.0073) $\approx$ 0.05배, 즉 변속기가 수동인 경우 자동에 비해 vs=1의 오즈가 95%나 감소한다.

예측변수가 여러 개인 모형의 적합 시 변수선택법을 적용하기 위해서는 direction= 옵션을 사용한다. direction= 옵션에는 "both", "backward", "forward"가 있으며, 디폴트는 "backward"가 적용된다.

```
> step.vs <- step(glm.vs, direction="backward")
Start:  AIC=26.65
vs ~ mpg + am

       Df Deviance    AIC
<none>      20.646 26.646
- am    1   25.533 29.533
- mpg   1   42.953 46.953
```

아래의 summary( ) 함수를 수행한 결과는 위의 summary(glm.vs)의 결과와 동일하므로 생략하기로 한다.

```
> summary(step.vs)
```

glm( ) 함수의 수행결과는 많은 유용한 결과를 제공한다. 예를 들어 glm.vs$coef, glm.vs$fitted, glm.vs$resid, glm.vs$effects 등이 있으며 ls( ), str( ) 함수를 통해 확인할 수 있다.

```
> ls(glm.vs)
> str(glm.vs)
```

아래의 anova( ) 함수는 모형의 적합(변수가 추가되는) 단계별로 이탈도의 감소량과 유의성검정 결과를 제시해 준다.

```
> anova(glm.vs, test="Chisq")
Analysis of Deviance Table

Model: binomial, link: logit

Response: vs

Terms added sequentially (first to last)


     Df Deviance Resid. Df Resid. Dev  Pr(>Chi)
NULL                    31     43.860
mpg   1   18.327        30     25.533 1.861e-05 ***
am    1    4.887        29     20.646   0.02706 *
---
Signif. codes:  0 '***' 0.001 '**' 0.01 '*' 0.05 '.' 0.1 ' ' 1
```

(해석) 위의 결과는 절편항만 포함하는 영(null) 모형에서 mpg와 am 변수가 차례로 모형에 추가됨에 따라 발생하는 이탈도의 감소량을 제시하며, p-값은 각각 $P(\chi^2(1) > 18.327)$과 $P(\chi^2(1) > 4.887)$을 계산한 값이다. 그 결과 두 변수가 차례로 추가되면서 생겨나는 이탈도의 감소량이 모두 통계적으로 유의함을 나타낸다.

```
> 1-pchisq(18.327, 1)
[1] 1.860515e-05

> 1-pchisq(4.887, 1)
[1] 0.02705967
```

9.3 일반화선형모형

일반화선형모형(generalized linear model, 이하 GLM)은 일반선형회귀를 더 유연하게 일반화한 방법으로, 오차항에 대해 정규분포를 가정하는 일반선형모형에 비해 오차항의 분포로 정규분포 이외의 분포(지수족 분포)도 가능하도록 허용한 회귀모형이다.

GLM의 일반적인 구조는 다음과 같다.

$$g(\mu) = \alpha + \beta_1 x_1 + \cdots + \beta_p x_p.$$

위 식에서 $\mu = E(Y|x)$이며, $g(\cdot)$는 연결함수이다.

연결함수(link function)는 반응변수의 형태에 따라 다양하게 선택될 수 있다. 예를 들어, 반응변수가 이항(또는 베르누이)분포를 따르는 경우에는 로짓(logit) 또는 프로빗(probit) 함수가, 포아송 분포의 경우에는 로그(log) 함수가 주로 사용된다. 즉,

- $Y|x \sim B(1,p)$인 경우: $g(\mu) = \log(\frac{\mu}{1-\mu})$ $(\equiv \mathrm{logit}(\mu))$ (로지스틱 회귀모형)
  또는 $g(\mu) = \Phi^{-1}(\mu)$ (프로빗 모형)
- $Y|x \sim Poisson(\mu)$인 경우: $g(\mu) = \log\mu$ (포아송 회귀모형: 11장)

이다. 이외에도 반응변수의 분포에 따라 다양한 연결함수가 사용된다. 일반선형모형 또한 GLM의 한 예로, 정규분포를 따르는 반응변수에 대해 항등연결함수($g(\mu) = \mu$)를 사용한 경우로 볼 수 있다.

참고 GLM에서 이탈도(deviance)

R의 출력에서 Null Deviance와 Residual Deviance는 각각 절편모형과 제안모형의 완전모형으로부터의 이탈도를 나타내며 다음과 같이 정의된다.

```
LL=로그가능도
Null Deviance = 2{LL(포화모형)-LL(영모형)}, df=n-1
Residual Deviance = 2{LL(포화모형)-LL(제안모형)}, df=n-(p+1)
```

여기서 각 모형은 다음과 같다.

- 포화모형(Saturated Model)은 추정해야 할 모수의 수가 데이터의 수와 동일한 모형으로 완전모형(Full Model)이라고도 함.
- 영모형(Null Model)은 절편항만 가지는 모형으로 추정할 모수가 1개임.

- 제안모형(Proposed Model)은 (p개의 모수 + 절편항)을 포함하는 모형으로, 추정할 모수가 (p+1)개임.

Null Deviance와 Residual Deviance는 값이 작을수록 해당모형(영 또는 제안모형)이 자료를 잘 적합함을 의미한다. 이탈도에 기초한 구체적인 검정은 두 종류의 Deviance가 해당모형이 참일 때, 근사적으로 카이제곱분포를 따른다는 사실에 기초한다. 이때 자유도는 "(포화모형의 모수의 수) − (해당모형의 모수의 수)"이다.

또한, 영모형과 제안모형 간의 비교(검정)는 (Null Deviance − Proposed Deviance)가 근사적으로 자유도가 (n−1)−(n−p−1)=p인 카이제곱분포를 따른다는 사실에 기초한다.

10장 로지스틱 회귀 II

10.1 서론

이 장에서는 반응변수의 범주가 3개 이상인 경우에 대한 회귀모형을 다룬다. 반응변수의 범주가 단순히 명목형인 경우와 순서적인 의미를 동시에 가지는(순서형인) 경우에 대해 다룬다.

예를 들어, 다양한 진단 테스트의 결과로부터 어떤 혈액형을 가지는지? 또는, 특정 인구통계적 특성을 고려할 때 어떤 후보자를 지지할지를 모형화하거나(명목형 반응변수), 설문조사에서 반응변수가 5가지 범주("매우 나쁨", "나쁨", "보통", "좋음", "매우 좋음")를 가지는 경우에 대한 모형화(순서형 반응변수)를 수행할 수 있다. 물론, 순서적인 반응변수는 순서적인 정보를 무시하고 명목형으로 취급하여 모형화를 수행할 수도 있다(역은 불가능).

10.2 다범주 로짓 모형

다범주 로짓 모형(multi-category logit model)[1]은 반응변수가 3개 이상의 범주를 가질 때 유용한 회귀모형이다. 예측변수의 값을 이용하여 반응변수가 각 범주에 속할 확률을 추정하는 데 사용된다.

반응변수(Y)의 범주를 $1, 2, \cdots, J$ 라고 하고, $\pi_j = P(Y = j)\,(j = 1, \cdots, J)$ 이라고 하자. 예측변수가 x 인 다범주 로짓 모형은, Y의 마지막 범주(J)를 기준 범주(baseline category)로 할 때, 다음과 같다.

---

1) 다범주 로짓 모형은 다범주(multi-category) 로지스틱 회귀모형 또는 다항(multinomial) 로지스틱 회귀모형으로도 불린다.

$$\log\left(\frac{\pi_j}{\pi_J}\right) = \alpha_j + \beta_j x, \quad j = 1,2,\cdots,J-1.$$

위의 모형으로부터 각 범주에 속할 확률 $\pi_j = P(Y=j)$는 다음과 같이 주어진다.

$$\pi_j = \frac{\exp(\alpha_j + \beta_j x)}{1 + \sum_{j=1}^{J-1} \exp(\alpha_j + \beta_j x)}, \quad j = 1,2,\cdots,J-1$$

$$\pi_J = \frac{1}{1 + \sum_{j=1}^{J-1} \exp(\alpha_j + \beta_j x)}.$$

위의 모형은 로지스틱 회귀모형과 마찬가지로 예측변수가 여러 개인 경우로 확장되며, 이때 예측변수들 간의 교호효과를 고려할 수도 있다. 교호효과(interaction effects)를 고려하는 모형은 통상적인 회귀분석기법에서와 동일하게 사용하면 된다.

R 함수 multinom{nnet}, mlogit{mlogit}, vglm{VGAM}은 다범주 로짓 모형을 적합한다. 다음의 [예제 1]은 multinom{nnet}을 이용하여 이 모형을 적합한다.

유의

R의 multinom{nnet} 함수는 Y의 마지막 범주(J) 대신 첫 번째 범주(1)를 기준 범주로 사용하므로 결과 해석에 유의하기 바란다.

예제 1

nes96{faraway} 자료에 대해 다범주 로짓 모형을 적합한다.

```
> library(faraway)
> data(nes96)
> str(nes96)
'data.frame':   944 obs. of  10 variables:
 $ popul : int  0 190 31 83 640 110 100 31 180 2800 ...
 $ TVnews: int  7 1 7 4 7 3 7 1 7 0 ...
 $ selfLR: Ord.factor w/ 7 levels "extLib"<"Lib"<..: 7 3 2 3 5 3 5 5 4 3 ...
 $ ClinLR: Ord.factor w/ 7 levels "extLib"<"Lib"<..: 1 3 2 4 6 4 6 4 6 3 ...
 $ DoleLR: Ord.factor w/ 7 levels "extLib"<"Lib"<..: 6 5 6 5 4 6 4 5 3 7 ...
 $ PID   : Ord.factor w/ 7 levels "strDem"<"weakDem"<..: 7 2 2 2 1 2 2 5 4 1 ...
 $ age   : int  36 20 24 28 68 21 77 21 31 39 ...
 $ educ  : Ord.factor w/ 7 levels "MS"<"HSdrop"<..: 3 4 6 6 6 4 4 4 4 3 ...
 $ income: Ord.factor w/ 24 levels "$3Kminus"<"$3K-$5K"<..: 1 1 1 1 1 1 1 1 1 1 ...
 $ vote  : Factor w/ 2 levels "Clinton","Dole": 2 1 1 1 1 1 1 1 1 1 ...
```

(자료 설명) 이 자료는 1996년 미국의 대선 연구 자료의 일부로 994명의 응답자에 대해 10개의 변수를 조사한 자료이다. 결측값과 "모르겠다"의 응답 및 Clinton이나 Dole 이외의 지지자의 응답은 제거되었다. 변수는 응답자 거주지의 인구, 지난 일주일간 TV를 시청한 날, 자신의 좌-우 성향, 두 후보자에 대한 성향, 소속 정당(7개 범주) 등이다.


```
> ## 분석을 위한 자료 준비
> # 편의상 소속 정당을 3개(민주당, 독립당, 공화당)로 줄임
> PID.s <- nes96$PID
> levels(PID.s) <- c("Democrat", "Democrat", "Independent", "Independent",
"Independent", "Republican", "Republican")

> # 수입(income) 변수를 수치형으로 변환
> inc <- c(1.5, 4, 6, 8, 9.5, 10.5, 11.5, 12.5, 13.5, 14.5, 16, 18.5, 21, 23.5, 27.5,
32.5, 37.5, 42.5, 47.5, 55, 67.5, 82.5, 97.5, 115)
> income.n <- inc[unclass(nes96$income)]

> ## 다범주 로지스틱을 적합: multinom{nnet} 함수 이용
> library(nnet)
> mlogit.1 <- multinom(PID.s ~ age + educ + income.n, data=nes96)
```

step( )을 이용하면 다범주 로지스틱 회귀분석에 대한 stepwise 과정을 보여 준다. default는 "backward"이며, "both", "backward", "forward" 방법을 사용할 수 있다.

```
> # 변수선택법 적용: step() 함수 이용
>  mlogit.2 <- step(mlogit.1)
> summary(mlogit.2)
Call:
multinom(formula = PID.s ~ income.n, data = nes96)

Coefficients:
            (Intercept)   income.n
Independent  -1.1749331 0.01608683
Republican   -0.9503591 0.01766457

Std. Errors:
            (Intercept)     income.n
Independent   0.1536103 0.002849738
Republican    0.1416859 0.002652532

Residual Deviance: 1985.424
AIC: 1993.424
```

(해석) 반응변수의 범주를 1: Democrat, 2: Independent, 3: Republican이라고 할 때, 적합모형은 다음과 같다.

$$\log\left(\frac{\widehat{\pi_2}}{\widehat{\pi_1}}\right) = -1.1749 + 0.0160(income.n),$$

$$\log\left(\frac{\widehat{\pi_3}}{\widehat{\pi_1}}\right) = -0.9503 + 0.0176(income.n).$$

위 결과로부터, 예를 들어 income.n=1.5인 경우, 각 범주에 속할 확률의 추정값은 $\widehat{\pi_1} = 0.583$, $\widehat{\pi_2} = 0.184$, $\widehat{\pi_3} = 0.231$으로 주어진다. 이때 $\widehat{\pi_1}$의 계산식을 소개하면 다음과 같다.

$$\widehat{\pi_1} = \frac{1}{1 + \exp(-1.1508) + \exp(-0.9238)} = 0.583.$$

```
> ## 적합값 출력: fitted() 함수 이용
> fit <- fitted(mlogit.2)
> fit
   Democrat Independent Republican
1 0.5836466   0.1846557  0.2316977
2 0.5836466   0.1846557  0.2316977
3 0.5836466   0.1846557  0.2316977
...
943 0.1691487    0.332231  0.4986204
944 0.1691487    0.332231  0.4986204
> ## 적합결과의 시각화
> # 관측자료의 요약
> obsprop <- xtabs(~nes96$income+PID.s)
> obs.Freq <- addmargins(obsprop, 2, FUN=sum)
> obs.prob <- obs.Freq/obs.Freq[,4]

> # 예측값
> pred <- predict(mlogit.2, data.frame(income.n=inc), type='probs')

> # 관측값과 예측값의 시각화
> plot(inc, obs.prob[1:24,1], ylim=c(0, 1), type="n")
> points(inc, obs.prob[1:24,1], col=1, pch=1)
> points(inc, obs.prob[1:24,2], col=2, pch=2)
> points(inc, obs.prob[1:24,3], col=3, pch=3)
> lines(inc, pred[,1], col=1, pch=1)
> lines(inc, pred[,2], col=2, pch=2)
> lines(inc, pred[,3], col=3, pch=3)
> legend("topright", c("Democrat", "Independent", "Republican"),
         col=1:3, pch=1:3)
```

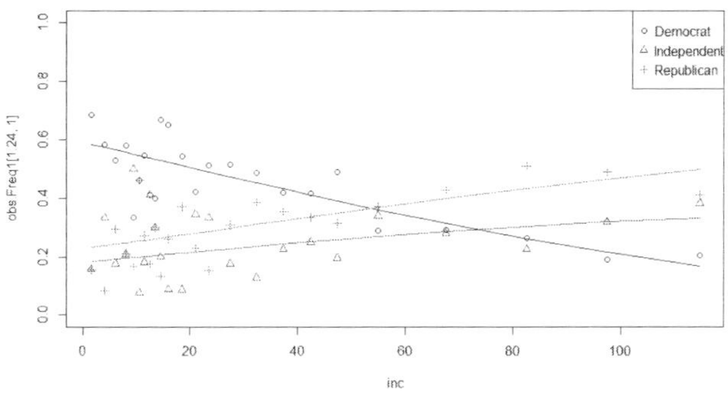


```
> ## 새로운 자료에 대한 예측: predict() 함수 이용
> new <- c(8, 26, 42, 58, 74, 90, 107)
> predict(mlogit.2, data.frame(income.n=new), type='probs')
   Democrat Independent Republican
1 0.5566253   0.1955183  0.2478565
2 0.4804946   0.2254595  0.2940459
3 0.4134268   0.2509351  0.3356381
4 0.3493884   0.2743178  0.3762939
5 0.2903271   0.2948600  0.4148129
6 0.2375755   0.3121136  0.4503109
7 0.1891684   0.3266848  0.4841468
> predict(mlogit.2, data.frame(income.n=new))
[1] Democrat    Democrat    Democrat    Republican Republican Republican Republican
Levels: Democrat Independent Republican
```

10.3 순서형 로지스틱 회귀: 비례오즈모형

이 절에서는 반응변수가 순서적(ordinal)인 경우에 유용한 로지스틱 회귀모형을 다룬다(이를 순서형 로지스틱 회귀라고 함). 순서형 로지스틱 회귀에는 다양한 방법이 있으나, 여기서는 이 가운데 비례오즈모형(proportional odds model)[2)]을 소개한다.

비례오즈모형은 순서적인 반응변수에 대해 다음과 같이 주어진다(편의상, 예측변수가 1개인 경우를 생각),

$$logit\{P(Y \leq j)\} = \alpha_j + \beta x, \quad j = 1,2,\cdots,J-1.$$

2) 비례오즈모형은 비례오즈 로지스틱 회귀 또는 비례오즈 로짓 모형이라고도 한다.

위 모형은 누적확률의 로짓에 대해 서로 다른 절편을 가지나, 동일한 기울기를 가지는 모형이다. 이 모형의 중요한 특징은 예측변수의 두 값(x_1, x_2)에서 j 이하의 범주에 속할 누적확률의 로그오즈비(로짓의 차이)가, j의 선택에 관계없이 두 예측변수값의 차이에만 비례한다는 사실이다(이로부터 위 모형을 '비례오즈모형'이라고 함). 즉,

$$\begin{aligned} \text{로그오즈비} &= \log\left(\frac{P(Y \leqq j|X=x_2)}{P(Y > j|X=x_2)}\right) - \log\left(\frac{P(Y \leqq j|X=x_1)}{P(Y > j|X=x_1)}\right) \\ &= logit\{P(Y \leqq j)|X=x_2\} - logit\{P(Y \leqq j)|X=x_1\} \\ &= \beta(x_2 - x_1), \quad j = 1,2,\cdots,J-1 \end{aligned}$$

이다. 만약, x_2가 x_1보다 한 단위 클 때($x_2 = x_1 + 1$), 오즈비는 $\exp(\beta)$가 된다.

R에서 polr{MASS} 함수는 순서 로지스틱 회귀와 순서 프로빗 회귀를 적합한다. 디폴트는 비례오즈모형을 적합한다.

유의

R의 polr{MASS} 함수에서는 비례오즈모형을

$$logit\ \{P(Y \leqq j)\} = \alpha_j - \beta x, \quad j = 1,2,\cdots,J-1.$$

으로 사용하므로, 회귀계수의 부호에 유의하기 바란다.

참고

반응변수가 순서적인 경우에는 순서형 로지스틱 회귀(예: 비례오즈모형) 대신 다범주 로짓 모형을 적합할 수도 있다(그 역은 성립하지 않음). 다범주 로짓 모형은 $(J-1)$개의 기울기 모수를 고려하는 반면, 비례오즈모형에서는 한 개의 기울기 모수만을 사용하므로 보다 단순한 모형이라 할 수 있다. 실제 두 모형은 내포(nested) 관계에 있는 모형으로 이 절의 [예제 4]에서와 같이 가능도비 검정을 통해 두 모형 간의 유의성을 검정할 수 있다.

예제 2 (출처: http://stats.idre.ucla.edu/r/)

대학생의 대학원 지원 여부와 관련된 자료를 분석한다.

```
> library(foreign)
> dat <- read.dta("http://stats.idre.ucla.edu/stat/data/ologit.dta")
> str(dat)
'data.frame':   400 obs. of  4 variables:
 $ apply : Factor w/ 3 levels "unlikely","somewhat likely",..: 3 2 1 2 2 1 2 2 1 2 ...
 $ pared : int  0 1 1 0 0 0 0 0 0 1 ...
 $ public: int  0 0 1 0 0 1 0 0 0 0 ...
 $ gpa   : num  3.26 3.21 3.94 2.81 2.53 ...
...
```

(자료 설명) 대학 3학년생 400명을 대상으로 대학원 지원여부의 의사결정에 미치는 영향을 반응변수로 하는 모형을 적합하고자 한다. 반응변수인 지원여부(apply)는 3개의 범주("unlikely", "somewhat likely", "very likely")를 가지며, 예측변수는 부모의 교육수준(pared; 1: 부모 중 적어도 어느 한쪽이 대학원졸, 0: 그외), 학부교육기관(public; 1: 사립, 0: 공립), 현재성적(GPA)이다.

```
> ## 기초분석
> # 범주형으로 취급되는 변수 요약
> # lapply(dat[, c("apply", "pared", "public")], table)
> lapply(dat[, -c(4,5)], table)
$apply

       unlikely somewhat likely     very likely
            220             140              40

$pared

  0   1
337  63
$public

  0   1
343  57

> # 평면(flat) 테이블 요약
> ftable(xtabs(~ public + apply + pared, data = dat))
                       pared   0   1
public apply
0      unlikely              175  14
       somewhat likely        98  26
       very likely            20  10
1      unlikely               25   6
       somewhat likely        12   4
```

```
      very likely              7   3
> # 연속형 변수 요약
> summary(dat$gpa)
   Min. 1st Qu.  Median    Mean 3rd Qu.    Max.
  1.900   2.720   2.990   2.999   3.270   4.000

> sd(dat$gpa)
[1] 0.3979409

> # 반응변수(apply)의 범주에 따른 학업성적(GPA)의 분포 시각화
> library(ggplot2)
> ggplot(dat, aes(x = apply, y = gpa)) +
        geom_boxplot(size = .75) +
        geom_jitter(alpha = .2) +
        facet_grid(pared ~ public, margins = TRUE) +
        theme(axis.text.x = element_text(angle = 45, hjust = 1, vjust = 1))
```

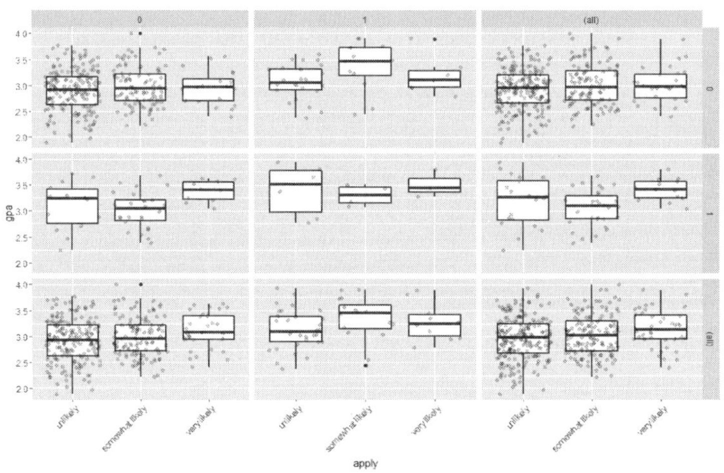


```
> ## 순서 로지스틱 회귀적합: polr{MASS} 함수 이용

polr(formula, data, weights, start, ..., subset, na.action,
     contrasts = NULL, Hess = FALSE, model = TRUE,
     method = c("logistic", "probit", "loglog", "cloglog", "cauchit"))

> library(MASS)
> m <- polr(apply ~ pared + gpa, data = dat, Hess=TRUE)
> # method="logistic"(default)이 사용됨
> # 1차 분석 결과 public 변수는 유의하지 않아 제외하였음
> summary(m)
Call:
polr(formula = apply ~ pared + gpa, data = dat, Hess = TRUE)
```

```
Coefficients:
       Value Std. Error t value
pared 1.0457     0.2656   3.937
gpa   0.6042     0.2539   2.379

Intercepts:
                            Value  Std. Error t value
unlikely|somewhat likely    2.1763 0.7671     2.8370
somewhat likely|very likely 4.2716 0.7922     5.3924

Residual Deviance: 717.0638
AIC: 725.0638
```

(해석) 반응변수의 범주를 편의상 1(unlikely), 2(somewhat likely), 3(very likely)이라고 하고, 각 범주에 속할 확률을 π_1, π_2, π_3라고 할 때, 적합된 모형식은 다음과 같다.

$$\widehat{\text{logit}}\{P(Y \le 1)\} = \log\left(\frac{\hat{\pi}_1}{\hat{\pi}_2 + \hat{\pi}_3}\right) = 2.1763 - 1.0457 \times (pared) - 0.6042 \times (gpa)$$

$$\widehat{\text{logit}}\{P(Y \le 2)\} = \log\left(\frac{\hat{\pi}_1 + \hat{\pi}_2}{\hat{\pi}_3}\right) = 4.2716 - 1.0457 \times (pared) - 0.6042 \times (gpa)$$

위 결과에 대한 해석은 다음과 같다.

- 부모의 교육수준(pared)이 한 단계 높아질수록(0(낮음) -> 1(높음)), 범주1(unlikely)의 (범주2 + 범주3)에 대한 오즈가 exp(−1.0457)=0.35배이다(달리 해석하면, (범주2+범주3)의 범주1에 대한 오즈가 2.85(=1/0.35)배이다). (범주1 + 범주2)의 범주3에 대한 오즈 역시 0.35배이다.
- 학점(gpa)이 한 단위 증가할수록 범주1의 (범주2 + 범주3)에 대한 오즈 또는 (범주1 + 범주2)의 범주3에 대한 오즈가 exp(−0.6042)=0.55배이다.

또한, 위의 적합 결과로부터 각 범주에 속할 확률은 관계식

$$\hat{\pi}_j = \hat{P}(Y = j) = \hat{P}(Y \le j) - \hat{P}(Y \le j-1)$$

을 이용하여 추정할 수 있다. 예를 들어, 첫 번째 자료(pared=0, public=0, gpa=3.26)의 경우, 범주1에 속할 확률은 다음과 같다.

$$\hat{\pi}_1 = \frac{\exp(2.1763 - 0.6042 \times 3.26)}{1 + \exp(2.1763 - 0.6042 \times 3.26)} = 0.551.$$

R의 predict( ) 함수를 이용하면 다음과 같다.

```
> dat[1,]
        apply pared public  gpa
1 very likely     0      0 3.26

> predict(m, dat[1,], type="p")
      unlikely somewhat likely     very likely
    0.55142354      0.35759750      0.09097896
```

회귀계수에 대한 유의성검정 등은 아래의 추가분석을 참고하기 바란다.

```
> ## 추가분석: 유의확률, 신뢰구간, 오즈비 계산
> # 적합결과표 생성
> (ctable <- coef(summary(m)))
                                Value Std. Error  t value
pared                       1.0457078  0.2656428 3.936519
gpa                         0.6042468  0.2539454 2.379436
unlikely|somewhat likely    2.1762687  0.7670897 2.837046
somewhat likely|very likely 4.2715846  0.7921503 5.392392

> # 유의확률 계산
> p <- pnorm(abs(ctable[, "t value"]), lower.tail = FALSE) * 2

> # 유의확률 추가
> (ctable <- cbind(ctable, "p value" = p))
                                Value Std. Error  t value      p value
pared                       1.0457078  0.2656428 3.936519 8.267204e-05
gpa                         0.6042468  0.2539454 2.379436 1.733915e-02
unlikely|somewhat likely    2.1762687  0.7670897 2.837046 4.553307e-03
somewhat likely|very likely 4.2715846  0.7921503 5.392392 6.952604e-08
> (ci <- confint(m))     # 프로파일 가능도함수 기반 신뢰구간(디폴트)
Waiting for profiling to be done...
          2.5 %   97.5 %
pared 0.5265351 1.569960
gpa   0.1090159 1.106025
> confint.default(m)     # 정규분포 가정하에서의 신뢰구간
          2.5 %   97.5 %
pared 0.5250576 1.566358
gpa   0.1065230 1.101971

> # 오즈비
> exp(coef(m))
   pared      gpa
2.845412 1.829873

> # 오즈비와 신뢰구간
```

```
> exp(cbind(OR = coef(m), ci))
            OR    2.5 %   97.5 %
pared 2.845412 1.693056 4.806454
gpa   1.829873 1.115180 3.022320
```

2부 회귀분석 II

예제 3

순서형 범주를 가지는 분할표 자료에 대해 비례오즈모형을 적합하고, 모형 개선에 대해 소개한다.

```
> library(MASS)
> str(housing)
'data.frame':   72 obs. of  5 variables:
 $ Sat : Ord.factor w/ 3 levels "Low"<"Medium"<..: 1 2 3 1 2 3 1 2 3 1 ...
 $ Infl: Factor w/ 3 levels "Low","Medium",..: 1 1 1 2 2 2 3 3 3 1 ...
 $ Type: Factor w/ 4 levels "Tower","Apartment",..: 1 1 1 1 1 1 1 1 1 2 ...
 $ Cont: Factor w/ 2 levels "Low","High": 1 1 1 1 1 1 1 1 1 1 ...
 $ Freq: int  21 21 28 34 22 36 10 11 36 61 ...
```

(자료 설명) 이 자료는 코펜하겐 주택관련 조사 자료이다. Sat는 주택소유자의 만족도(High, Medium, Low), Infl은 관리에 대한 인지 수준(High, Medium, Low), Type은 주택의 형태(Tower, Atrium, Apartment, Terrace), Cont는 다른 거주자들과의 접촉 수준(Low, High), Freq는 변수들의 수준 조합에서 거주자의 수이다. 분할표 형태로 주어진 이 자료에 대해 Sat를 반응변수(순서형)로 하는 순서형 로지스틱 회귀를 적합하고자 한다.

```
> ## 순서형 로지스틱 회귀모형 적합
> # 분할표 자료이므로 빈도를 가중치로(weight=Freq 옵션을) 지정함
> house.plr <- polr(Sat ~ Infl + Type + Cont, weights = Freq, HESS=TRUE, data =
housing)
> # method="logistic"(디폴트: 순서형 로지스틱), "proit", "loglog", "cloglog"
> summary(house.plr, digits = 3)

Re-fitting to get Hessian

Call:
polr(formula = Sat ~ Infl + Type + Cont, data = housing, weights = Freq)

Coefficients:
               Value Std. Error t value
InflMedium     0.566     0.1047    5.41
InflHigh       1.289     0.1272   10.14
TypeApartment -0.572     0.1192   -4.80
TypeAtrium    -0.366     0.1552   -2.36
```

```
TypeTerrace   -1.091     0.1515   -7.20
ContHigh       0.360     0.0955    3.77

Intercepts:
            Value  Std. Error t value
Low|Medium  -0.496  0.125     -3.974
Medium|High  0.691  0.125      5.505

Residual Deviance: 3479.149
AIC: 3495.149
```

(해석) 반응변수의 범주를 편의상 1(Low), 2(Medium), 3(High)이라고 하고, 각 범주에 속할 확률을 π_1, π_2, π_3라고 할 때, 적합된 (비례오즈 로지스틱) 모형식은 다음과 같이 표현된다.

$$\widehat{\text{logit}}\{P(Y \le 1)\} = \log\left(\frac{\widehat{\pi_1}}{\widehat{\pi_1} + \widehat{\pi_3}}\right) = -0.496 - 0.566(InfMedium) + \cdots$$

$$\widehat{\text{logit}}\{P(Y \le 2)\} = \log\left(\frac{\widehat{\pi_1} + \widehat{\pi_2}}{\widehat{\pi_3}}\right) = 0.691 - 0.566(InfMedium) + \cdots$$

위 결과에 대한 해석은 앞의 예제와 유사하므로 생략한다.

```
> head(predict(house.plr, housing, type = "p"))
        Low    Medium      High
1 0.3784493 0.2876752 0.3338755
2 0.3784493 0.2876752 0.3338755
3 0.3784493 0.2876752 0.3338755
4 0.2568264 0.2742122 0.4689613
5 0.2568264 0.2742122 0.4689613
6 0.2568264 0.2742122 0.4689613
> house.plr <- update(house.plr, Hess=TRUE)
> pr <- profile(house.plr)
> confint(pr)
                   2.5 %      97.5 %
InflMedium     0.3616415  0.77195375
InflHigh       1.0409701  1.53958138
TypeApartment -0.8069590 -0.33940432
TypeAtrium    -0.6705862 -0.06204495
TypeTerrace   -1.3893863 -0.79533958
ContHigh       0.1733589  0.54792854

> plot(pr)
```

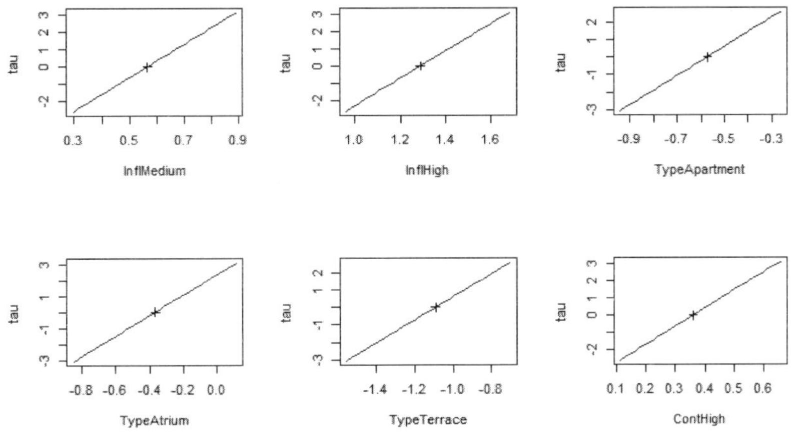


```
> pairs(pr)
```

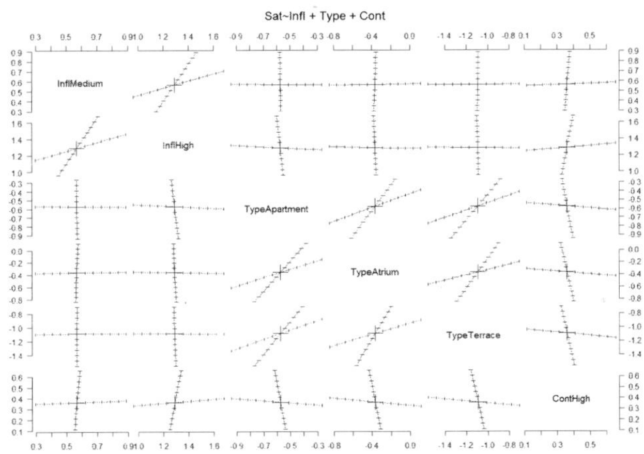


```
> ## 모형 개선
> addterm(house.plr, ~.^2, test = "Chisq")
Single term additions

Model:
Sat ~ Infl + Type + Cont
          Df    AIC     LRT   Pr(Chi)
<none>        3495.1
Infl:Type  6 3484.6 22.5093 0.0009786 ***
Infl:Cont  2 3498.9  0.2090 0.9007957
Type:Cont  3 3492.5  8.6662 0.0340752 *
---
Signif. codes:  0 '***' 0.001 '**' 0.01 '*' 0.05 '.' 0.1 ' ' 1
```

```
> house.plr2 <- stepAIC(house.plr, ~.^2)
Start:  AIC=3495.15
Sat ~ Infl + Type + Cont

             Df    AIC
+ Infl:Type  6 3484.6
+ Type:Cont  3 3492.5
<none>         3495.1
+ Infl:Cont  2 3498.9
- Cont       1 3507.5
- Type       3 3545.1
- Infl       2 3599.4

Step:  AIC=3484.64
Sat ~ Infl + Type + Cont + Infl:Type

             Df    AIC
+ Type:Cont  3 3482.7
<none>         3484.6
+ Infl:Cont  2 3488.5
- Infl:Type  6 3495.1
- Cont       1 3497.8

Step:  AIC=3482.69
Sat ~ Infl + Type + Cont + Infl:Type + Type:Cont

             Df    AIC
<none>         3482.7
- Type:Cont  3 3484.6
+ Infl:Cont  2 3486.6
- Infl:Type  6 3492.5
> house.plr2$anova
Stepwise Model Path
Analysis of Deviance Table

Initial Model:
Sat ~ Infl + Type + Cont

Final Model:
Sat ~ Infl + Type + Cont + Infl:Type + Type:Cont


         Step Df  Deviance Resid. Df Resid. Dev      AIC
1                               1673   3479.149 3495.149
2 + Infl:Type  6 22.509347      1667   3456.640 3484.640
3 + Type:Cont  3  7.945029      1664   3448.695 3482.695
```

```
> anova(house.plr, house.plr2)
Likelihood ratio tests of ordinal regression models

Response: Sat
                                         Model Resid. df Resid. Dev   Test    Df
1                          Infl + Type + Cont      1673   3479.149
2 Infl + Type + Cont + Infl:Type + Type:Cont      1664   3448.695 1 vs 2      9
  LR stat.      Pr(Chi)
1
2 30.45438 0.0003670555
```

(해석) 2개의 교호효과를 포함한 모형이 주효과모형에 비해 유의함을 알 수 있다.

다음의 [예제 4]에서는 분할표 형태로 주어진 자료에 대해 비례오즈모형을 적합한다. 아울러 적합모형에 대한 예측을 수행하고, 비례오즈의 의미와 함께 모형의 타당성에 대한 검토를 수행한다.

예제 4

다음의 [표 10.1]은 1991년 미국에서 실시된 소속정당과 정치성향의 관계를 알아보기 위한 일반사회조사의 결과이다.

[표 10.1] 소속정당에 따른 정치성향(Agresti, 1996)

	매우 진보적	약간 진보적	중도	약간 보수적	매우 보수적	합
공화당	30	46	148	84	99	407
민주당	80	81	171	41	55	428

```
> ## 분석자료 준비
> party <- factor(rep(c("Rep","Dem"), c(407, 428)), levels=c("Rep","Dem"))
> rfreq <- c(30, 46, 148, 84, 99)     # 칸 빈도
> dfreq <- c(80, 81, 171, 41, 55)     # 칸 빈도
> ideology <- c("Very Liberal", "Slightly Liberal","Moderate", "Slightly
              Conservative", "Very Conservative")
> pol.ideology <- factor(c(rep(ideology, rfreq),
                     rep(ideology, dfreq)), levels = ideology)
> # ordered() 함수: 범주의 순서적인 관계를 변경 또는 명확히 하고자 할 때 사용
> # pol.ideology <- ordered(pol.ideology, levels=ideology )    # 생략 가능
> dat <- data.frame(party, pol.ideology)
> str(dat)
'data.frame':   835 obs. of  2 variables:
 $ party       : Factor w/ 2 levels "Rep","Dem": 1 1 1 1 1 1 1 1 1 1 ...
 $ pol.ideology: Factor w/ 5 levels "Very Liberal",..: 1 1 1 1 1 1 1 1 1 1 ...
```

```
> ## 비례오즈모형 적합
> library(MASS)
> pom <- polr(pol.ideology ~ party, data=dat)
> summary(pom)

Re-fitting to get Hessian

Call:
polr(formula = pol.ideology ~ party, data = dat)

Coefficients:
           Value Std. Error t value
partyDem -0.9745     0.1292  -7.545

Intercepts:
                                       Value    Std. Error t value
Very Liberal|Slightly Liberal           -2.4690  0.1318    -18.7363
Slightly Liberal|Moderate               -1.4745  0.1090    -13.5314
Moderate|Slightly Conservative           0.2371  0.0942      2.5165
Slightly Conservative|Very Conservative  1.0695  0.1039     10.2923

Residual Deviance: 2474.985
AIC: 2484.985
```

(해석) 적합 결과의 예로 '민주당원이 Slightly Liberal 이하의 범주에 속할 로짓'은 다음과 같이 추정된다.

$$\widehat{\mathrm{logit}}\{P(Y \le 2)\} = -1.4745 + 0.9745(1) = -0.5.$$

위 식으로부터 $P(Y \le 2) = \exp(-0.5)/(1+\exp(-0.5)) = 0.378$ 이다. 또한 다음의 관계식

$$P(Y=j) = P(Y \le j) - P(Y \le j-1)$$

을 이용하여 특정 범주(정치성향)에 속할 확률을 추정할 수 있다. 예를 들어,

$$\hat{P}(Y=2) = \hat{P}(Y \le 2) - \hat{P}(Y \le 1) = 0.378 - 0.183 = 0.195$$

이다. 이 결과는 아래의 predict() 함수를 이용한 결과와 일치함을 확인할 수 있다.

```
> ## predict() 함수를 이용한 예측
> predict(pom,newdata = data.frame(party="Dem"),type="p")
         Very Liberal      Slightly Liberal              Moderate
            0.1832505             0.1942837             0.3930552
Slightly Conservative     Very Conservative
            0.1147559             0.1146547
```

```
> predict(pom,newdata = data.frame(party="Rep"),type="p")
        Very Liberal       Slightly Liberal              Moderate
          0.07806044             0.10819225            0.37275214
Slightly Conservative      Very Conservative
          0.18550357             0.25549160

> ## 누적확률, 오즈, 오즈비 계산
> # 민주당원의 누적확률(기울기를 alpha 대신 zeta로 표현하고 있음에 유의)
> (dcp <- exp(pom$zeta - pom$coefficients)/(1 + exp(pom$zeta - pom$coefficients)))
         Very Liberal|Slightly Liberal
                             0.1832505
             Slightly Liberal|Moderate
                             0.3775341
        Moderate|Slightly Conservative
                             0.7705894
Slightly Conservative|Very Conservative
                             0.8853453

> # 공화당 누적확률
> (rcp <- exp(pom$zeta)/(1 + exp(pom$zeta)))
         Very Liberal|Slightly Liberal
                            0.07806044
             Slightly Liberal|Moderate
                            0.18625269
        Moderate|Slightly Conservative
                            0.55900483
Slightly Conservative|Very Conservative
                            0.74450840
> # 민주당원의 오즈
> (dcp/(1-dcp))
         Very Liberal|Slightly Liberal
                             0.2243656
             Slightly Liberal|Moderate
                             0.6065138
        Moderate|Slightly Conservative
                             3.3589956
Slightly Conservative|Very Conservative
                             7.7218378

> # 공화당원의 오즈
> (rcp/(1-rcp))
         Very Liberal|Slightly Liberal
                             0.0846698
             Slightly Liberal|Moderate
                             0.2288827
        Moderate|Slightly Conservative
                             1.2675986
```

```
Slightly Conservative|Very Conservative
                              2.9140230
> # 공화당에 대한 민주당의 오즈비
> (dcp/(1-dcp))/(rcp/(1-rcp))
          Very Liberal|Slightly Liberal
                               2.649889
              Slightly Liberal|Moderate
                               2.649889
         Moderate|Slightly Conservative
                               2.649889
Slightly Conservative|Very Conservative
                               2.649889

> # 공화당에 대한 민주당의 로그-오즈비
> log((dcp/(1-dcp))/(rcp/(1-rcp)))
          Very Liberal|Slightly Liberal
                              0.9745178
              Slightly Liberal|Moderate
                              0.9745178
         Moderate|Slightly Conservative
                              0.9745178
Slightly Conservative|Very Conservative
                              0.9745178
```

(해석) 위 결과는 Y 범주의 누적확률 $P(Y \le j)$에 대한 오즈비가 (범주 j에 무관하게) 상수값으로 주어짐을 알 수 있다. 만약 예측변수가 여러 개의 범주를 가지거나 연속적인 경우에는 그들 간의 거리(예를 들어, $x_2 - x_1$)에 비례하는 상수값으로 주어지게 된다(범주 j와는 무관). 이러한 이유로 이 모형을 비례오즈모형(proportional odds model)이라고 한다.

비례오즈모형을 적합하는 경우 비례 오즈 가정을 확인하는 것이 좋다. 이를 수행하는 한 가지 방법은 비례오즈모형을 다범주 로짓 모형(비제약 기준 로짓 모형이라고도 함)과 비교하는 것이다. 다범주 로짓 모형은 일반적으로 순서가 없는 응답을 모델링하는 데 사용되며 J-1 응답의 각 수준에 대해 기울기를 적합하는 모형이다. 따라서 이 예제에서 비례오즈모형은 하나의 기울기 계수와 4개의 절편을 가지지만, 다범주 로짓 모형은 4개의 절편과 4개의 기울기 계수를 갖는다. 이는 비례오즈모형이 다범주 로짓 모형에 내포(nested)되어 있음을 의미하며, 두 모형이 통계적으로 다른지 확인하기 위해 가능도비 검정을 수행할 수 있다. R을 이용한 수행 절차는 다음과 같다.

```
> ## 비례 오즈 가정 검토
> library(nnet)
> mlm <- multinom(pol.ideology ~ party, data=dat)
# weights:  15 (8 variable)
initial  value 1343.880657
iter  10 value 1239.866743
final  value 1235.648615
```

```
converged

> M1 <- logLik(pom)
> M2 <- logLik(mlm)
> (G <- -2*(M1[1] - M2[1]))
[1] 3.687678
> pchisq(G, 3, lower.tail=FALSE)
[1] 0.2972241
```

(해석) 두 모형 간에 유의한 차이가 없음을 나타낸다(p-값=0.30). 따라서 더 단순한 모형인 비례 오즈 모형을 적합하게 된다. Hosmer와 Lemeshow(2000)는 이 검정이 '완전히 통계적으로 옳은 것'은 아니라고 말하고 있다. 그러나 모형 적합성에 대한 몇 가지 증거를 제공해 준다.

11장 가산회귀모형 I

11.1 서론

앞서 두 장에서는 반응변수가 범주형(순서형 포함)인 경우에 대한 회귀문제를 다루었다. 이 장에서는 반응변수가 영(zero) 이상의 정수값을 취하는, 즉 가산형인 경우의 회귀분석모형을 다룬다. 반응변수가 가산형인 경우 회귀모형은 매우 다양하다. 대표적인 모형으로는 포아송 회귀모형이 있다. 반응변수에 과산포가 존재할 경우에는 음이항 회귀모형을 적합한다. 반응변수가 영-과잉을 보이는 경우에는 영-과잉 모형(영-과잉 포아송 또는 영-과잉 음이항 회귀모형)을 적합할 수 있다.

11.2 포아송 회귀와 음이항 회귀

반응변수(Y)가 영(zero) 이상의 정수값, 즉 가산자료(count data)로 주어지는 경우 다음의 회귀모형이 유용하다.

$$\log \mu = \beta_0 + \beta_1 x_1 + \cdots + \beta_p x_p.$$

위 식에서 μ는 다음과 같이 정의된다.

$$\mu = E(Y|x),\ x = (x_1, x_2, \cdots, x_p)'.$$

참고

일반회귀모형에서는 $\log \mu$ 대신 μ를 사용하나, 가산반응변수의 경우에는 μ를 사용할 경우 μ가 0보다 작은 값으로 추정될 수도 있으므로 모형식이 구조적 결함을 가지게 된다.

$X = x$가 주어질 때, Y의 분포로 흔히 포아송 또는 음이항분포가 가정되며, 이 가정에 따라 위의 회귀모형을 포아송 회귀모형 또는 음이항 회귀모형으로 구분한다.

(a) 포아송 회귀모형

포아송 회귀모형은 $Y|x$의 분포를 다음의 포아송 분포로 가정한다.

$$f(y;\mu) = \frac{\exp(-\mu) \cdot \mu^y}{y!}, \quad y = 0, 1, 2, \cdots.$$

이 분포의 평균과 분산은 다음과 같이 주어지며, 두 값이 동일한 값을 가지는 특징을 가진다.

$$E(Y|x) = \mu, \quad Var(Y|x) = \mu.$$

따라서 포아송 회귀모형은 주어진 x에서 반응치 y들의 평균과 분산이 동일한 자료의 적합에 유용하다.

(b) 음이항 회귀모형

음이항 회귀모형은 $Y|x$의 분포를 다음의 음이항분포로 가정한다.

$$f(y;\mu,\theta) = \frac{\Gamma(y+\theta)}{\Gamma(y+1)\Gamma(\theta)}\left(\frac{\theta}{\theta+\mu}\right)^{\theta}\left(\frac{\mu}{\theta+\mu}\right)^{y}, \quad y = 0, 1, 2, \cdots.$$

이 분포의 평균과 분산은 다음과 같이 주어지며, 분산이 평균에 비해 큰 값을 가지는 과산포(over-dispersion)의 특징을 가진다.

$$E(Y|x) = \mu, \quad Var(Y|x) = \mu + \frac{\mu^2}{\theta}.$$

따라서 음이항 회귀모형은 주어진 x에서 반응치 y들의 분산이 평균보다 큰 자료의 적합에 유용하다.

참고

위의 분산 식에서 θ가 클수록, 과산포의 경향이 작아지므로, 포아송 회귀모형과 유사한 결과를 제공한다. 참고로, $\alpha = 1/\theta$를 산포모수(dispersion parameter)라고도 한다.

(c) 음이항분포 요약

음이항분포의 확률밀도함수는 다음과 같이 정의된다.

$$Y \sim NB(r,\, p) \;\Leftrightarrow\; f(y) = \binom{y+r-1}{r-1} p^r (1-p)^y, \quad y = 0, 1, 2, \cdots .$$

$$\left(E(Y) = \frac{rq}{p}, \quad Var(Y) = \frac{rq}{p^2} \right)$$

[결과 1] (재모수화) 위 분포의 모수를 $(r,\, p)$에서 $(\theta = r,\ \mu = rq/p)$로 재모수화 (reparametrize)하면 확률밀도함수가 다음과 같이 표현된다.

$$f(y\,;\mu,\theta) = \frac{\Gamma(y+\theta)}{\Gamma(y+1)\Gamma(\theta)} \left(\frac{\theta}{\theta+\mu}\right)^{\theta} \left(\frac{\mu}{\theta+\mu}\right)^{y}, \quad y = 0, 1, 2, \cdots .$$

$$\left(E(Y) = \mu, \quad Var(Y) = \mu + \frac{\mu^2}{\theta} \right)$$

[결과 2] (포아송 분포의 감마 혼합: gamma mixture of Poisson distribution)

베이지안 관점에서 $Y|\lambda \sim Poisson(\lambda)$이고, λ의 사전분포(prior distribution)가 $\Lambda \sim \Gamma(r,\, \beta)$일 때, Y의 주변확률밀도함수는 $NB(r,\, p)$, $p = 1/(1+\beta)$가 된다. 즉,

$$Y|\lambda \sim Poisson(\lambda),\ \Lambda \sim \Gamma(r,\, \beta)$$
$$\Rightarrow\ Y \sim NB(r,\, p),\ p = 1/(1+\beta).$$

11.3 영-과잉 회귀

주어진 x에서 반응값(y)들 가운데 영의 빈도가 과다할 경우, 영-과잉 회귀모형이 유용하다. 영-과잉(zero-inflated) 회귀모형은 관측값의 영-과잉 부분에 대한 설명을 위해 $Y|x$의 분포를 다음과 같이 가정한다. 즉, 영에서만 1의 확률을 가지는(영을 추가적으로 발생시키는) 분포와 영 이상의 정수값을 가지는 이산형 분포를 확률적으로 결합한 다음의 혼합분포를 가정한다.

$$f(y\,; p, \theta) = p \cdot g_1(y) + (1-p) \cdot g_2(y\,;\theta), \quad g_1(y) = \begin{cases} 1, & y = 0 \\ 0, & elsewhere. \end{cases}$$

위 식에서 $g_2(y\,;\theta)$는 포아송 또는 음이항분포를 가정한다. 이들 분포의 가정에 따라 영-과잉 포아송과 영-과잉 음이항 회귀모형으로 구분한다.

영-과잉 회귀모형에서도 가산자료에 대한 회귀모형과 동일한 모형을 사용한다. 즉,

$$\log \mu = \beta_0 + \beta_1 x_1 + \cdots + \beta_p x_p,\ \mu = E(Y|x).$$

다만, 영-과잉 부분에 대한 확률(p)에 대해 다음의 로짓 모형을 사용한다.

$$\log\frac{p}{1-p} = z_0 + \gamma_1 z_1 + \cdots \gamma_q z_q.$$

위 식에서 $z = (z_1, z_2, \cdots, z_q)'$는 영-과잉 확률에 대한 설명변수이며, $\gamma = (\gamma_1, \gamma_2, \cdots, \gamma_q)'$는 대응되는 회귀계수이다. 설명변수 z는 x의 일부(또는 전체)와 다른 변수로 구성될 수 있다.

(a) 영-과잉 포아송 회귀모형

영-과잉 포아송(zero-inflated Poisson, 이하 ZIP) 회귀모형의 경우 $Y|x$의 확률분포는 다음과 같이 주어진다.

$$P(Y=y|x) = \begin{cases} p + (1-p)\cdot e^{-\lambda}, & y=0 \\ (1-p)\cdot \dfrac{e^{-\lambda}\lambda^y}{y!}, & y=1,2,3,\cdots. \end{cases}$$

(b) 영-과잉 음이항 회귀모형

영-과잉 음이항(zero-inflated negative binomial, 이하 ZINB) 회귀모형의 경우 $Y|x$의 확률분포는 다음과 같이 주어진다.

$$P(Y=y|x) = \begin{cases} p + (1-p)\cdot \left(\dfrac{\theta}{\theta+\mu}\right)^{\theta}, & y=0 \\ (1-p)\cdot \dfrac{\Gamma(y+\theta)}{\Gamma(y+1)\Gamma(\theta)}\left(\dfrac{\theta}{\theta+\mu}\right)^{\theta}\left(\dfrac{\mu}{\theta+\mu}\right)^{y}, & y=1,2,3,\cdots. \end{cases}$$

이 장에서 언급한 가산자료에 대한 회귀모형의 적합 절차를 도식화하면 다음의 [그림 11.1]과 같다.

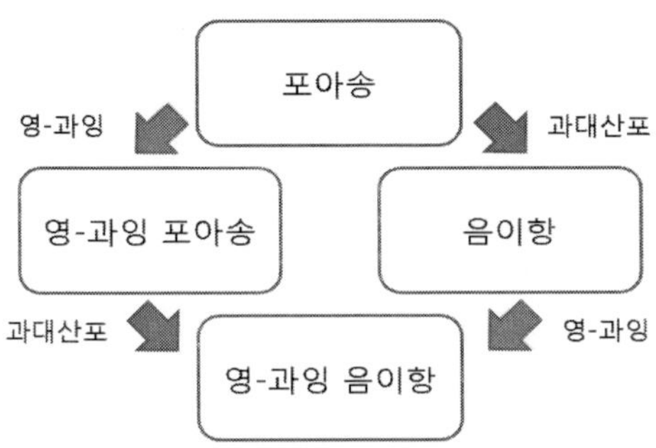

[그림 11.1] 가산회귀모형의 적합 순서

참고

Vuong(1989)의 검정은 서로 내포(nested) 관계에 있지 않은 두 모형 간의 비교를 수행한다. 예를 들어, 영-과잉 모형과 대응되는 비-영-과잉 모형 간의 비교를 수행한다. R의 vuong {pscl} 함수를 이용한다.

R의 glm()과 glm.nb{MASS} 함수는 각각 포아송과 음이항회귀를 적합한다. 영-과잉 모형의 적합에는 {pscl} 패키지의 zeroinfl() 함수가 유용하다. zeroinfl{pscl} 함수의 일반형식은 다음과 같다.

```
zeroinfl(formula, data, subset, na.action, weights, offset,
      dist = c("poisson", "negbin", "geometric"),
      link = c("logit", "probit", "cloglog", "cauchit", "log"),
      control = zeroinfl.control(...),
      model = TRUE, y = TRUE, x = FALSE, ...)
```

- formula: formula의 형태는 모형의 두 가지 성분(계수 부분과 영-과잉 부분)을 나타낸다. 예를 들어 y ~ x1 + x2은 y ~ x1 + x2 | x1 + x2와 동일하며, | 이전은 계수 성분을, | 이후는 영-과잉 성분을 나타낸다. 두 성분이 다른 예측변수를 가지는 경우에는 y ~ x1 + x2 | z1 + z2 + z3와 같이 사용된다. y ~ x1 + x2 | 1 은 영-과잉 성분의 비율이 모두 일정한(동일한) 경우에 사용한다.
- formula에서 오프셋(offset) 지정: 두 성분에 대해 오프셋을 지정할 수 있다. 예를 들어, y ~ x1 + offset(x2) | z1 + z2 + offset(z3)과 같이 사용된다. 오프셋은 해당 성분이 지표의 영향을 받는 경우 사용된다. 예를 들어, 발생건수(y)가 인구수(지표, offset)에 비례하는 경우를 들 수 있다.

다음의 [예제 1]은 bioChemists{pscl} 자료에 대해 여러 가지 가산회귀모형을 적합하고 이를 비교한다.

예제 1

bioChemists 자료는 생화학 분야의 박사과정 학생들에 의한 논문의 수를 조사한 자료로, 자료의 수는 915개이며 변수는 6개로 구성되었다. 반응변수는 최근 3년간의 논문의 수(art)이며, 예측변수는 성별(fem), 결혼여부(mar), 5세 이하의 자녀수(kids5), 소속 학과의 명성(phd), 최근 3년간 지도교수의 논문 수(ment)로 구성되었다. 이 가운데 phd 변수는 유의하지 않은 변수로 나타나 모든 모형적합에서 제외하였다.

```
> library("pscl")
> str(bioChemists)
'data.frame':   915 obs. of  6 variables:
 $ art : int  0 0 0 0 0 0 0 0 0 0 ...
 $ fem : Factor w/ 2 levels "Men","Women": 1 2 2 1 2 2 2 1 1 2 ...
 $ mar : Factor w/ 2 levels "Single","Married": 2 1 1 2 1 2 1 2 1 2 ...
 $ kid5: num  0 0 0 1 0 2 0 2 0 0 ...
```

```
 $ phd : num  2.52 2.05 3.75 1.18 3.75 ...
 $ ment: int  7 6 6 3 26 2 3 4 6 0 ...

> ## ① 포아송 회귀모형 적합
> m_pois <- glm(art ~ .-phd, data = bioChemists, family = poisson)
> summary(m_pois)

Call:
glm(formula = art ~ . - phd, family = poisson, data = bioChemists)

Deviance Residuals:
    Min       1Q   Median       3Q      Max
-3.6436  -1.5408  -0.3583   0.5623   5.3986

Coefficients:
            Estimate Std. Error z value Pr(>|z|)
(Intercept)  0.34517    0.06012   5.741 9.41e-09 ***
femWomen    -0.22530    0.05461  -4.125 3.70e-05 ***
marMarried   0.15218    0.06107   2.492   0.0127 *
kid5        -0.18499    0.04014  -4.609 4.05e-06 ***
ment         0.02576    0.00195  13.212  < 2e-16 ***
---
Signif. codes:  0 '***' 0.001 '**' 0.01 '*' 0.05 '.' 0.1 ' ' 1

(Dispersion parameter for poisson family taken to be 1)

    Null deviance: 1817.4  on 914  degrees of freedom
Residual deviance: 1634.6  on 910  degrees of freedom
AIC: 3312.3

Number of Fisher Scoring iterations: 5
```

(해석) 회귀계수들은 모두 유의하나, 잔차이탈도가 유의하지 않으므로($p-value = P\{\chi^2(910) > 1634\} \approx 0$) 모형이 적합하지 않다.

```
> ## ② quisi-포아송 회귀모형적합
> m_qpois <- glm(art ~ .-phd, data = bioChemists, family = quasipoisson)
> summary(m_qpois)
```

[참고] quisi-포아송 회귀모형 역시 일반화선형모형(GLM)의 일종으로 포아송 회귀모형과 유사하지만, GLM에서 산포모수(ϕ)를 1로 고정하는 포아송 회귀모형과는 달리 산포모수에 대한 특별한 제한을 두지 않고 데이터로부터 추정하여 사용한다. 따라서 quisi-포아송 회귀모형은 과산포(over-dispersion)가 존재하는 경우 포아송 회귀에 비해 유용하다. quisi-포아송 회귀모형의 추정결과는 포아송 회귀모형과 동일하나, 추론은 과산포에 대해 조정된(adjusted) 결과를 제공해 준다.

```
> ## ③ 음이항 회귀모형 적합
> library("MASS")
> m_nb <- glm.nb(art ~ .-phd, data = bioChemists)
> summary(m_nb)

Call:
glm.nb(formula = art ~ . - phd, data = bioChemists, init.theta = 2.26411693,
    link = log)

Deviance Residuals:
    Min       1Q   Median       3Q      Max
-2.2023  -1.3668  -0.2734   0.4398   3.4219

Coefficients:
             Estimate Std. Error z value Pr(>|z|)
(Intercept)  0.303328   0.081389   3.727 0.000194 ***
femWomen    -0.216673   0.072624  -2.983 0.002850 **
marMarried   0.146944   0.081765   1.797 0.072312 .
kid5        -0.176797   0.052826  -3.347 0.000818 ***
ment         0.029430   0.003108   9.470  < 2e-16 ***
---
Signif. codes:  0 '***' 0.001 '**' 0.01 '*' 0.05 '.' 0.1 ' ' 1

(Dispersion parameter for Negative Binomial(2.2641) family taken to be 1)

    Null deviance: 1108.9  on 914  degrees of freedom
Residual deviance: 1004.4  on 910  degrees of freedom
AIC: 3134.1

Number of Fisher Scoring iterations: 1


              Theta:  2.264
          Std. Err.:  0.271

 2 x log-likelihood:  -3122.096
```

(해석) 회귀계수가 대체로 유의하고, 잔차이탈도가 포아송 회귀모형에 비해 크게 개선되었으나($p-value = P\{\chi^2(910) > 1004\} \approx 0.016$), 유의수준 5% 기준에서 모형이 유의하지는 않다. AIC 역시 크게 감소하였다. θ(Theta)가 매우 크지 않음으로 과산포의 영향을 고려할 필요가 있음을 알 수 있다. 포아송 회귀모형과의 차이가 유의한지를 보기 위해 Vuong 검정을 실시하면 다음과 같다. 그 결과 두 모형 간에 유의한 차이가 있음을 확인할 수 있다($p-value \approx 0$).

```
> ## Vuong 검정
> vuong(m_pois, m_nb)
Vuong Non-Nested Hypothesis Test-Statistic:
(test-statistic is asymptotically distributed N(0,1) under the
 null that the models are indistinguishible)
-------------------------------------------------------------
              Vuong z-statistic             H_A    p-value
Raw                   -4.33991 model2 > model1 7.127e-06
AIC-corrected         -4.33991 model2 > model1 7.127e-06
BIC-corrected         -4.33991 model2 > model1 7.127e-06


> ## ④ 영-과잉 포아송 회귀모형 적합-1: 영-과잉 확률의 추정에 절편항만 고려
> m_zip <- zeroinfl(art ~ .-phd | 1, data = bioChemists)
> summary(m_zip)

Call:
zeroinfl(formula = art ~ . - phd | 1, data = bioChemists)

Pearson residuals:
    Min      1Q  Median      3Q     Max
-1.5326 -0.9986 -0.3020  0.5412  7.2719

Count model coefficients (poisson with log link):
             Estimate Std. Error z value Pr(>|z|)
(Intercept)  0.562092   0.067853   8.284  < 2e-16 ***
femWomen    -0.231700   0.058665  -3.950 7.83e-05 ***
marMarried   0.131425   0.065849   1.996   0.0459 *
kid5        -0.170576   0.043281  -3.941 8.11e-05 ***
ment         0.021583   0.002109  10.232  < 2e-16 ***

Zero-inflation model coefficients (binomial with logit link):
            Estimate Std. Error z value Pr(>|z|)
(Intercept)  -1.6807     0.1555  -10.81   <2e-16 ***
---
Signif. codes:  0 '***' 0.001 '**' 0.01 '*' 0.05 '.' 0.1 ' ' 1

Number of iterations in BFGS optimization: 13
Log-likelihood: -1621 on 6 Df
```

(해석) 포아송분포의 평균(μ)에 미치는 예측변수들이 모두 통계적으로 유의하다. 영-과잉 비율(p)는 다음과 같이 절편항을 통해 추정된다. 즉,

$$\text{logit}(\hat{p}) = -1.68 \quad \Leftrightarrow \hat{p} = \frac{\exp(-1.68)}{1+\exp(-1.68)} = 0.157$$

이다. AIC는 AIC{stats} 함수를 통해 다음과 같이 구해진다.

```
> AIC(m_zip)
[1] 3253.576
```

(해석) 영-과잉 포아송 회귀모형의 AIC가 포아송 회귀모형에 비해 다소 줄어들었으나, 음이항 회귀모형에는 미치지 못한다. 즉, 이 자료는 영-과잉보다 과산포를 더 우선적으로 고려할 필요가 있다.

```
> ## ⑤ 영-과잉 음이항 회귀모형 적합-1: 영-과잉 확률의 추정에 절편항만 고려
> m_zinb <- zeroinfl(art ~ .-phd | 1, data = bioChemists, dist = "negbin")
> summary(m_zinb)

Call:
zeroinfl(formula = art ~ . - phd | 1, data = bioChemists, dist = "negbin")

Pearson residuals:
    Min      1Q  Median      3Q     Max
-1.2766 -0.8749 -0.2550  0.4888  6.5645

Count model coefficients (negbin with log link):
             Estimate Std. Error z value Pr(>|z|)
(Intercept)  0.303407   0.082344   3.685 0.000229 ***
femWomen    -0.216718   0.072673  -2.982 0.002863 **
marMarried   0.146898   0.081675   1.799 0.072089 .
kid5        -0.176794   0.053055  -3.332 0.000861 ***
ment         0.029429   0.003377   8.716  < 2e-16 ***
Log(theta)   0.817250   0.119987   6.811 9.68e-12 ***

Zero-inflation model coefficients (binomial with logit link):
            Estimate Std. Error z value Pr(>|z|)
(Intercept)   -10.25      24.08  -0.426     0.67
---
Signif. codes:  0 '***' 0.001 '**' 0.01 '*' 0.05 '.' 0.1 ' ' 1

Theta = 2.2643
Number of iterations in BFGS optimization: 31
Log-likelihood: -1561 on 7 Df
```

(해석) 회귀계수가 대체로 유의하나, 영확률 추정의 절편항 계수가 유의하지 않으므로 모형 개선이 필요하다. AIC를 구해 보면 3136.1으로 주어진다.

```
> ## ⑥ 영-과잉 포아송 회귀모형 적합-2: 영확률의 추정에 예측변수를 고려
> m_zip2 <- zeroinfl(art ~ .-phd | .-phd, data = bioChemists)
> summary(m_zip2)
```

```
Call:
zeroinfl(formula = art ~ . - phd | . - phd, data = bioChemists)

Pearson residuals:
    Min      1Q  Median      3Q     Max 
-2.3023 -0.8688 -0.2884  0.5428  7.3509 

Count model coefficients (poisson with log link):
             Estimate Std. Error z value Pr(>|z|)    
(Intercept)  0.621289   0.070291   8.839  < 2e-16 ***
femWomen    -0.209069   0.063413  -3.297 0.000977 ***
marMarried   0.105072   0.070816   1.484 0.137882    
kid5        -0.142972   0.047347  -3.020 0.002531 ** 
ment         0.017991   0.002216   8.119 4.71e-16 ***

Zero-inflation model coefficients (binomial with logit link):
            Estimate Std. Error z value Pr(>|z|)   
(Intercept)  -0.5759     0.3300  -1.745  0.08101 . 
femWomen      0.1085     0.2802   0.387  0.69863   
marMarried   -0.3544     0.3175  -1.116  0.26435   
kid5          0.2185     0.1959   1.116  0.26461   
ment         -0.1337     0.0423  -3.160  0.00158 **
---
Signif. codes:  0 '***' 0.001 '**' 0.01 '*' 0.05 '.' 0.1 ' ' 1 

Number of iterations in BFGS optimization: 17 
Log-likelihood: -1605 on 10 Df
```

(해석) 회귀계수 중 결혼여부(marMarried)가 유의하지 않으며, 영확률 추정의 예측변수로는 지도교수의 논문 수(ment)만 유의하게 나타나고 있다. 유의하지 않은 변수들을 제거하는 등의 개선이 필요하다.

```
> ## ⑦ 영-과잉 음이항 회귀모형 적합-2: 영확률의 추정에 예측변수를 고려
> m_zinb2 <- zeroinfl(art ~ .-phd | .-phd, data = bioChemists, dist = "negbin")
> summary(m_zinb2)

Call:
zeroinfl(formula = art ~ . - phd | . - phd, data = bioChemists, 
    dist = "negbin")

Pearson residuals:
    Min      1Q  Median      3Q     Max 
-1.2939 -0.7625 -0.2912  0.4424  6.4196 

Count model coefficients (negbin with log link):
            Estimate Std. Error z value Pr(>|z|)
```

```
(Intercept)  0.414574   0.087556   4.735 2.19e-06 ***
femWomen    -0.194715   0.075316  -2.585  0.00973 **
marMarried   0.098105   0.083871   1.170  0.24211
kid5        -0.151707   0.054234  -2.797  0.00515 **
ment         0.024749   0.003405   7.269 3.61e-13 ***
Log(theta)   0.977495   0.135333   7.223 5.09e-13 ***

Zero-inflation model coefficients (binomial with logit link):
            Estimate Std. Error z value Pr(>|z|)
(Intercept)  -0.3175     0.8292  -0.383  0.70174
femWomen      0.6585     0.8235   0.800  0.42394
marMarried   -1.4691     0.8916  -1.648  0.09939 .
kid5          0.6217     0.4381   1.419  0.15586
ment         -0.8772     0.3127  -2.806  0.00502 **
---
Signif. codes:  0 '***' 0.001 '**' 0.01 '*' 0.05 '.' 0.1 ' ' 1

Theta = 2.6578
Number of iterations in BFGS optimization: 37
Log-likelihood: -1550 on 11 Df
```

(해석) 적합결과에 대한 해석은 위의 경우와 유사하다.

이상의 적합결과를 요약하면 다음의 [표 11.1]과 같다. 이 표에서 괄호 표시는 회귀계수가 유의하지 않은 경우를 나타내며, 따라서 추가적인 모형개선이 필요하다.

[표 11.1] 여러 가지 가산회귀모형의 적합결과 요약

	GLM			영-과잉 회귀모형			
	Poisson	quasi-Poisson	NB	ZIP-1	ZINB-1	ZIP-2	ZINB-2
(절편)	0.345	0.345	0.303	0.562	0.303	0.621	0.414
femWomen	−0.225	−0.225	−0.216	−0.231	−0.216	−0.209	−0.194
marMarried	0.152	0.152	0.146	0.131	0.146	(0.105)	(0.098)
kid5	−0.184	−0.184	−0.176	−0.170	−0.176	−0.142	−0.151
ment	0.025	0.025	0.029	0.021	0.029	0.017	0.024
(절편)	•	•	•	−1.680	(−10.25)	(−0.575)	(−0.317)
femWomen	•	•	•	•	•	(0.108)	(0.658)
marMarried	•	•	•	•	•	(−0.354)	(−1.469)
kid5	•	•	•	•	•	(0.218)	(0.621)
ment	•	•	•	•	•	−0.133	−0.877
모수의 수	5	5	6	6	7	10	11
잔차이탈도 (자유도)	1634.6 (910)	1634.6 (910)	1004.4 (910)	•	•	•	•
AIC	3312.3	NA	3134.0	3253.5	3136.1	3229.5	3121.9
logL			−3122/2	−1621	−1561	−1605	−1550
Theta	•	•	2.264	•	2.264	•	2.657

(해석) AIC 기준으로 위 모형을 비교할 때, ZINB-2 모형이 가장 우수하다. 다만, 적합모형에 유의하지 않은 변수가 다소 포함되어 있으므로 다음과 같이 모형을 개선하여 이를 최적모형으로 한다.

```
> ## ⑧ 최적모형: 영-과잉 음이항 회귀모형(art ~ .-phd | ment)
> m_zinb3 <- zeroinfl(art ~ .-phd | ment, data = bioChemists, dist = "negbin")
> summary(m_zinb3)

Call:
zeroinfl(formula = art ~ . - phd | ment, data = bioChemists, dist = "negbin")

Pearson residuals:
    Min      1Q  Median      3Q     Max 
-1.3057 -0.7684 -0.2614  0.4665  6.3647 

Count model coefficients (negbin with log link):
            Estimate Std. Error z value Pr(>|z|)    
(Intercept)  0.41020    0.08639   4.748 2.05e-06 ***
femWomen    -0.21194    0.07192  -2.947  0.00321 ** 
marMarried   0.13899    0.08074   1.721  0.08516 .  
kid5        -0.16766    0.05245  -3.196  0.00139 ** 
ment         0.02443    0.00345   7.081 1.43e-12 ***
Log(theta)   1.00311    0.14279   7.025 2.14e-12 ***

Zero-inflation model coefficients (binomial with logit link):
            Estimate Std. Error z value Pr(>|z|)  
(Intercept)  -0.8054     0.3521  -2.288   0.0222 *
ment         -0.6097     0.2457  -2.482   0.0131 *
---
Signif. codes:  0 '***' 0.001 '**' 0.01 '*' 0.05 '.' 0.1 ' ' 1 

Theta = 2.7268 
Number of iterations in BFGS optimization: 29 
Log-likelihood: -1553 on 8 Df

> AIC(m_zinb3)
[1] 3122.545
```

(해석) 모형에 포함된 모든 변수가 대체적으로 유의하며, AIC 역시 다른 모형과 비교 시 최저 수준이므로 이 모형을 최적모형으로 한다. 타 모형 간의 비교를 위해 Vuong 검정을 실시할 수도 있다.

참고 **율 자료에 대한 포아송 회귀**

포아송 회귀는 율(rate) 자료에 대해서도 유용하다. 여기서 율은 사건의 수를 해당 단위의 노출(특정 관찰 단위)의 일부 측정값으로 나눈 값이다. 예를 들어, 생물학자들은 숲에서 나무 종의 수를 셀 수 있다: 사건은 관찰된 나무 종의 수이고, 노출은 단위면적이 되고, 율은 단위 면적당 종의 수가 된다. 인구통계학자들은 사망자 수를 인년(person-years)[1]으로 나눈 값으로 지리적 영역에서의 사망률을 모델링할 수 있다. 보다 일반적으로 사건의 율은 단위 시간당 사건수로 계산할 수 있으므로 각 단위마다 관찰 창이 달라질 수 있다. 이 예에서 노출은 각각 단위 면적, 인년 및 단위 시간이다. 포아송 회귀에서 이것은 오프셋(offset)으로 처리되어, 노출(exposure) 변수가 방정식의 오른쪽에 입력되지만 (log(노출)에 대한) 모수 추정값은 1로 제한된다.

R의 glm( ) 함수에서 오프셋이 사용된 예는 다음과 같다.

```
> glm(y ~ offset(log(exposure))+ x, family=poisson(link=log))
```

위의 표현은 다음 모형을 적합한 것이다.

$$\log\left(\frac{E(Y|x)}{\text{exposure}}\right) = \alpha + \beta x.$$

참고 **로그선형모형**

포아송 회귀모형은 분할표 자료에 적용될 경우 로그선형모형(log-linear model)으로도 불린다. 이 경우 예측변수와 반응변수는 모두 범주형이며, 자료는 모든 변수들의 수준 조합에서 관측된 빈도(frequency)가 된다. 로그선형모형은 빈도에 대한 추정과 함께 (범주형) 변수들 간에 내재하는 구조적인 연관성을 파악하는 목적으로 사용된다. 보다 자세한 내용은 12.4절을 참고하기 바란다.

1) 인년(person-years)은 각 개인의 서로 다른 관찰기간의 합이다. 예를 들어, 1명을 1년간 관찰하면 1인년, 5명을 1년간 관찰하면 5인년, 5명을 5년간 관찰하면 25인년이 된다. 인년은 무작위 시험과 코호트 연구 등에서 사건의 율(rate)을 계산하는 분모로 유용하게 사용된다.

12장* 가산회귀모형 Ⅱ

12.1 서론

이 장에서는 앞 장에 이어 반응변수가 영 이상의 정수값을 가지는 경우의 회귀모형을 다룬다. 과산포와 영-과잉의 문제를 동시에 해결해주는 허들모형과 영의 값이 관측되지 않는 영-절단 모형을 소개한다.

12.2 허들모형

허들모형(hurdle model)은 과산포와 영-과잉의 문제를 동시에 해결해주는 모형 가운데 하나이다. 이 모형에서 $Y|x$의 분포는 영의 값을 발생시키는 하나의 모형(모형 1)과 1 이상의 값을 발생시키는 또 다른 모형(모형 2)을 확률적으로 결합한 모형이다. 이 모형의 특징은 영의 관측값은 모형 1로부터 발생하며, 1 이상의 관측값은 모형 2로부터만 발생한다. 모형 1은 주로 $y=1$에서 우-중도절단(right-censored) 형태의 분포로 정의되며, 모형 2는 $y=1$에서 좌-절단(left-truncated)된 형태로 정의된다. 예를 들어, 모형 1은 $y=1$에서 우-중도절단 음이항분포, 모형 2는 $y=1$에서 좌-절단된 음이항분포를 가정할 수 있다.

참고 영-과잉 모형과의 비교

영-과잉 모형에서 $Y|x$의 분포는 퇴화분포(모형 1)와 이산형분포(모형 2)의 확률적 결합으로 정의된다. 영-과잉 모형에서는 영의 값이 모형 1과 모형 2 양쪽에서 발생하지만, 허들모형에서는 모형 1에서만 발생된다.

R의 hurdle{pslr} 함수는 허들모형을 적합한다. 이 함수의 일반 형식은 다음과 같다(pslr은 political science computational laboratory의 약어임).

```
hurdle(formula, data, subset, na.action, weights, offset,
       dist = "poisson",
       zero.dist = "binomial",
       link = "logit", ...)
```

- formula 지정 방식은 영-과잉 모형의 경우와 동일함
- dist= 개수(count) 모형을 지정. "poisson"(디폴트), "negbin", "geometric"
- zero.dist= 영(zero) 허들모형 지정. "binomial"(디폴트), "poisson", "negbin", "geometric"
- link= 이항(binomial) 영 허들모형에서 연결함수 지정(zero.dist="binomial"인 경우에만 사용). "logit"(디폴트), "probit", "cloglog", "cauchit", "log"

예제 1

hurdle{pscl} 함수의 도움말에서 제공하는 예제를 이용하여 허들모형을 적합한다.

```
> # 분석자료
> data("bioChemists", package = "pscl")
> head(bioChemists); tail(bioChemists)
  art   fem     mar kid5  phd ment
1   0   Men Married    0 2.52    7
2   0 Women  Single    0 2.05    6
3   0 Women  Single    0 3.75    6
...
914  16   Men Married    0 1.74   21
915  19   Men Married    0 1.86   42

> ## logit(binomial)-poisson: 디폴트 모형
```

모형식 "art ~ ."는 "art ~ . | ."와 동일. 여기서 . 은 art를 제외한 모든 변수를 의미한다.

```
> fm_hp1 <- hurdle(art ~ ., data = bioChemists)
> summary(fm_hp1)

Call:
hurdle(formula = art ~ ., data = bioChemists)

Pearson residuals:
    Min      1Q  Median      3Q     Max
-2.4105 -0.8913 -0.2817  0.5530  7.0324

Count model coefficients (truncated poisson with log link):
            Estimate Std. Error z value Pr(>|z|)
(Intercept)  0.67114    0.12246   5.481 4.24e-08 ***
```

```
femWomen     -0.22858    0.06522  -3.505 0.000457 ***
marMarried    0.09649    0.07283   1.325 0.185209
kid5         -0.14219    0.04845  -2.934 0.003341 **
phd          -0.01273    0.03130  -0.407 0.684343
ment          0.01875    0.00228   8.222  < 2e-16 ***
Zero hurdle model coefficients (binomial with logit link):
            Estimate Std. Error z value Pr(>|z|)
(Intercept)  0.23680    0.29552   0.801   0.4230
femWomen    -0.25115    0.15911  -1.579   0.1144
marMarried   0.32623    0.18082   1.804   0.0712 .
kid5        -0.28525    0.11113  -2.567   0.0103 *
phd          0.02222    0.07956   0.279   0.7800
ment         0.08012    0.01302   6.155 7.52e-10 ***
---
Signif. codes:  0 '***' 0.001 '**' 0.01 '*' 0.05 '.' 0.1 ' ' 1

Number of iterations in BFGS optimization: 12
Log-likelihood: -1605 on 12 Df
```

12.3 영-절단 회귀

영-절단(zero-truncated) 포아송 회귀는 영(zero)의 값이 관측될 수 없는 가산자료(count data)에 대한 회귀모형이다. 예를 들어, 환자가 병원에 머무르는 날(days)을 예측변수(나이, 건강보험의 종류, 환자의 사망 여부)로 모형화하는 경우이다. 다른 예로, 정년보장을 받는 교수들의 논문 수를 여러 예측변수들로 모형화하는 경우이다.

영-절단 음이항 회귀는 영-절단 가산자료에 과산포가 존재하는 경우에 적합한 모형이다.

예제 2 (출처: http://stats.idre.ucla.edu/r/)

환자가 병원에 머무른 날을 반응변수로 하는 영-절단 회귀를 적합한다.

```
> library(foreign)
> dat <- read.dta("http://stats.idre.ucla.edu/stat/data/ztp.dta")
> str(dat)
'data.frame':   1493 obs. of  4 variables:
 $ stay: int  4 9 3 9 1 4 10 3 5 6 ...
 $ age : int  4 4 7 6 7 5 8 7 4 4 ...
 $ hmo : int  0 1 1 0 0 0 0 0 0 0 ...
 $ died: Factor w/ 2 levels "0","1": 1 1 2 1 2 2 2 2 1 1 ...
```

(자료 설명) 병원에서 치료를 받은 환자 1493명에 대한 자료이다. 병원에 머무른 날(stay, 단위: 일)을 반응변수로 하는 회귀모형을 적합하고자 한다. 예측변수로는 나이(age), 보험가입 여부(hmo; 1: 가입, 0: 미가입)와 입원 중 사망 여부(died; 1: 사망, 0: 미사망)

```
> dat <- within(dat, {
             died <- factor(died)
             })
> summary(dat)
      stay            age              hmo            died
 Min.   : 1.000   Min.   :1.000   Min.   :0.0000   0:981
 1st Qu.: 4.000   1st Qu.:4.000   1st Qu.:0.0000   1:512
 Median : 8.000   Median :5.000   Median :0.0000
 Mean   : 9.729   Mean   :5.234   Mean   :0.1601
 3rd Qu.:13.000   3rd Qu.:6.000   3rd Qu.:0.0000
 Max.   :74.000   Max.   :9.000   Max.   :1.0000

> ## 데이터 탐색
> ggplot(dat, aes(stay)) +
      geom_histogram() +
      scale_x_log10() +
      facet_grid(hmo ~ died, margins=TRUE, scales="free_y")
```

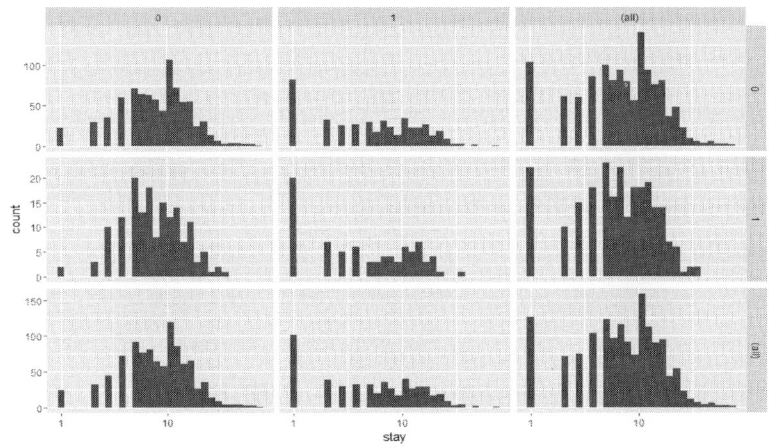


```
> ggplot(dat, aes(factor(age), stay)) +
      geom_violin() +
      geom_jitter(size=1.5) +
      scale_y_log10() +
      stat_smooth(aes(x = age, y = stay, group=1), method="loess")
```

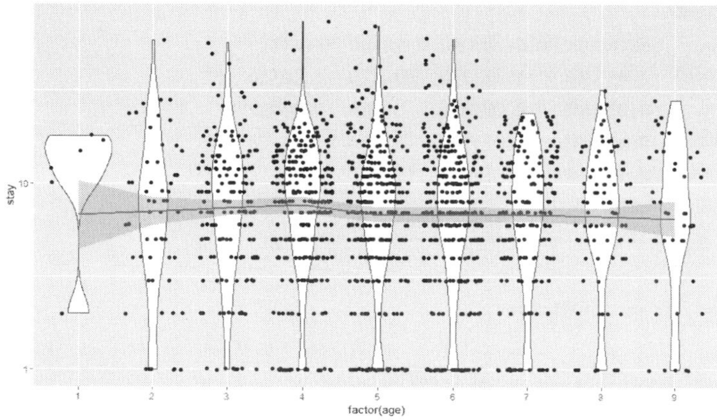


```
> ggplot(dat, aes(age, fill=died)) +
      geom_histogram(binwidth=.5, position="fill") +
      facet_grid(hmo ~ ., margins=TRUE)
```

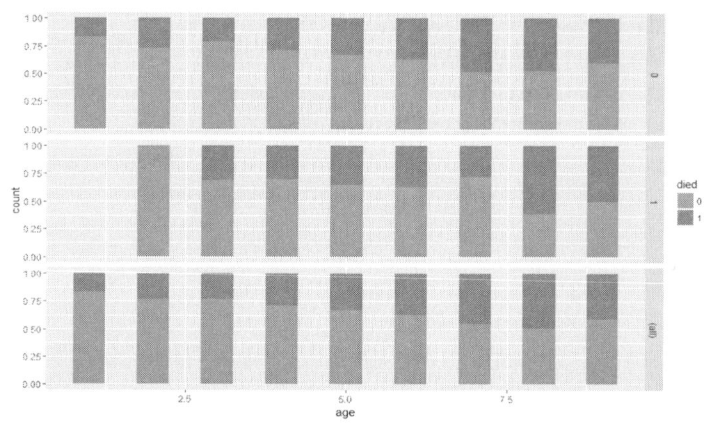


```
> ## 영-절단 포아송 회귀 적합: vglm{VGAM} 함수 이용
> library(VGAM)
> m1 <- vglm(stay ~ age + hmo + died, family = pospoisson(), data = dat)
> summary(m1)

Call:
vglm(formula = stay ~ age + hmo + died, family = pospoisson(),
    data = dat)


Pearson residuals:
                 Min     1Q  Median     3Q   Max
loge(lambda) -3.032 -1.727 -0.5868 0.9794 20.84
```

```
Coefficients:
             Estimate Std. Error z value Pr(>|z|)    
(Intercept)  2.435808   0.027332  89.119  < 2e-16 ***
age         -0.014442   0.005035  -2.869  0.00412 ** 
hmo         -0.135903   0.023741  -5.724 1.04e-08 ***
died1       -0.203771   0.018372 -11.091  < 2e-16 ***
---
Signif. codes:  0 '***' 0.001 '**' 0.01 '*' 0.05 '.' 0.1 ' ' 1

Number of linear predictors:  1

Name of linear predictor: loge(lambda)

Dispersion Parameter for pospoisson family:   1

Log-likelihood: -6908.799 on 1489 degrees of freedom

Number of iterations: 3

> output <- data.frame(resid = resid(m1), fitted = fitted(m1))
> ggplot(output, aes(fitted, resid)) +
        geom_jitter(position=position_jitter(width=.25), alpha=.5) +
        stat_smooth(method="loess")
```

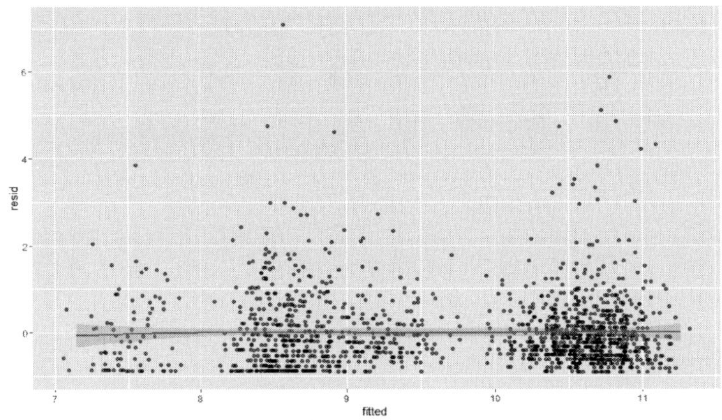


```
> ggplot(output, aes(fitted, resid)) +
        geom_jitter(position=position_jitter(width=.25), alpha=.5) +
        stat_quantile(method="rq")
```

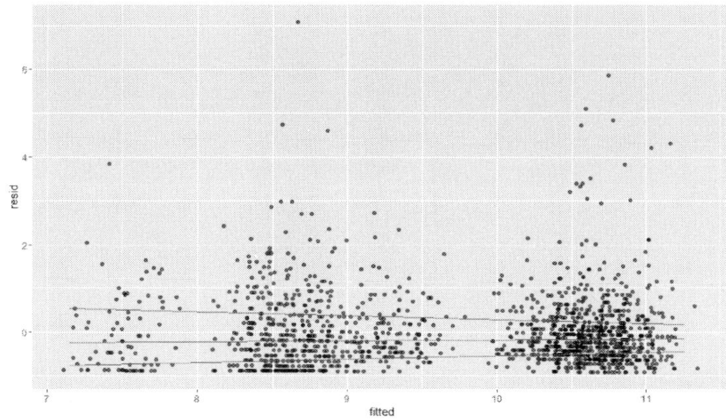


```
> output <- within(output, {
            broken <- cut(fitted, hist(fitted, plot=FALSE)$breaks)
            })
> ggplot(output, aes(broken, resid)) +
        geom_boxplot() +
        geom_jitter(alpha=.25)
```

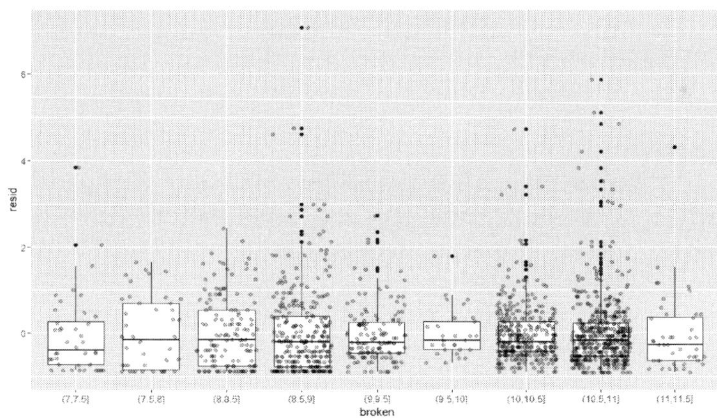


```
> newdata <- expand.grid(age = 1:9, hmo = factor(0:1), died = factor(0:1))
> newdata$yhat <- predict(m1, newdata, type = "response")
> ggplot(newdata, aes(x = age, y = yhat, colour = hmo)) +
       geom_point() +
       geom_line() +
       facet_wrap(~ died)
```

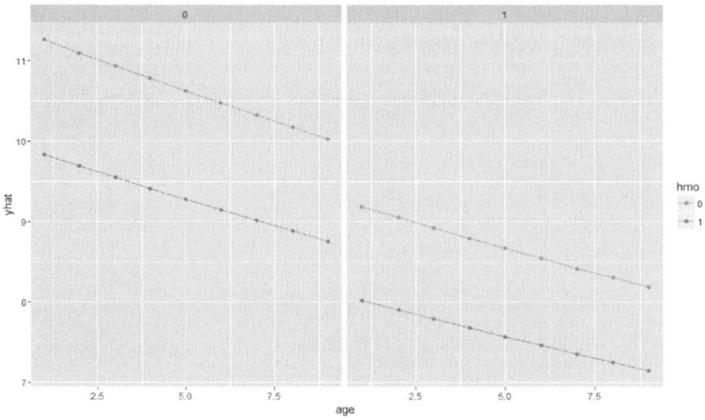


```
> ## 모형비교: 영-절단 음이항 회귀를 적합하고, 두 모형을 비교함
> m2 <- vglm(stay ~ age + hmo + died, family = posnegbinomial(),
              data = dat)
> summary(m2)

Call:
vglm(formula = stay ~ age + hmo + died, family = posnegbinomial(),
    data = dat)

Pearson residuals:
               Min      1Q  Median     3Q    Max
loge(munb)  -1.284 -0.6845 -0.2020 0.4504 8.2283
loge(size) -13.924 -0.2586  0.4217 0.7541 0.8668

Coefficients:
              Estimate Std. Error z value Pr(>|z|)
(Intercept):1  2.40833    0.07158  33.644  < 2e-16 ***
(Intercept):2  0.56864    0.05489  10.359  < 2e-16 ***
age           -0.01569    0.01304  -1.204    0.229
hmo           -0.14706    0.05922  -2.483    0.013 *
died1         -0.21777    0.04615  -4.719 2.38e-06 ***
---
Signif. codes:  0 '***' 0.001 '**' 0.01 '*' 0.05 '.' 0.1 ' ' 1

Number of linear predictors:  2

Names of linear predictors: loge(munb), loge(size)

Dispersion Parameter for posnegbinomial family:   1

Log-likelihood: -4755.28 on 2981 degrees of freedom
```

```
Number of iterations: 4

> ## 모형 비교: 이탈도 차이의 유의성검정
> # 이탈도(deviance)의 차이
> (dLL <- 2 * (logLik(m2) - logLik(m1)))
[1] 4307.039
> # 유의성검정
> pchisq(dLL, df = 1, lower.tail = FALSE)
[1] 0
```

(해석) 영-절단 음이항 회귀모형(m2)의 로그 가능도함수가 영-절단 포아송 회귀모형(m1)보다 더 크며, 통계적으로 유의하므로 m2 모형이 자료를 더 잘 적합한다.

12.4 로그선형모형

로그선형모형(log-linear model)은 분할표에서 칸 빈도(cell frequency)를 모형화하는 방법이다. 이 모형은 반응변수와 예측변수를 구분하지 않는다는 점에서 다른 모형화 방법과는 약간의 차이가 있다(모든 변수를 동등한 자격을 가진 반응변수로 취급한다). 로그선형모형은 범주형 변수들 간에 내재하는 구조적인 연관성을 파악하기 위한 모형으로, 범주형 변수들의 수준 조합에서 관측된 빈도(분할표) 자료에 의해 모형이 적합된다. 로그선형모형은 범주형 변수가 3개 이상인 경우에 유용하다(2개인 경우는 독립성 검정으로 충분하므로 로그선형모형의 적합이 무의미함).

다음의 [예제 3]은 3차원 분할표 자료에 대해 로그선형모형을 적합한다.

예제 3

다음의 [표 12.1]은 어느 고등학교에서 알코올, 담배, 마리화나의 경험이 있는지에 대해 설문조사의 결과를 요약한 것이다.

[표 12.1] 고등학생의 알코올, 담배, 마리화나의 경험 여부

Alcohol Use	Cigarette Use	Marijuana Use	
		Yes	No
Yes	Yes	911	538
	No	44	456
No	Yes	3	43
	No	2	279

우리의 관심사는 칸 빈도가 어떻게 3개의 범주형 변수의 수준에 의존하는지에 있다고 하자. 로그선형모형은 이 문제에 대한 해결책을 제공해 준다. 만약, 이 가운데 특정 변수(마리화나)를 반응변수로, 나머지를 예측변수(알콜, 담배)로 하는 모형에 관심이 있다면 로지스틱 회귀를 적합하면 될 것이다.

```
> ## 자료 입력
> hschool <- array(data = c(911, 44, 538, 456, 3, 2, 43, 279),
                   dim = c(2,2,2),
                   dimnames = list("cigarette" = c("yes","no"),
                                   "marijuana" = c("yes","no"),
                                   "alcohol" = c("yes","no")))
> hschool
, , alcohol = yes

         marijuana
cigarette yes  no
      yes 911 538
      no   44 456

, , alcohol = no

         marijuana
cigarette yes  no
      yes   3  43
      no    2 279

> # 평면(flat) 테이블
> ftable(hschool, row.vars = c("alcohol","cigarette"))
                  marijuana yes  no
alcohol cigarette
yes     yes                 911 538
        no                   44 456
no      yes                   3  43
        no                    2 279

> # 주변표
> addmargins(hschool)
, , alcohol = yes

         marijuana
cigarette yes  no  Sum
      yes 911 538 1449
      no   44 456  500
      Sum 955 994 1949

, , alcohol = no

         marijuana
cigarette yes  no Sum
      yes   3  43  46
      no    2 279 281
```

```
     Sum   5 322 327

, , alcohol = Sum

         marijuana
cigarette yes   no  Sum
      yes 914  581 1495
      no   46  735  781
      Sum 960 1316 2276

> # 비율표
> prop.table(hschool, margin = c(1,3))
, , alcohol = yes

         marijuana
cigarette       yes        no
      yes 0.6287095 0.3712905
      no  0.0880000 0.9120000

, , alcohol = no

         marijuana
cigarette         yes        no
      yes 0.065217391 0.9347826
      no  0.007117438 0.9928826

> # 분석자료
> hschool.df <- as.data.frame(as.table(hschool))
> hschool.df[,-4] <- lapply(hschool.df[,-4], relevel, ref = "no")
> hschool.df
  cigarette marijuana alcohol Freq
1       yes       yes     yes  911
2        no       yes     yes   44
3       yes        no     yes  538
4        no        no     yes  456
5       yes       yes      no    3
6        no       yes      no    2
7       yes        no      no   43
8        no        no      no  279
```

(해석) glm( ) 함수를 이용하여 로그선형모형을 적합할 때 요구되는 데이터프레임 자료이다.

로그선형모형의 적합절차는 다중회귀의 경우와 유사하게 수행할 수 있다. 여기서는 변수선택법을 이용하여 최적 모형을 적합하기로 한다.

```
> ## [단계1] 완전모형(또는 포화모형) 적합 후 변수선택법 적용
> mod <- glm(Freq ~ cigarette * marijuana * alcohol,
            data = hschool.df, family = poisson)
> (mod1 <- step(mod, direction="backward"))
Start:  AIC=65.04
Freq ~ cigarette * marijuana * alcohol

                              Df Deviance    AIC
- cigarette:marijuana:alcohol  1  0.37399 63.417
<none>                            0.00000 65.043

Step:  AIC=63.42
Freq ~ cigarette + marijuana + alcohol + cigarette:marijuana +
    cigarette:alcohol + marijuana:alcohol

                      Df Deviance    AIC
<none>                       0.37  63.42
- marijuana:alcohol    1    92.02 153.06
- cigarette:alcohol    1   187.75 248.80
- cigarette:marijuana  1   497.37 558.41

Call:  glm(formula = Freq ~ cigarette + marijuana + alcohol + cigarette:marijuana +
    cigarette:alcohol + marijuana:alcohol, family = poisson,
    data = hschool.df)

Coefficients:
              (Intercept)              cigaretteyes
                   5.6334                   -1.8867
             marijuanayes                alcoholyes
                  -5.3090                    0.4877
cigaretteyes:marijuanayes    cigaretteyes:alcoholyes
                   2.8479                    2.0545
  marijuanayes:alcoholyes
                   2.9860

Degrees of Freedom: 7 Total (i.e. Null);  1 Residual
Null Deviance:      2851
Residual Deviance: 0.374  AIC: 63.42
```

(해석) 변수선택법에 의한 최적모형은 (CM, CA, MA) 모형이다. 이 모형의 형태는

$$\log \mu_{ijk} = \lambda + \lambda_i^C + \lambda_j^M + \lambda_k^A + \lambda_{ij}^{CM} + \lambda_{ik}^{CA} + \lambda_{jk}^{MA}$$

이다. 각 변수의 범주효과에 대한 추정값이 제시되어 있다. 적합모형의 Residual Deviance(잔차이탈도)는 0.374으로 통계적으로 유의하지 않으므로 모형이 잘 적합된다(자유도 1인 카이제곱분포 이용).

```
> summary(mod1)

Call:
glm(formula = Freq ~ (cigarette + marijuana + alcohol)^2, family = poisson,
    data = hschool.df)

Deviance Residuals:
       1         2         3         4         5         6         7
 0.02044  -0.09256  -0.02658   0.02890  -0.33428   0.49134   0.09452
       8
-0.03690

Coefficients:
                             Estimate Std. Error z value Pr(>|z|)
(Intercept)                   5.63342    0.05970  94.361  < 2e-16 ***
cigaretteyes                 -1.88667    0.16270 -11.596  < 2e-16 ***
marijuanayes                 -5.30904    0.47520 -11.172  < 2e-16 ***
alcoholyes                    0.48772    0.07577   6.437 1.22e-10 ***
cigaretteyes:marijuanayes     2.84789    0.16384  17.382  < 2e-16 ***
cigaretteyes:alcoholyes       2.05453    0.17406  11.803  < 2e-16 ***
marijuanayes:alcoholyes       2.98601    0.46468   6.426 1.31e-10 ***
---
Signif. codes:  0 '***' 0.001 '**' 0.01 '*' 0.05 '.' 0.1 ' ' 1

(Dispersion parameter for poisson family taken to be 1)

    Null deviance: 2851.46098  on 7  degrees of freedom
Residual deviance:    0.37399  on 1  degrees of freedom
AIC: 63.417

Number of Fisher Scoring iterations: 4

> # 모형의 적합도검정
> pchisq(deviance(mod1), df = df.residual(mod1), lower.tail = F)
[1] 0.5408396

> # 적합값
> cbind(mod1$data, fitted(mod1))
  cigarette marijuana alcohol Freq fitted(mod1)
1       yes       yes     yes  911    910.38317
2        no       yes     yes   44     44.61683
3       yes        no     yes  538    538.61683
4        no        no     yes  456    455.38317
5       yes       yes      no    3      3.61683
6        no       yes      no    2      1.38317
7       yes        no      no   43     42.38317
8        no        no      no  279    279.61683
```

(해석) 잔차이탈도(residual deviance)가 통계적으로 유의하지 않으므로(p-값=0.54), 제안모형이 잘 적합됨을 알 수 있다. 주효과와 교호효과에 대한 추정값은 다음과 같다. 예를 들어, 범주의 수준을 1: yes, 0: no라고 할 때, 담배(C)의 주효과는 $\widehat{\lambda_1^C} = -1.886$(C=yes의 효과), $\widehat{\lambda_2^C} = 0$(C=no의 효과)이고, 담배(C)와 마리화나(M)의 교호효과는 $\widehat{\lambda_{11}^{CM}} = 2.847$, $\widehat{\lambda_{12}^{CM}} = \widehat{\lambda_{21}^{CM}} = \widehat{\lambda_{22}^{CM}} = 0$이다. 이에 기초하여 적합값(fitted(mod1))의 계산 절차를 소개하면 다음과 같다.

- (C=yes, M=yes, A=yes)의 경우:
  $\exp(5.63 - 1.88 - 5.30 + 0.48 + 2.84 + 2.05 + 2.98) \approx 910.38$
- (C=yes, M=yes, A=no)의 경우: $\exp(5.63 - 1.88 - 5.03 + 2.84) \approx 3.61$
- (C=yes, M=no, A=no)의 경우: $\exp(5.63 - 1.88) \approx 42.38$

이제, 변수들 간의 연관성에 대해 알아보자. 한 변수가 다른 변수에 미치는 영향은 어떻게 되는가? 이것은 교호작용의 계수를 통해 설명될 수 있다. 즉, exp(계수)는 오즈비를 제공한다.

```
> exp(coef(mod1)["marijuanayes:alcoholyes"])
marijuanayes:alcoholyes
               19.80658
```

(해석) 마리화나 경험이 없는 학생에 비해 경험이 있는 학생의 알코올 경험의 오즈가 19.8배이다. 이 모형은 동질연관성모형이므로, 오즈비는 제3의 변수(담배)의 범주와는 무관하다(동질연관성모형의 특징임).

```
> exp(confint(mod1, parm = c("cigaretteyes:marijuanayes",
                             "cigaretteyes:alcoholyes",
                             "marijuanayes:alcoholyes")))
Waiting for profiling to be done...
                              2.5 %   97.5 %
cigaretteyes:marijuanayes 12.645760 24.06925
cigaretteyes:alcoholyes    5.601452 11.09715
marijuanayes:alcoholyes    8.814046 56.64360
```

(해석) 모든 연관성이 꽤 강한 것으로 보인다. 담배의 경험이 있는 경우 경험이 없는 경우에 비해 마리화나의 오즈가 최소 12배임을 알 수 있다. 그 반대의 해석도 성립한다.

로그선형모형은 4차원 이상의 분할표 자료의 모형화로 확장된다. 이 경우 3차 또는 그 이상의 교호효과에 대한 해석은 보다 복잡해진다. 이 절에서는 3차원 분할표 자료를 통해 로그선형모형에 대한 기초를 소개하였다. 로그선형모형에 대한 보다 자세한 내용은 관련 서적을 참고하기 바란다.

13장 주성분회귀

13.1 서론

주성분회귀는 주성분분석에 기초한 회귀분석 기법이다. 주성분회귀에서는 반응변수를 직접 설명변수에 회귀하는 대신 설명변수들의 주성분들을 회귀변수로 사용한다. 통상적으로 전체 주성분들의 부분집합(일부분)을 회귀변수로 사용하며, 이 과정은 주성분회귀를 일종의 일반화(regularized) 절차로 이해되도록 한다.

주성분회귀는 다중공선성에 대한 해결책으로 주로 이용된다. 주성분회귀는 회귀 단계에서 작은 변동을 가지는 주성분들을 제외시킴으로써 이러한 문제를 적절히 다룰 수 있다. 또한, 주성분의 일부만을 회귀에 사용함으로써 차원축소와 함께, 추정해야 할 모수의 수를 줄여준다. 이 사실은 고차원의 자료에 특히 유용하게 사용될 수 있다. 회귀변수로 사용될 주성분의 적절한 선택을 통해 주성분회귀는 반응변수에 대한 효과적인 예측을 가능하게 한다.

13.2 주성분분석 소개

주성분분석(principal component analysis, 이하 PCA)은 직교변환을 통해 서로 상관된 변수들의 관측값들을 선형적으로 무상관된 변수(이를 주성분이라고 함)값으로 변환시키는 통계적 방법이다. 주성분의 수는 원 변수의 수와 작거나 같다. 이 변환은 다음과 같은 방법으로 정의된다. 제1주성분은 가장 큰 분산을 가지도록(즉, 데이터가 가진 변동을 최대한 많이 설명하도록) 정해지며, 이후의 주성분은 차례대로 앞선 주성분과는 직교하면서 가능한 최대 분산을 가지도록 정해진다. 결과 벡터는 무상관의 직교 기저 집합이 된다. PCA는 원 변수들의 상대 척도에 민감하다.

PCA는 탐색적 자료분석과 예측모델링 방법으로 주로 사용된다. PCA는 고윳값-기반의 다변량 분석 가운데 가장 단순한 방법으로, 고차원의 다변량 자료를 저차원의 공간에 사영한다. 이는 처음 몇 개의 주성분만을 사용함으로써 변환된 자료의 차원을 줄이는 방법을 사용한다. PCA에 대한 자세한 내용은 나종화(2017)의 4권 9장을 참고하기 바란다.

13.3 주성분회귀

주성분회귀(Principal Component Regression, 이하 PCR)는 다중공선성이 존재하는 자료에 대한 다중회귀분석법이다. 다중공선성이 존재할 때, 최소제곱추정량(치)은 불편성은 만족하나 분산이 매우 커지게 되어 실제 값으로부터 멀리 떨어질 수 있다. 능형회귀와 마찬가지로 약간의 편향(bias)을 추가함으로써, PCR은 표준오차를 감소시킨다.

능형회귀에서와 같이 PCR에서도 자료의 표준화가 요구된다(독립, 반응변수 모두). 아래의 표현에서 X와 y는 모두 표준화된 것으로 정의한다.

PCR은 다중회귀와 주성분분석의 단순한 확장으로 그 절차는 다음의 [그림 13.1]과 같다. 첫 단계는 원 자료로부터 주성분(또는 (인자) 점수)을 계산한다. 중요한(선택된) 주성분 자료를 예측변수로 하여 반응변수(y)와의 다중회귀를 수행한다. 주성분 변수들은 서로 직교(무상관)하므로, 다중공선성의 문제가 해결되어 다중회귀분석(OLS 추정)이 가능하다.

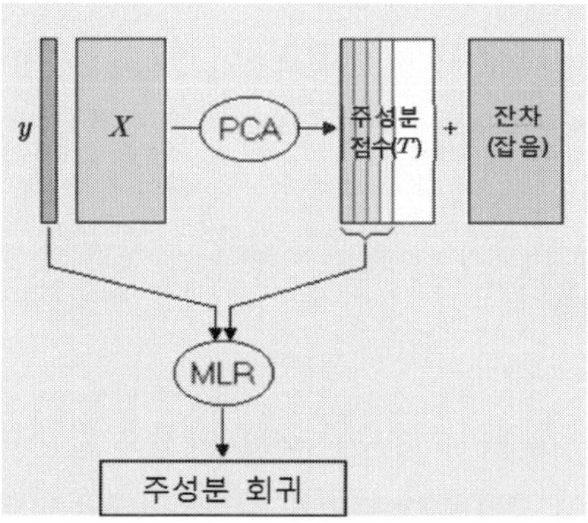

[그림 13.1] 주성분회귀의 수행원리

PCR의 절차를 소개하면 다음과 같다. 먼저, PCA에서와 같이 X를 다음과 같이

$$X = TP'$$

으로 분해한다. 여기서 T와 P는 직교행렬로, T는 점수(scores)(또는 주성분)행렬이며 P는

부하(loadings)행렬이다. 반응변수(y)를 X가 아닌 T의 처음 k개의 열로 회귀시켜

$$\hat{\alpha} = (T'T)^{-1}T'y$$

을 구한 후, $\hat{\alpha}$과 $\hat{\beta}$의 관계 $\hat{\alpha} = P\hat{\beta}$를 이용하여 PCR 회귀계수를

$$\hat{\beta} = P'\hat{\alpha}$$

으로 추정하게 된다.

참고

$$\hat{y} = X\hat{\beta} = (TP')\hat{\beta} \quad \text{(PCA)}$$
$$\approx T\hat{\alpha},\ \hat{\alpha} = P'\hat{\beta}.$$

PCR 회귀의 수행(모수추정) 절차를 정리하면 다음의 [그림 13.2]와 같다.

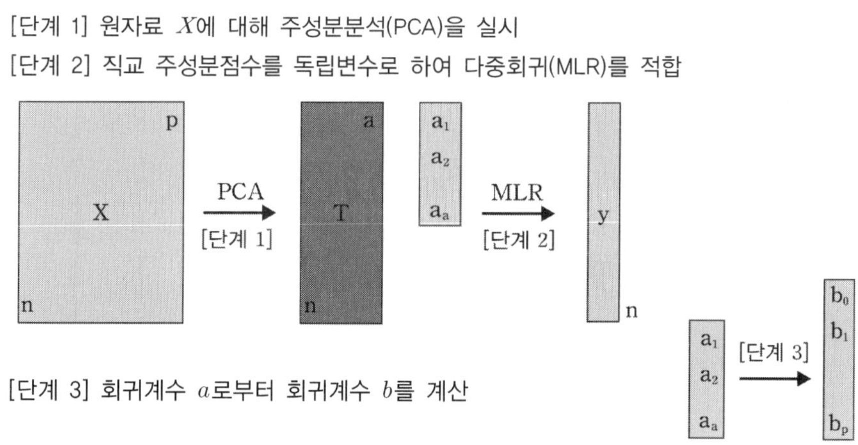

[그림 13.2] 주성분회귀의 모수추정 절차

PCR의 특징을 소개하면 다음과 같다.

(i) PCR에서 가장 중요한 점은 PCA에서와 마찬가지로 적절한 고유벡터를 선택하는 문제이다. 이 과정은 PCA에서와 동일하다.

(ii) PCR의 가정은 통상적인 다중선형회귀의 가정(선형성, 상수분산(no outliers)과 독립성)과 유사하나, PCR은 신뢰구간을 제공하지 않으므로 정규성의 가정은 불필요하다.

(iii) 다중공선성이 존재하는 경우뿐 아니라 변수의 수가 자료의 수보다 많은 경우에도 적용될 수 있다.

예제 1

gasolin{pls} 자료에 대해 주성분회귀를 수행한다.

```
> library(pls)
> data(gasoline)
> str(gasoline)
'data.frame':   60 obs. of  2 variables:
 $ octane: num  85.3 85.2 88.5 83.4 87.9 ...
 $ NIR   : AsIs [1:60, 1:401] -0.0502 -0.0442 -0.0469 -0.0467 -0.0509 ...
  ..- attr(*, "dimnames")=List of 2
  .. ..$ : chr  "1" "2" "3" "4" ...
  .. ..$ : chr  "900 nm" "902 nm" "904 nm" "906 nm" ...
```

(자료 설명) gasoline 자료는 60개의 가솔린 표본의 근적외선(NIR) 스펙트럼과 옥탄가(옥탄)의 자료이다. 각 NIR 스펙트럼은 900 ~ 1700 nm 범위에서 2 nm 간격으로 총 401개의 파장 길이에서 측정되었다. 가솔린(60×1)을 반응변수로, NIR(60×401)을 예측변수로 하는 회귀모형을 적합하고자 한다. 예측변수의 수가 401개로 관측된 자료(60개)에 비해 매우 크다. 다음의 [그림 13.3]은 자료의 이해를 돕기 위한 그림이다.

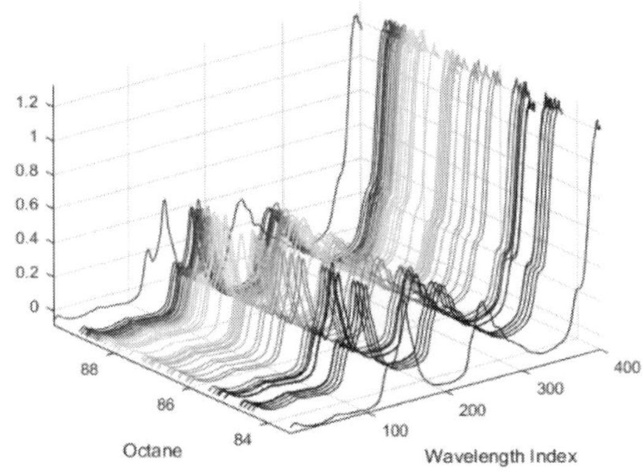

[그림 13.3] gasoline 자료

```
> ## 훈련용 자료와 검증용 자료 생성
> gasTrain <- gasoline[1:50,]
> gasTest <- gasoline[51:60,]

> ## 주성분회귀수행: pcr{pls} 함수 이용
> gas1 <- pcr(octane ~ NIR, ncomp=10, data=gasTrain, validation="LOO")
> summary(gas1)
Data: X dimension: 50 401
      Y dimension: 50 1
Fit method: svdpc
Number of components considered: 10
```

```
VALIDATION: RMSEP
Cross-validated using 50 leave-one-out segments.
       (Intercept)  1 comps  2 comps  3 comps  4 comps  5 comps
CV           1.545    1.472    1.483   0.2894   0.2522   0.2622
adjCV        1.545    1.471    1.482   0.2879   0.2518   0.2618
       6 comps  7 comps  8 comps  9 comps  10 comps
CV      0.2681   0.2386   0.2328   0.2416    0.2423
adjCV   0.2677   0.2373   0.2323   0.2411    0.2415

TRAINING: % variance explained
        1 comps  2 comps  3 comps  4 comps  5 comps
X         79.86    88.12    93.54    96.54    97.74
octane    16.99    21.36    97.00    97.71    97.73
        6 comps  7 comps  8 comps  9 comps 10 comps
X         98.38    98.75    99.06    99.28    99.42
octane    97.77    98.47    98.54    98.62    98.83

> plot(RMSEP(gas1), legendpos="topright")
```

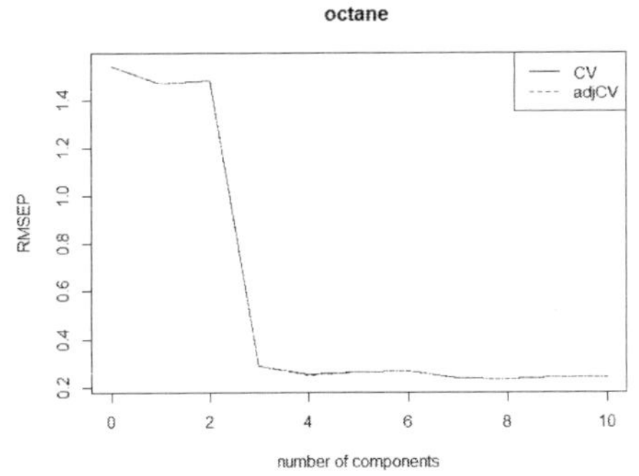

(해석) LOO(leave-one-out) 방법으로 RMSEP(제곱근평균제곱예측오차)를 구해본 결과 주성분의 수는 3이 적당한 것으로 보인다.

```
> ## 3개의 주성분을 이용하여 PCR을 수행한 결과
> plot(gas1, ncomp=3, asp=1, line=TRUE)
```

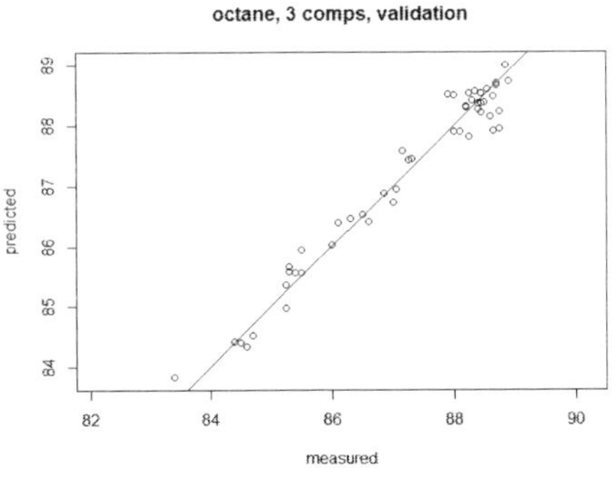

```
> plot(gas1, plottype="scores", comps=1:3)
```

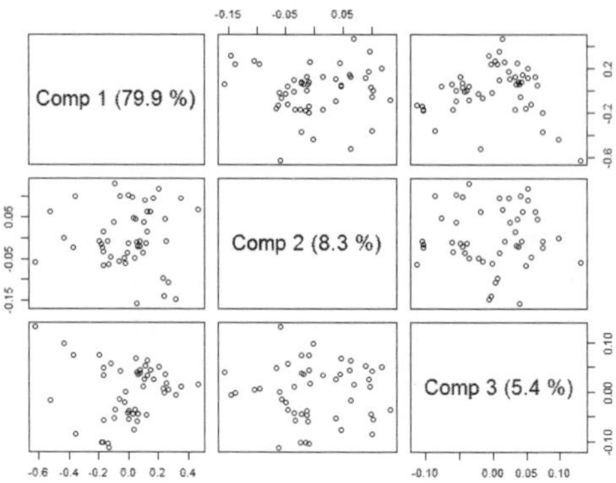


```
> explvar(gas1)
    Comp 1     Comp 2     Comp 3     Comp 4     Comp 5 
79.8586603  8.2639500  5.4171903  3.0034945  1.1963215 
    Comp 6     Comp 7     Comp 8     Comp 9    Comp 10 
 0.6397503  0.3691514  0.3127762  0.2171267  0.1417888 

> plot(gas1, "loadings", comps=1:3, legendpos="topleft", labels="numbers")
> abline(h=0)
```

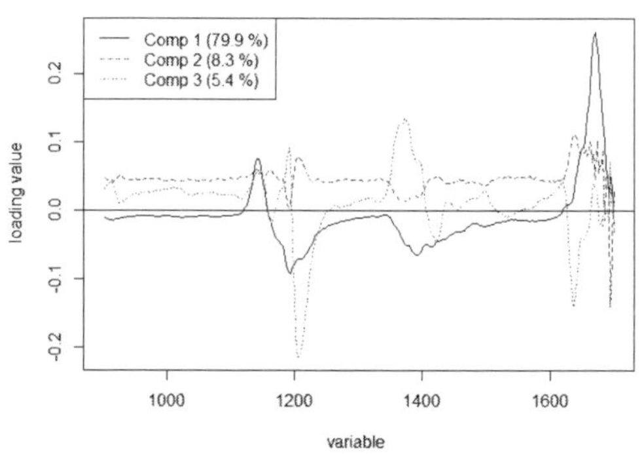


```
> predict(gas1, ncomp=3, newdata=gasTest)
, , 3 comps

     octane
51 87.63119
52 87.17090
```

```
53 87.84391
54 84.44888
55 84.95272
56 84.63236
57 86.88466
58 86.50888
59 88.75387
60 86.63756

> ## 주성분의 수에 따른 RMSEP
> RMSEP(gas1, newdata=gasTest)
(Intercept)      1 comps      2 comps      3 comps      4 comps      5 comps
     1.5369       1.3226       1.2568       0.4634       0.2241       0.2283
    6 comps      7 comps      8 comps      9 comps     10 comps
     0.2600       0.2795       0.2434       0.2290       0.2881
```

R의 {pls} 패키지에서는 PCR 분석에 사용되는 다양한 함수를 제공한다. 몇 가지를 소개하면 다음과 같다. R의 {chemometrics} 패키지도 PCR을 비롯한 다양한 다변량 분석을 제공한다.

- validationplot( ): 성분의 수에 따른 타당성(validation) 통계량(RMSEP, MSEP 또는 R^2 등)을 그려준다.
- predplot( ): 측정값에 대한 적합모형의 예측값을 그려준다.
- coefplot( ): PCR과 PLSR 모형(mvr 객체)의 회귀계수를 그려준다.
- scoreplot( ): 점수(scores), 부하량(loadings)과 상관부하량(correlation loadings)을 그려준다.
- loadingplot( ): scoreplot ()과 유사하다.

PCR의 장점과 단점을 요약하면 다음과 같다.

- PCR 분석의 장점
  - (i) 차원축소
  - (ii) 예측변수 간의 다중공선성 제거
  - (iii) 과적합의 완화: 반응변수와 관련된 대부분의 변동과 정보가 주성분에 압축되어 있고, 적은 수의 모수추정을 통해 과적합의 위험을 줄일 수 있다.

- PCR 분석의 단점
  - (i) 변수선택 기능을 가지지 않으며, 예측변수의 영향을 파악하기 어렵다.
  - (ii) 주성분의 생성과정에 반응변수가 고려되지 않으므로(비지도 학습), 반응변수의 예측을 위한 최선의 방법이라고 할 수는 없다.

14장* 부분최소제곱회귀

14.1 서론

부분최소제곱회귀는 다중회귀분석의 한 방법으로, 예측변수가 높은 상관을 가지거나(다중공선성), 결측값이 존재할 때 또는, 변수의 수가 관측값보다 많은 경우에 유용한 방법이다(이 경우 OLS 추정은 불안정한 결과를 제공하여 의미를 갖지 못하며 해석에도 어려움이 따른다). PLS 회귀는 차원 축소의 성질을 가지며, 따라서 데이터의 시각화의 목적으로 사용될 수도 있다.

부분최소제곱회귀는 주성분회귀에서의 몇몇 관계를 내포하는 통계적 방법으로, 반응변수와 독립변수 간의 최대분산 초평면을 찾는 대신, 예측되는(predicted) 변수들과 관측되는(observable) 변수들을 새로운 공간으로 사영시킴으로써 선형회귀모형을 찾는 것이다. X와 Y 자료가 모두 새로운 공간으로 사영되기 때문에 이중선형요인(bilinear factor) 모형으로도 알려져 있다. 부분최소제곱판별분석은 Y가 범주형인 경우에 해당한다.

부분최소제곱회귀는 Wold(1985)가 제안한 방법으로 "잠재구조로의 사영(projection to latent structures)"이라고도 한다. 사회과학에서 출발한 방법이지만, 최근에는 계량분석화학(chemometrics) 분야를 비롯하여 널리 사용되고 있다.

PLS 회귀의 한 가지 특징은 예측변수(X)뿐 아니라 반응변수도 다차원인 경우를 포함한다. 따라서 이 장에서는 반응변수를 소문자(y)와 대문자(Y)를 혼용하여 사용하기로 한다.

14.2 부분최소제곱회귀

부분최소제곱회귀(Partial Least Squares Regression, 이하 PLSR)는 두 행렬(X와 Y) 간의 근본적인 관계를 찾는 데 사용되는, 즉 이들 두 개의 공간에서 공변량 구조를 모형화하는 잠재변수 접근법이다. 부분최소제곱회귀는 Y 공간에서 최대 다차원 분산 방향을 설명하는 X 공간에서의 다차원 방향을 찾는 것이다. 부분최소제곱회귀는 예측변수의 행렬이 관측값보다 많은 변수를 가지거나, X값들 간에 다중공선성이 존재할 때 특히 유용하다.

PLS 회귀는 예측변수 자료행렬(X)과 반응변수 자료행렬(Y) 모두의 주성분에 기초한 모형화 방법이다. PLS의 핵심 아이디어는 X와 Y 자료행렬의 주성분 점수를 구하고, (원 자료가 아닌) 점수들 간에 회귀를 적용하는 것이다. 다음의 [그림 14.1]은 이 과정을 도식화 한 것이다.

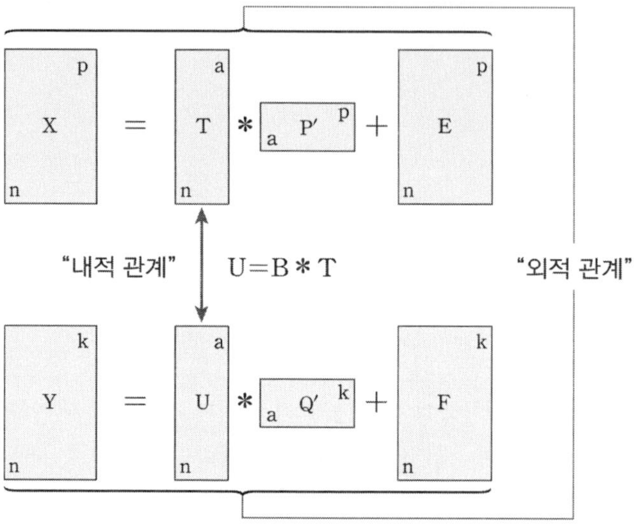

[그림 14.1] 부분최소제곱회귀의 수행원리

[그림 14.1]에서 행렬 X와 Y는 각각 $X = TP' + E$와 $Y = UQ' + F$로 분해된다. 이 두 관계식은 원 자료의 산점도 등에서 나타나는 외적관계(outer relations)이다. PLS 알고리즘의 목적은 외적으로 드러나지 않는 내적관계 $U = BT$를 통해 X와 Y 간의 상관을 유지하면서 F의 크기를 최소화하는 것이다[주의: PLS 회귀에서 부하(loadings)행렬은 직교하지 않는다].

PLS 회귀를 수행할 때 모형에 포함되는 주성분의 수를 정하는 것은 중요하다. PLS에서 주성분의 수는 교차타당도 방법을 사용하여 경험적으로 결정된다.

PLS 회귀에는 다양한 알고리즘이 있으며, 다소간의 차이가 존재한다. 자주 사용되는 알고리즘으로는 NIPALS(nonlinear iterative partial least squares) 알고리즘이 있으며, 이는 행렬의 고유벡터를 추출하기 위해 일종의 멱방법(power method)를 사용한다. PLS는 SVD를 통해 계산될 수도 있는데, 이 방법은 NIPALS보다 매우 빠르게 수행된다.

다음의 [그림 14.2]는 PLS 회귀의 수행과정을 도식화한 것이다.

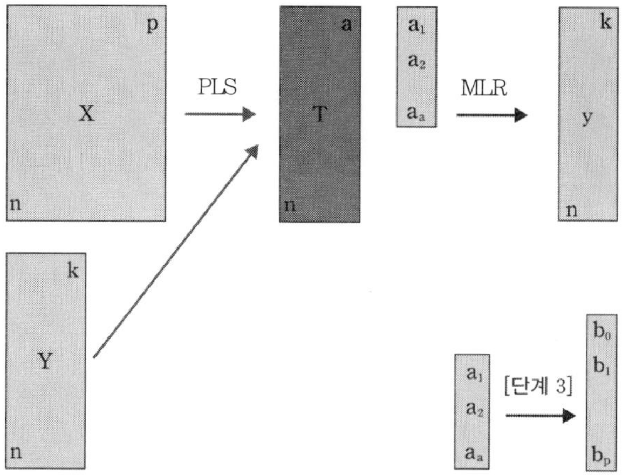

[그림 14.2] 부분최소제곱회귀의 모수추정 절차

[그림 14.2]의 [단계 1]의 행렬 T를 구하는 과정에서, X의 정보만을 이용하는 PCR과는 달리 Y의 정보를 고려하여 구하게 된다. 즉, X와 Y 간에 내재하는 잠재변수들 간의 상관이 가장 커지도록 선택하는 것이다. 이 과정을 보다 구체적으로 나타내면 다음의 [그림 14.3]과 같다.

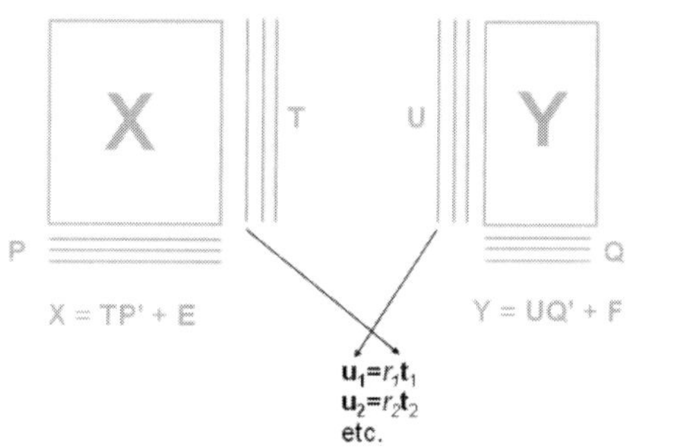

[그림 14.3] PLSR에서 잠재변수의 선택(: t와 u 간의 상관이 가장 커지도록)

즉, 위의 [그림 14.3]에서 T의 제1열(t_1)과 U의 제1열(u_1)은 가장 영향력이 큰 점수(잠재변수의 점수)에 해당되며, 두 점수 간의 상관이 가장 높아지도록 잠재변수를 결정하게 된다. 다음의 [그림 14.4]는 잠재변수(축)의 변화(선택)에 따라 t_1(x score)과 u_1(y score) 간의 상관계수(r)가 매우 달라짐을 알 수 있다. 따라서 PLS 회귀는 단순히 두 개(X와 Y)의 독립된 PCA를 결합한 것과는 다르다.

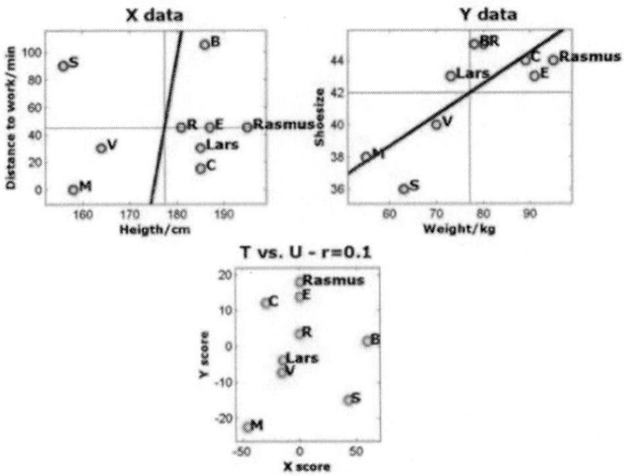

(a) 성분 점수 간의 상관계수: 0.1

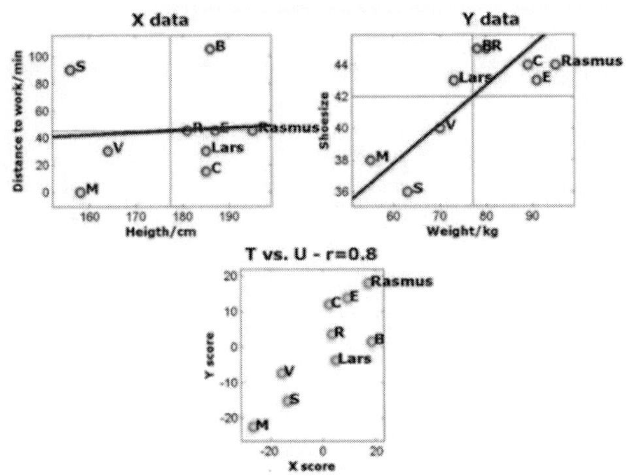

(b) 성분 점수 간의 상관계수: 0.8

[그림 14.4] 잠재변수의 선택에 따른 성분 점수(t_1과 u_1) 간의 상관계수 변화

따라서 상관계수가 가장 커지는(위 그림에서 $r = 0.8$에 해당) 제1잠재변수(축)를 선택하게 되고, 제2, 제3의 잠재변수(축)는 원 자료에서 제1 잠재변수값을 제거한 후, 위 과정을 다시 반복하여 구하게 된다.

[단계 2]와 [단계 3]은 PCR의 과정과 유사하게 수행된다. 다만 [단계 2]에서 $\hat{\alpha}$의 추정에는 반복적인 계산이 요구되며, 그 방법도 다양하다. 따라서 [단계 3]에서의 추정도 사용 알고리즘에 따라 약간의 차이가 있다(Mevik과 Wehrens, 2007; Abdi, 2010).

PLS 회귀의 특징을 살펴보면 다음과 같다.

(i) PLS 회귀의 잠재변수(Latent Variables, 이하 LV)값의 계산은

$$S = X^T Y$$

의 SVD를 사용하여, 반복적인 절차에 따라 구해진다(Abdi, 2010). 이것의 의미는 PCR에서는 X만의 정보인 $X^T X$의 SVD를 사용하였으나(분산만을 고려함), PLS에서는 Y의 정보를 결합하여 잠재변수를 생성하므로(공분산을 고려함), 예측의 문제에 더 적합하다고 할 수 있다.

(ii) PLS 회귀와 PCR의 차이를 도식화하면 다음의 [그림 14.5]와 같다. PLS에서 잠재변수(LV)는 Y의 정보를 고려하여 결정되는 반면에, PCR에서는 X의 정보만을 이용한다.

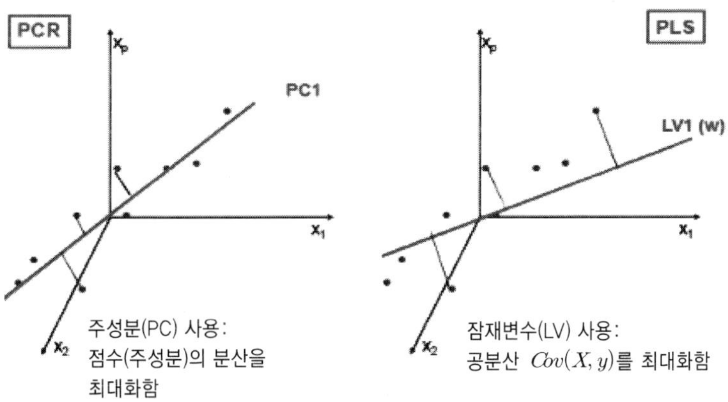

[그림 14.5] PLS와 PCR 회귀의 차이

예제 1

gasoline{pls} 자료에 대해 주성분회귀를 수행한다.

```
> library(pls)
> data(gasoline)
> str(gasoline)
> ## 훈련용 자료와 검증용 자료 생성
> gasTrain <- gasoline[1:50,]
> gasTest <- gasoline[51:60,]

> ## 부분최소제곱회귀 수행: plsr{pls} 함수 이용
> gas2 <- plsr(octane ~ NIR, ncomp=10, data=gasTrain, validation="LOO")
> summary(gas2)
Data: X dimension: 50 401
```

```
       Y dimension: 50 1
Fit method: kernelpls
Number of components considered: 10

VALIDATION: RMSEP
Cross-validated using 50 leave-one-out segments.
       (Intercept)  1 comps  2 comps  3 comps  4 comps  5 comps
CV           1.545    1.357   0.2966   0.2524   0.2476   0.2398
adjCV        1.545    1.356   0.2947   0.2521   0.2478   0.2388
       6 comps  7 comps  8 comps  9 comps  10 comps
CV      0.2319   0.2386   0.2316   0.2449    0.2673
adjCV   0.2313   0.2377   0.2308   0.2438    0.2657

TRAINING: % variance explained
        1 comps  2 comps  3 comps  4 comps  5 comps  6 comps  7 comps
X         78.17    85.58    93.41    96.06    96.94    97.89    98.38
octane    29.39    96.85    97.89    98.26    98.86    98.96    99.09
        8 comps  9 comps  10 comps
X         98.85    99.02     99.19
octane    99.16    99.28     99.39

> plot(RMSEP(gas2), legendpos="topright")
```

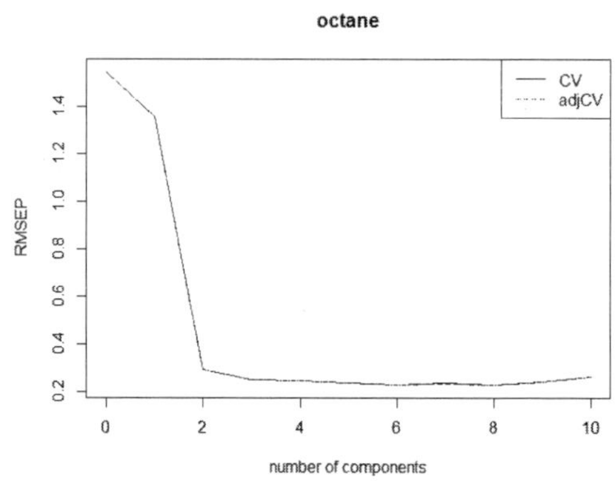

(해석) loo(leave-one-out) 방법으로 RMSEP(제곱근 평균제곱 예측오차)를 구해본 결과 주성분의 수는 3이 적당한 것으로 보인다. 주성분의 수는 PCR의 경우보다 항상 작거나 같은 개수가 선택된다.

```
> ## 주성분의 수를 2로 하여 PLSR 적합한 결과
> plot(gas2, ncomp=2, asp=1, line=TRUE)
```

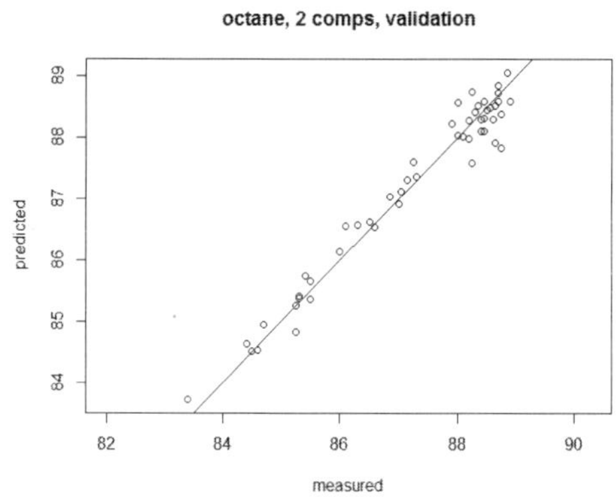


```
> plot(gas2, plottype="scores", comps=1:3)
```

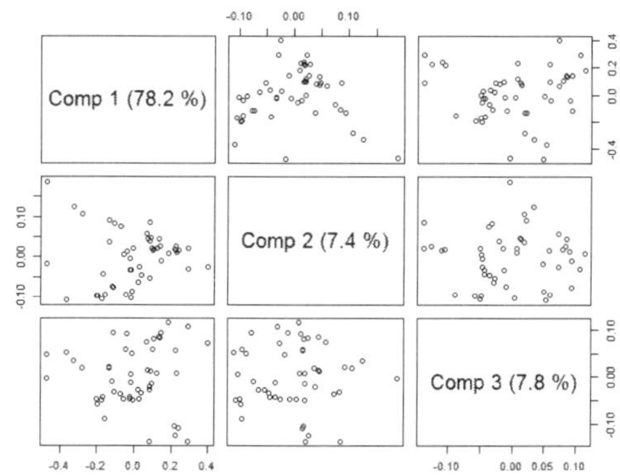

(해석) 주성분 점수에 대한 그림이다. 이 그림은 자료의 패턴, 그룹화, 이상치를 찾는 데 유용하다. 그룹화나 이상치에 대한 현상은 보이지 않는다. 괄호 안의 숫자는 각 주성분에 의해 설명되는 예측변수 분산의 상대적인 크기를 나타낸다.

```
> ## 각 주성분의 예측변수 분산 기여도: explval() 함수 이용
> explvar(gas2)
    Comp 1     Comp 2     Comp 3     Comp 4     Comp 5
78.1707683  7.4122245  7.8241556  2.6577773  0.8768214
    Comp 6     Comp 7     Comp 8     Comp 9    Comp 10
 0.9466384  0.4921537  0.4723207  0.1688272  0.1693770

> ## 부하량 그림: 주성분에 미치는 예측변수의 기여도
> plot(gas2, "loadings", comps=1:2, legendpos="topleft", labels="numbers")
> # labels="numbers"는 plot() 함수가 변수를 숫자로 해석하고 이를 x축 레이블로 사용하도록 함
> abline(h=0)
```

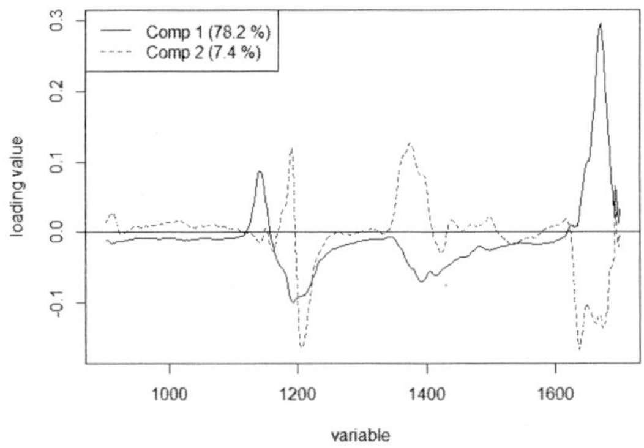


```
> ## 검증용 자료를 이용한 예측: predict() 함수 이용
> predict(gas2, ncomp=2, newdata=gasTest)
, , 2 comps

    octane
51 87.94125
52 87.25242
53 88.15832
54 84.96913
55 85.15396
56 84.51415
57 87.56190
58 86.84622
59 89.18925
60 87.09116

> ## 주성분의 수에 따른 RMSEP
> RMSEP(gas2, newdata=gasTest)
(Intercept)       1 comps       2 comps       3 comps       4 comps       5 comps
     1.5369        1.1696        0.2445        0.2341        0.3287        0.2780
    6 comps       7 comps       8 comps       9 comps      10 comps
     0.2703        0.3301        0.3571        0.4090        0.6116
```

(해석) 실제 반응변수의 값을 알고 있기 때문에 검증용 자료에 대해 RMSEP를 계산할 수 있다. 두 개의 주성분을 사용할 경우 0.244를 얻게 되며, 이는 loo 방법에서의 결과 (0.297)와 매우 유사한 값을 보인다.

```
> ## 추가분석 결과
> # 회귀계수그림
> plot(gas2, plottype="coef", ncomp=1:3, legendpos="bottomleft", labels="numbers",
xlab="nm")
```

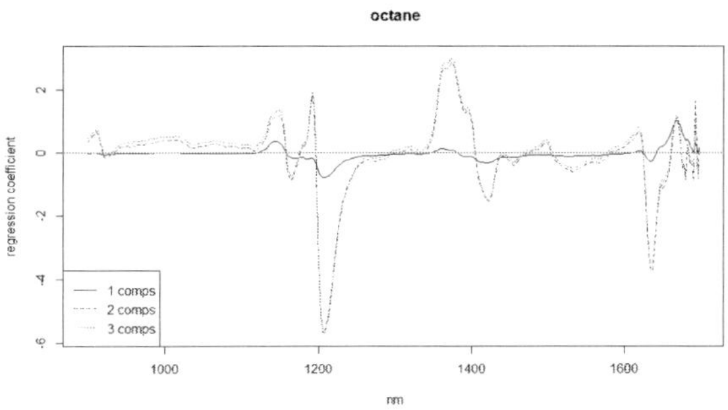

(해석) 주성분 1,2,3을 회귀변수로 사용할 때, 추정된 계수를 나타낸다. 주성분 2와 3의 계수값은 거의 유사하다. 이것은 제3주성분의 예측 기여도가 거의 없기 때문이다. 위에서 훈련용 자료와 검증용 자료에 대한 RMSEP 결과에서도 2개 또는 3개 주성분의 사용 간에 큰 차이를 보이지 않음을 확인할 수 있다.

```
> # 주성분 간의 상관계수그림:
> plot(gas2, plottype="correlation", ncomp=1:2)
```

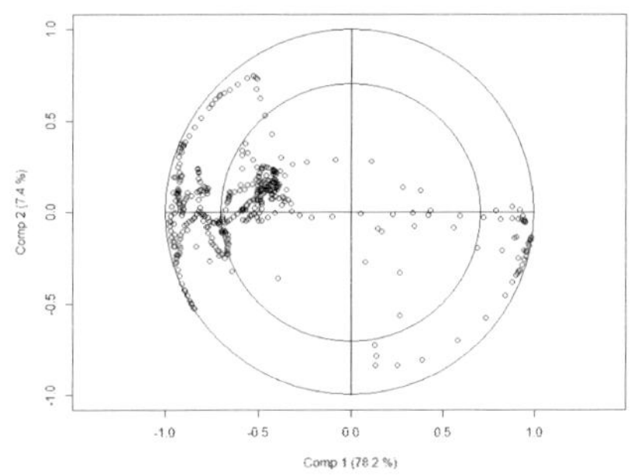

(해석) 제1주성분과 제2주성분 점수 간의 관계를 보다 자세히 보여 준다.

15장* {caret} 패키지 소개

15.1 서론

R의 {caret} 패키지는 "classification and regression training"의 약어로, 복잡한 회귀와 분류 문제에 대한 모형 훈련(training)과 조율(tuning) 과정을 간소화하는 함수를 포함한다. 이 패키지는 훈련 데이터의 전처리, 변수의 중요성 계산 및 모형 시각화를 위한 방법을 포함한다. 또한 이 패키지는 많은 R 패키지를 사용하지만 패키지 시작 시에 그들을 로드하지 않는다. 이 패키지의 "suggest" 필드에는 28개의 패키지가 들어 있다. {caret}은 필요에 따라 패키지를 로드하고 패키지가 설치되어 있다고 가정한다.

다음 절에서는 예제를 통해 {caret} 패키지의 수행 절차를 소개한다.

15.2 예제: {caret}을 이용한 주성분회귀

{caret}은 변수선택과 기타 기능뿐 아니라 모형개발과 평가 과정을 간소화하기 위한 몇 가지 함수를 가진다.

패키지의 기본 도구 중 하나는 train( ) 함수로 다음의 기능을 수행한다.

- 재표본(resampling)을 사용하여 모형의 조율모수가 성능에 미치는 영향을 평가하고,
- 이들 모수에서 "최적"의 모형을 선택하고,
- 훈련집합에서 모형성능을 추정한다.

이 과정을 보다 자세히 소개하면 다음의 [표 15.1]과 같다.

[표 15.1] train( ) 함수의 수행 절차

```
평가할 모형의 모수집합을 정의
for 각 모수집합에 대해 수행 do
    for 각 재표본 반복에 대해 수행 do
        · 특정 표본을 예비표본으로 남김
        · [선택적] 데이터에 대한 전처리 수행
        · 남겨진 표본으로 모형 적합
        · 예비표본에 대해 예측 수행
    end
    예비표본 예측에 대한 평균 성능 계산
end
최적의 모수집합 결정
최적의 모수집합을 사용하여 모든 훈련 자료에 대한 최종모형을 적합
```

이 프로세스의 거의 모든 단계를 맞춤 설정할 수 있는 옵션이 있다(예: 재표본 기법, 최적의 모수선택 등). 이 기능을 설명하기 위해 Sonar{mlbench} 자료를 사용한다. 이 자료는 60개의 예측변수에서 수집된 208개의 자료 점으로 구성되었다. 분석의 목적은 Class 변수(M: 금속 실린더, R: 바위)를 예측하는 것이다.

먼저, 데이터를 두 개의 그룹으로 나눈다. 즉, 훈련용 데이터 셋(training set)과 검증용 데이터 셋(test set)으로 나누며, 이를 위해 createDataPartition( ) 함수를 이용한다.

```
> library(caret)
> library(mlbench)
> data(Sonar)
> set.seed(107)
> inTrain <- createDataPartition(y = Sonar$Class,     # 반응치 자료가 필요
             p = .75,     # 훈련용 데이터의 비율
             list = FALSE)   # 결과의 형식 지정

> ## 훈련용 자료에 포함될 자료의 행 번호가 출력됨
> str(inTrain)
 int [1:157, 1] 1 2 3 6 7 9 10 11 12 13 ...
 - attr(*, "dimnames")=List of 2
  ..$ : NULL
  ..$ : chr "Resample1"
```

(해석) 디폴트로 creatDataPartition( ) 함수는 층화 확률분할을 실시한다.

```
> # 훈련용과 검증용 자료를 저장
> training <- Sonar[ inTrain,]
```

```
> testing <- Sonar[-inTrain,]
> nrow(training)
[1] 157
> nrow(testing)
[1] 51
```

알고리즘을 사용하여 모형을 조율하기 위해 train( ) 함수를 사용한다. 부분최소제곱 판별분석(PLSDA) 모형[1]은 유지되어야 하는 PLS 구성요소들에 의해 조절된다. 가장 기본적인 구문은 다음과 같다.

```
> plsFit <- train(Class ~ .,
                  data = training,
                  method = "pls",
                  preProc = c("center", "scale"))
> # 훈련용 자료와 모든 미래 표본의 예측변수에 대해 중심화(center)와 척도화(scale)를 수행
```

그러나 다음과 같이 몇 가지 방법으로 사용자 주문이 가능하다.

- 함수가 평가하는 PLS 모형의 집합을 확장한다. 기본적으로 이 함수는 각 조율모수의 세 가지 값을 조절한다.
- 사용되는 재표본의 유형. 디폴트로 단순 부트스트랩이 사용된다. 우리는 이 함수에 10-중첩 교차타당 검증의 세 번 반복을 사용할 것이다.
- 성능의 측정 방법. 디폴트로 전체 정확도와 카파 통계량(Kappa statistic)이 계산된다. 회귀모형의 경우 평균제곱오차와 R^2가 계산된다. 여기에서 ROC 곡선 아래의 면적, 민감도 및 특이성을 추정하기 위해 함수가 변경된다.

조율모수의 후보 값을 변경하려면 tuneLength= 또는 tuneGrid= 옵션 중 하나를 사용할 수 있다. train( ) 함수는 조율모수의 후보 집합을 생성할 수 있고 tuneLength= 옵션은 평가되는 수를 제어한다. PLS의 경우 이 함수는 1에서 tuneLength까지의 정수 수열을 사용한다. 1에서 15 사이의 모든 정수를 평가하려면 tuneLength=15로 설정하면 된다. tuneGrid= 옵션은 특정 값이 필요할 때 사용한다. 데이터 프레임은 각 행이 조율모수 설정이고 각 열이 조율모수인 경우에 사용된다. 이를 설명하기 위한 예제는 다음과 같다.

```
> ctrl <- trainControl(method = "repeatedcv", repeats = 3)
> plsFit <- train(Class ~ ., data = training,
                  method = "pls",
                  tuneLength = 15,
                  trControl = ctrl,
                  preProc = c("center", "scale"))
```

1) PLSDA는 14장에서 다루는 부분최소곱회귀(PSLR)에서 반응변수가 범주형인 경우에 해당한다.

마지막으로, 다른 성능 평가 측도를 선택하려면 trainControl( ) 함수에 추가 옵션을 사용한다. summaryFunction= 옵션은 관측값과 예측값을 취하여 성능 측도를 추정하는 함수에서 사용된다. 두 개의 함수 defaultSummary와 twoClassSummary가 이미 패키지에 포함되어 있다. 후자는 ROC 곡선 아래의 면적, 민감도 및 특이도와 같은 2-집단(class) 문제에 대한 측도를 계산한다. ROC 곡선은 예측된 클래스 확률(자동으로 계산되지 않음)을 기반으로 하므로 다른 옵션이 필요하다. classProbs = TRUE 옵션은 이러한 계산을 포함하는 데 사용된다. 끝으로, 이 함수는 최상의 결과를 가지는 조율모수를 선택한다. 맞춤형 성능 측도를 사용하고 있으므로 최적화해야 하는 기준도 지정해야 한다. train을 호출할 때, metric = "ROC"를 사용하여 이를 수행할 수 있다.

```
> set.seed(123)
> ctrl <- trainControl(method = "repeatedcv",
                       repeats = 3,
                       classProbs = TRUE,
                       summaryFunction = twoClassSummary)
> plsFit <- train(Class ~ .,
                  data = training,
                  method = "pls",
                  tuneLength = 15,
                  trControl = ctrl,
                  metric = "ROC",
                  preProc = c("center", "scale"))
> # metric= 옵션에는 "accuracy", "Kappa", "RMSE", "Rsquared"가 있다. 이 옵션은 최종모형의 선택에
사용되는 성능평가 측도를 지정함
> plsFit
Partial Least Squares

157 samples
 60 predictor
  2 classes: 'M', 'R'

Pre-processing: centered (60), scaled (60)
Resampling: Cross-Validated (10 fold, repeated 3 times)
Summary of sample sizes: 142, 141, 141, 141, 142, 142, ...
Resampling results across tuning parameters:

  ncomp  ROC        Sens       Spec
   1     0.8135582  0.7120370  0.7172619
   2     0.8713211  0.7782407  0.8130952
   3     0.8660962  0.7699074  0.8339286
   4     0.8660136  0.7740741  0.7714286
   5     0.8504216  0.7532407  0.7845238
  ...
  14     0.8225364  0.7375000  0.7833333
  15     0.8150463  0.7337963  0.7744048
```

```
ROC was used to select the optimal model using the largest value.
The final value used for the model was ncomp = 2.
```


(해석) 이 출력에서 격자 결과는 성능의 평균 재표본된 추정값이다. 하단의 메모는 ROC가 가장 큰 값이 최적 모형의 선택에 사용되었음을 말하며, 그 모형의 최종값은 ncomp = 2이다. 이 값을 바탕으로 최종 PLS 모형은 이 지정을 사용하는 전체 자료에 대한 것이고, 이것은 미래의 자료를 예측하는 데 사용된다.

이 패키지는 결과를 시각화하는 몇 가지 함수가 있다. 이 작업을 수행하는 한 가지 방법은 train 객체에 대해 plot() 함수를 수행하는 것이다.

```
> plot(plsFit)
```

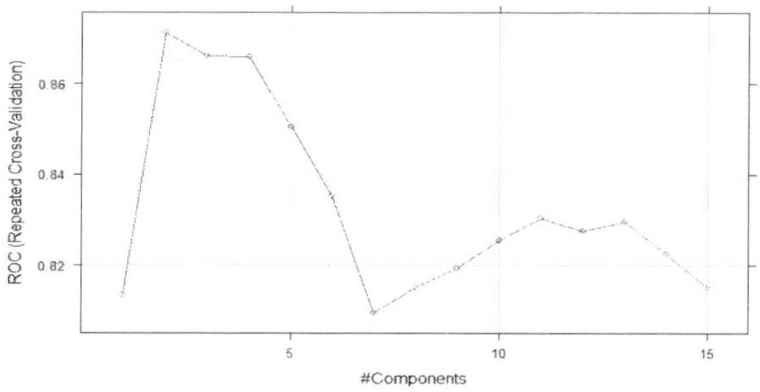

(해석) PLS 성분의 수와 재표본된 AUC(area under the ROC curve) 추정값의 관계를 보여 준다.

새로운 표본의 예측에는 predict.train이 사용될 수 있다. 분류모형의 경우, 기본 동작은 예측된 집단을 계산하는 것이다. type="prob" 옵션을 사용하여 모형으로부터 집단 확률을 계산할 수 있다.

```
> plsClasses <- predict(plsFit, newdata = testing)
> str(plsClasses)
 Factor w/ 2 levels "M","R": 2 1 1 2 1 2 2 2 2 2 ...
> plsProbs <- predict(plsFit, newdata = testing, type = "prob")
> head(plsProbs)
          M         R
4  0.3762529 0.6237471
5  0.5229047 0.4770953
8  0.5839468 0.4160532
```

```
16 0.3660142 0.6339858
20 0.7351013 0.2648987
25 0.2135788 0.7864212
```

{caret}은 모형적합에 대한 정오분류행렬(confusion matrix)과 관련 통계를 계산하는 함수를 포함한다.

```
> confusionMatrix(data = plsClasses, testing$Class)    # 정오분류행렬
Confusion Matrix and Statistics

          Reference
Prediction  M  R
         M 20  7
         R  7 17

               Accuracy : 0.7255
                 95% CI : (0.5826, 0.8411)
    No Information Rate : 0.5294
    P-Value [Acc > NIR] : 0.003347

                  Kappa : 0.4491
 Mcnemar's Test P-Value : 1.000000

            Sensitivity : 0.7407
            Specificity : 0.7083
         Pos Pred Value : 0.7407
         Neg Pred Value : 0.7083
             Prevalence : 0.5294
         Detection Rate : 0.3922
   Detection Prevalence : 0.5294
      Balanced Accuracy : 0.7245

       'Positive' Class : M
```

(해석) 계산 결과를 차례대로 소개한다. Accuracy(정분류율)=(20+17)/51, No Information Rate은 자료에서 1('Positive Class': M)과 0의 비율 중 큰 값으로 27/51이며(>24/51), Sensitivity (민감도)=20/27, Specificity(특이도)=17/24이다. 다음의 두 측도는 예측된 클래스가 얼마나 정확한지를 나타내는 것으로 Pos Pred Value(예측1에서 올바르게 예측한 비율)=20/27, Neg Pred Value (예측0에서 올바르게 예측한 비율)=17/24이다. Prevalence=27/51(자료에서 1의 비율), Detection Rate(전체에서 1을 1로 예측한 비율)=20/51, Detection Prevalence(전체에서 1로 예측한 비율)=27/51, Balanced Accuracy는 (민감도+특이도)/2 또는 (TP/P+TN/N)/2으로 (20/27+17/24)/2이다. 마지막으로, Kappa(일치도 측도)로 (0.7255−0.5017)/(1−0.5017)=0.4491로 적당한 수준의

일치도를 보이며, McNemar Test P-Value=$P(\chi^2(1) > 0) = 1$으로 주변동질성(또는 대칭성)을 만족한다고 할 수 있다. 카파 통계량과 McNemar 검정에 대해서는 아래 내용을 참고하기 바란다.

2부 회귀분석 II

참고 카파 통계량

Cohen(1960)의 카파 통계량(kappa statistic) 또는 카파 계수(kappa coefficient)는 범주형으로 이루어지는 평가(또는 항목 분류)에서 두 평가자 간의 일치도의 측도(measure of agreement)이다. 예측 정확도(predicted accuracy, p_o)가 기대 정확도(expected accuracy, p_e)에 비해 얼마나 다른지를 상대적으로 나타낸 측도로 다음과 같이 정의된다. 여기서 기대 정확도(p_e)는 우연에 의한 일치 확률로 분할표의 주변 빈도에 의해 구해진다.

$$\kappa = \frac{predicted\ accuracy - expected\ accuracy}{1 - expected\ accuracy} = \frac{p_o - p_e}{1 - p_e}.$$

이 값은 기본적으로 제안된 분류기의 성능이 각 범주의 빈도에 따라 임의로 예측하는 분류기의 성능보다 얼마나 우수한지를 알려준다. 이 측도는 단순 퍼센트(일치도)보다 로버스트한 측도이다. 그 이유는 우연에 의한 일치 가능성을 고려하기 때문이다. 이 측도는 해석에 다소 논란이 있으나([표 15.2] 참고), 항목 간에 불일치에 대한 측도보다 개념적으로 단순하여 연구자들에 의해 많이 사용되고 있다.

[표 15.2] 카파 통계량에 대한 해석(Landis와 Koch, 1977)

K	해석(일치도 수준)
〈 0%	Poor (나쁨)
0% – 20%	Slight (약간 일치)
20% – 40%	Fair (다소 일치)
40% – 60%	Moderate (적당함)
60% – 80%	Substantial (높은 일치)
80% – 100%	Almost Perfect (거의 완벽한 일치)

때때로 기계 학습(machine learning)에서 우리는 다범주의 분류 문제에 직면하게 된다. 이러한 경우 정확도 또는 정밀도/재현율과 같은 측도들은 분류기의 성능에 대한 완벽한 정보를 제공하지 않는다. 또한 불균형한 클래스의 경우에도 문제가 발생할 수 있다. 예를 들어, A와 B 두 클래스를 가지고 있고 A가 5%를 차지할 때, 정확도는 잘못된 정보를 제공할 수 있으므로 정밀도와 재현율과 같은 조치를 취한다. F-측도(예를 들어, F1-점수)와 같은 두 가지를 결합하는 방법이 있지만 F-측도는 정밀도와 재현율의 조화 평균이라는 것 외에 아주 직관적인 설명이 부족하다. 이에 비해, Cohen의 카파통계량은 다범주 및 불균형한 범주의 경우에도 매우 훌륭한 측도로 알려져 있다.

Cohen의 카파와 유사한 통계량으로 Fleiss(1971)의 카파 통계량이 있다. 이 통계량은 여러 평가자들 간의 일치도 측도로 이진 또는 명목 척도에만 사용될 수 있으며, 순서적인 경우에는 유용하지 않다. 반면 Cohen의 가중 카파(weighted kappa)는 순서적인 범주에 사용 가능하다(보다 자세한 내용은 wikipedia를 참고할 것).

참고 McNemar 검정

McNemar(1947) 검정은 짝지어진 명목형 자료에 사용되는 검정으로, 2×2 분할표 자료에서 행과 열의 주변 빈도가 동일한 지("주변동질성(marginal homogeneity)")에 대한 검정을 수행한다(따라서 이를 연관된 비율에 대한 검정이라고도 함). 예를 들어, n명의 동일한 개체에 대해 찬성과 반대에 대한 설문조사를 2회 실시할 때(이를 대응쌍(matched pairs)을 이룬 자료라고 함: [표 15.3] 참조), 주변동질성은 $p_a+p_b=p_a+p_c$, $p_c+p_d=p_b+p_d(\Leftrightarrow p_b=p_c)$을 의미하므로, 이 검정은 1, 2차에 걸친 찬성의 비율이 동일한지(또는 대칭성)에 대한 검정과 같다.

[표 15.3] 2×2 대응쌍 분할표 자료

조사1, 조사2	찬성	반대	합계
찬성	a	b	$a+b$
반대	c	d	$c+d$
합계	$a+c$	$b+d$	n

McNemar 검정통계량은 $\chi^2=\dfrac{(b-c)^2}{b+c}$으로 주어지며, 귀무가설하에서 근사적으로($b$와 c가 충분히 큰 경우) $\chi^2(1)$을 따르며, 이에 기초하여 검정을 실시하게 된다(이항분포에 기반한 정확한 검정도 가능함).

참고로, McNemar 검정에 대한 확장으로 $r\times r$ 정방분할표에서 대칭성 검정은 다음의 검정통계량에 기초한다. 이 통계량은 귀무가설하에서 근사적으로 자유도가 $I(I-1)/2$인 카이제곱분포를 따른다.

$$\chi^2=\sum_{i,j}\frac{(O_{ij}-\widehat{E}_{ij})^2}{\widehat{E}_{ij}},\quad \widehat{E}_{ij}=\frac{O_{ij}+O_{ji}}{2}$$

$$=\sum_{i<j}\frac{(O_{ij}-O_{ji})^2}{O_{ij}+O_{ji}}.$$

자료에 대해 다른 모형을 적합하기 위해, 최소한의 변경만으로 train() 함수를 호출할 수 있다. 예를 들어, 이 자료에 일반화(regularized) 판별모형[2])을 적합하는 예는 다음과 같다.

```
> ## 설명을 위해 custom grid가 사용됨
> rdaGrid = data.frame(gamma = (0:4)/4, lambda = 3/4)
> set.seed(123)
> rdaFit <- train(Class ~ .,
                  data = training,
                  method = "rda",
                  tuneGrid = rdaGrid,     # 조율모수의 특정 격자(grid)를 지정
```

2) 일반화 판별분석에 대해서는 나종화(2017)의 4권을 참고하기 바란다.

```
                 trControl = ctrl,
                 metric = "ROC")

> rdaFit
Regularized Discriminant Analysis

157 samples
 60 predictor
  2 classes: 'M', 'R'

No pre-processing
Resampling: Cross-Validated (10 fold, repeated 3 times)
Summary of sample sizes: 142, 141, 141, 141, 142, 142, ...
Resampling results across tuning parameters:

  gamma  ROC        Sens       Spec
  0.00   0.8448826  0.7884259  0.7625000
  0.25   0.8860119  0.8060185  0.8035714
  0.50   0.8851190  0.8097222  0.7666667
  0.75   0.8685847  0.7745370  0.7529762
  1.00   0.7563823  0.6615741  0.6803571

Tuning parameter 'lambda' was held constant at a value of 0.75
ROC was used to select the optimal model using  the largest value.
The final values used for the model were gamma = 0.25 and lambda = 0.75.

> rdaClasses <- predict(rdaFit, newdata = testing)
> confusionMatrix(rdaClasses, testing$Class)
Confusion Matrix and Statistics

          Reference
Prediction  M  R
         M 22  5
         R  5 19

               Accuracy : 0.8039
                 95% CI : (0.6688, 0.9018)
    No Information Rate : 0.5294
    P-Value [Acc > NIR] : 4.341e-05

                  Kappa : 0.6065
 Mcnemar's Test P-Value : 1

            Sensitivity : 0.8148
            Specificity : 0.7917
         Pos Pred Value : 0.8148
         Neg Pred Value : 0.7917
```

```
          Prevalence : 0.5294
      Detection Rate : 0.4314
Detection Prevalence : 0.5294
   Balanced Accuracy : 0.8032

    'Positive' Class : M
```

이 모형들은 재표본결과와 어떻게 비교되는가? 재표본함수는 재표본결과를 수집, 요약 및 대비(contrast)하는 데 사용될 수 있다. train() 함수의 호출에 앞서 난수가 동일한 값으로 초기화된 경우, 각 모형에 동일한 중첩(folds)이 사용된다.

```
> resamps <- resamples(list(pls = plsFit, rda = rdaFit))
> summary(resamps)

Call:
summary.resamples(object = resamps)

Models: pls, rda
Number of resamples: 30

ROC
      Min. 1st Qu. Median   Mean 3rd Qu. Max. NA's
pls 0.5397  0.8333 0.8672 0.8713  0.9509    1    0
rda 0.6984  0.8398 0.9028 0.8860  0.9787    1    0

Sens
      Min. 1st Qu. Median   Mean 3rd Qu. Max. NA's
pls 0.3333  0.7500 0.7778 0.7782  0.8750    1    0
rda 0.4444  0.6875 0.8750 0.8060  0.8889    1    0

Spec
      Min. 1st Qu. Median   Mean 3rd Qu. Max. NA's
pls 0.5000  0.7143 0.8571 0.8131  0.9688    1    0
rda 0.1429  0.7232 0.8571 0.8036  0.8571    1    0
```

이러한 결과를 시각화하는 몇 가지 함수가 있다. 예를 들어, Bland Altman 유형 플롯은 xyplot(resamps, what="BlandAltman")을 사용한다. 그 결과는 비슷하다. 각 재표본에 대해 쌍을 이루는 결과가 있으므로 평균 재표본된 AUC에 차이가 있는지를 평가하는데 대응 t-검정이 사용될 수 있다.

```
> xyplot(resamps, what = "BlandAltman")
```

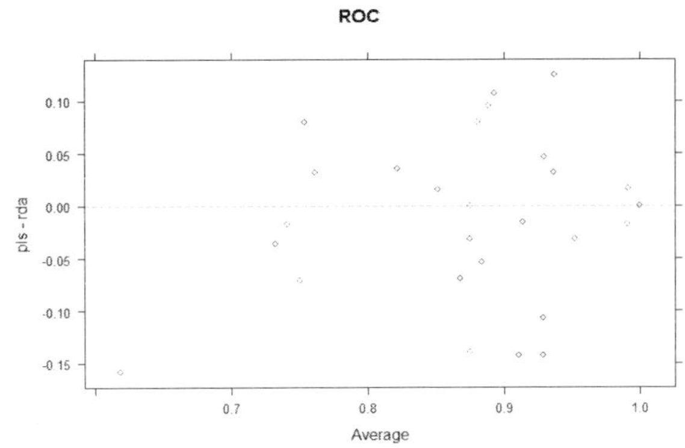

(해석) 재표본된 ROC 값의 Bland-Altman 그림이다. x축은 두 방법의 평균값이고, y축은 두 방법의 차이(pls-rda)를 나타낸다.

```
> diffs <- diff(resamps)
> summary(diffs)

Call:
summary.diff.resamples(object = diffs)

p-value adjustment: bonferroni
Upper diagonal: estimates of the difference
Lower diagonal: p-value for H0: difference = 0

ROC
    pls    rda
pls        -0.01469
rda 0.2975

Sens
    pls   rda
pls       -0.02778
rda 0.125

Spec
    pls    rda
pls        0.009524
rda 0.7348
```

(해석) 이 분석을 바탕으로 모형 간의 차이는 −0.015 ROC 단위이며(RDA 모형이 약간 큼), 차이에 대한 양측 검정의 p-값은 0.29749이다.

이 절의 내용은 Kuhn(2016)의 "A short introduction to the caret package"를 옮긴 것이다. {caret} 패키지에 대한 더 자세한 도움말은 아래의 사이트를 참조하기 바란다.

http://caret.r-forge.r-project.org/

15.3 {caret}의 적용 범위(모형)

다음의 [표 15.4]는 {caret} 패키지의 train( ) 함수에서 사용되는 모형을 정리한 것이다. 이 함수들은 method= 옵션에서 지정된다.

[표 15.4] train( ) 함수에 사용되는 모형

모형	method=옵션	패키지명	조율(tuning)모수
Recursive partitioning	rpart	rpart*	maxdepth
	ctree	party	mimcriterion
Boosted trees	gbm	gbm*	interaction.depth, n.trees, shrinkage
	blackboost	mboost	maxdepth, mstop
	ada	ada	maxdepth, iter, nu
Other boosted models	glmboost	mboost	mstop
	gamboost	mboost	mstop
	logitboost	caTools	nIter
Random forests	rf	randomForest*	mtry
	cforest	party	mtry
Bagged trees	treebag	ipred	None
Neural Networks	nnet	nnet	decay, size
Partial least squares	pls*	pls, caret	ncomp
Support vector machines (RBF kernel)	svmRadial	kernlab	sigma, C
Support vector machines (polynomial kernel)	svmPoly	kernlab	scale, degree, C
Gaussian process (RBF kernel)	gaussprRadial	kernlab	sigma
Gaussian process (polynomial kernel)	gaussprPoly	kernlab	scale, degree

[표 15.4] train() 함수에 사용되는 모형(계속)

모형	method=옵션	패키지명	조율(tuning)모수
Linear least squares	lm*	stats	None
Multivariate adaptive regression splines	earth, mars	earth	degree, nprune
Bagged MARS	bagEarth*	caret, earth	degree, nprune
Elastic net	enet	elasticnet	lambda, fraction
The lasso	lasso	elasticnet	fraction
Relevance vector machines (RBF kernel)	rvmRadial	kernlab	sigma
Relevance vector machines (polynomial kernel)	rvmPoly	kernlab	scale, degree
Linear discriminant analysis	lda	MASS	None
Stepwise diagonal discriminant analysis	sddaLDA, sddaQDA	SDDA	None
Logistic/multinomial regression	multinom	nnet	decay
Regularized discriminant analysis	rda	klaR	lambda, gamma
Flexible discriminant analysis (MARS basis)	fda*	mda, earth	degree, nprune
Bagged FDA	bagFDA*	caret, earth	degree, nprune
Least squares support vector machines (RBF kernel)	lssvmRadial	kernlab	sigma
k nearest neighbors	knn3	caret	k
Nearent shrunken centroids	pam*	pamr	threshold
Naive Bayes	nb	klaR	usekernel
Generalized partial least squares	gpls	gpls	K.prov
Learned vector quantization	lvq	class	k

(* 표시는 모형-특정적 변수 중요도 방법을 사용할 수 있음)

15.4 {caret}을 이용한 변수선택

15.4.1 변수의 중요도

변수의 중요도(importance)는 모형을 작성하여 데이터로부터 추정할 수 있다. 의사결정나무와 같은 일부 방법에는 변수 중요도를 알려주는 메커니즘이 내장되어 있다. 다른 알고리즘의 경우 중요도는 각 변수에 대해 수행된 ROC 곡선 분석을 사용하여 추정될 수 있다.

R에서 변수의 중요도(importance)를 평가하는 함수는 두 그룹(모형 정보를 이용하는 그룹과 그렇지 않은 그룹)으로 나누어진다. 모형-기반 접근법의 장점은 모형 성능과 보다 밀접하게 관계되며 예측변수들 간의 상관구조를 중요도 계산에 결합할 수 있다는 점이다.

중요도가 어떻게 계산되는가에 무관하게 다음이 성립한다.

- 대부분의 분류모형에 대해, 각 예측변수는 각 클래스에 대해 별도의 변수 중요도를 가진다(분류나무, 배깅 트리와 부스팅 트리는 예외임).
- 모든 중요도 측도는, varImp.train()의 scale= 인수가 FALSE로 지정되지 않는 한, 최댓값 100으로 조정(scaled)된다.

R의 varImp{caret} 함수는 train 객체 또는 특정 방법(회귀 또는 분류 모형)에 의한 결과 객체에 대한 변수 중요도를 계산해 준다. 이 함수의 일반 형식은 다음과 같다.

```
varImp(object, scale = TRUE, ...)
```

- object는 train 객체 또는 특정 모형의 결과 객체("earth", "fda", "rpart", "randomForest", "gbm", "classbagg", "regbagg", "pamrtrained", "lm", "mvr", "bagEarth", "bagFDA", "RandomForest", "rfe", "dsa", "multinom", "cubist", "JRip", "PART", "C5.0", "nnet", "glmnet", "plsda")
- scale=TRUE(디폴트)는 변수 중요도를 0 ~ 100 사이의 값으로 제공함

예제 1

PimaIndiansDiabetes{mlbench} 자료에 대해 학습벡터양자화(learning vector quantization, LVQ) **모형을 구축한다.** varImp() **함수를 사용하여 변수 중요도를 추정하고 이를 출력한다.** glucose, mass**와** age**가 이 데이터 셋에서 가장 중요한 3가지 변수이며** insulin **변수가 가장 덜 중요함을 보여 준다.**

```
> set.seed(100)
> library(mlbench)
> library(caret)
> data(PimaIndiansDiabetes)

> # 훈련에 대한 설정
> control <- trainControl(method="repeatedcv", number=10, repeats=3)

> # 모형훈련
> model <- train(diabetes~., data=PimaIndiansDiabetes, method="lvq",
                 preProcess="scale", trControl=control)
Loading required package: class

> # 변수 중요도 추정
> importance <- varImp(model, scale=FALSE)
```

```
> print(importance)
ROC curve variable importance

         Importance
glucose      0.7881
mass         0.6876
age          0.6869
pregnant     0.6195
pedigree     0.6062
pressure     0.5865
triceps      0.5536
insulin      0.5379

> plot(importance)
```

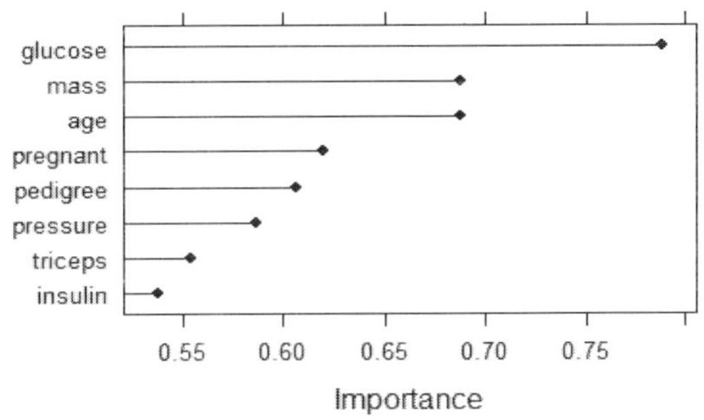

15.4.2 변수선택

자동 변수선택방법은 데이터 셋의 서로 다른 부집합에 대해 여러 모형을 적합하고 정확한 모형을 구축하는 데 필요하고 필요하지 않은 변수를 식별할 수 있다.

{caret} 패키지에서 제공되는 가장 널리 사용되는 자동 변수선택방법은 후진선택(backwards selection)법으로도 알려진 재귀적 변수제거(recursive feature elimination, 이하 RFE) 방법이다.

R의 rfe{caret} 함수는 RFE 알고리즘을 수행한다. rfe() 함수의 일반 형식은 다음과 같다.

```
rfe(x, y,
    sizes = 2^(2:4),
    metric = ifelse(is.factor(y), "Accuracy", "RMSE"),
    maximize = ifelse(metric == "RMSE", FALSE, TRUE),
    rfeControl = rfeControl(),
    ...)
```

- x는 모형훈련을 위한 예측변수(행렬 또는 데이터프레임)
- y는 훈련용 자료의 반응변수 벡터(수치형 또는 요인)

- sizes= 고려해야 할 변수의 수

예제 2

PimaIndiansDiabetes 자료에 대해 RFE 방법을 적용한다. 모형을 평가하기 위해 매 반복마다 랜덤포리스트 알고리즘이 사용되었다. 알고리즘은 변수의 모든 가능한 부집합을 탐색하도록 구성되었다. 이 예에서는 8개의 변수가 모두 선택되었다.

```
> set.seed(50)
> library(mlbench)
> library(caret)
> data(PimaIndiansDiabetes)
> # 랜덤포리스트 선택함수(functions=rfFuncs)를 사용하여 RFE를 조율
> # method= 재표본의 방법 지정: "boot", "cv", "LOOCV", "LGOCV"
> # number= 중첩의 수 또는 재표본 반복의 수를 지정
> control <- rfeControl(functions=rfFuncs, method="cv", number=10)

> # RFE 알고리즘을 수행
> results <- rfe(PimaIndiansDiabetes[,1:8], PimaIndiansDiabetes[,9], sizes=c(1:8),
                 rfeControl=control)
> print(results)

Recursive feature selection

Outer resampling method: Cross-Validated (10 fold)

Resampling performance over subset size:

 Variables Accuracy  Kappa AccuracySD KappaSD Selected
         1   0.6927 0.2681    0.03248 0.07499
         2   0.7369 0.4062    0.04125 0.09603
         3   0.7423 0.4199    0.04503 0.09986
         4   0.7579 0.4596    0.03835 0.09166
         5   0.7539 0.4477    0.04532 0.10436
         6   0.7513 0.4364    0.05051 0.11237
         7   0.7565 0.4492    0.05989 0.13187
         8   0.7696 0.4748    0.05432 0.12490        *

The top 5 variables (out of 8):
   glucose, mass, age, pregnant, insulin

> predictors(results)
[1] "glucose"  "mass"     "age"      "pregnant" "insulin"
[6] "pedigree" "triceps"  "pressure"

> plot(results, type=c("g", "o"))
```

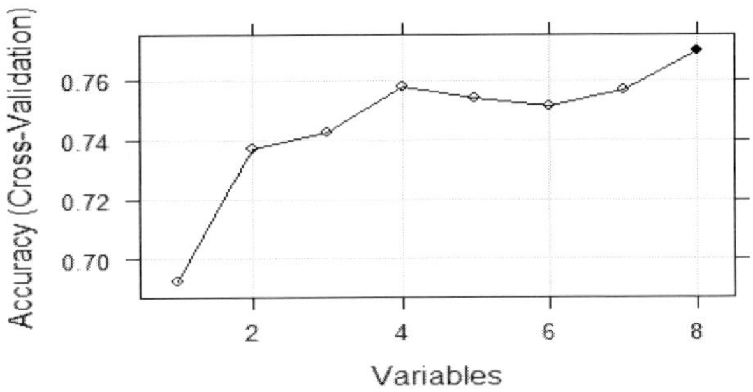

2부 회귀분석 II

참고 Regularization(제약 또는 일반화)

통계학 분야에서 "regularization"은 과적합(overfitting) 문제를 피하기 위해 추가적인 정보를 도입하는 과정이다. 이 정보는 주로 복잡성에 대한 벌점(penalty)의 형태로 주어진다. Regularization의 예로는 라소나 능형회귀에서 손실함수에 벌점항(penalty term)을 추가하는 과정, 판별분석에서 손실함수에 제약항(regularization term or regularizer)을 추가하는 과정, 신경망에서 비용함수에 제약항을 추가하는 과정("weight decay" 방법) 등이 있다.

아울러, 기계학습(machine learning)에서 통계적 모형은 오차가 포함된 관측값을 학습하므로 오차를 같이 학습하려는 경향을 가진다. 따라서 적합모형이 모형적합에 사용되지 않은 새로운 자료에 대해서는 예측력이 떨어지는 경우가 발생한다. 즉, 모형의 일반화(generalization)가 잘 되지 않는다. 따라서 단순히 표본내의 오차만을 최소화하는 것이 아니라 특정 제약항을 추가함으로써 일반화의 성질을 좋게 하는 목적으로 사용할 수 있다.

3부

회귀분석 Ⅲ

16장* 중도절단회귀와 절단회귀

(출처: http://stats.idre.ucla.edu/r/)

16.1 서론

이 장에서는 반응변수의 관측값이 불완전하게 주어지는 경우의 회귀 문제를 다룬다. 관측값이 특정 기준값을 벗어나는 경우 경계값으로 대체되거나(중도절단회귀), 특정 기준값 이상(또는 이하)의 자룟값만이 자료로 주어지는 경우(절단회귀), 원자룟값 대신 순서형 범주로 나누어진 특정 구간에 속한다는 정보(상한과 하한 정보)만을 알 때(구간회귀) 유용한 회귀분석기법을 다룬다.

16.2 중도절단회귀 - 토빗 회귀

토빗(Tobit) 회귀는 중도절단(censored)회귀로도 알려져 있으며, 종속변수가 좌- 또는(그리고) 우- 중도절단된 형태로 관측되는 경우에 적합한 회귀모형이다(아래 또는 위로부터의 중도절단이라고도 함). 예를 들어, 위로부터의 중도절단은 특정 기준값보다 큰 관측값들을 모두 해당 기준값으로 대체하는 경우에 해당하며, 실제의 값(참값)은 기준값 또는 그 이상의 값을 취하는 경우를 말한다.

R에서 vglm{VGAM} 함수는 토빗 회귀를 수행한다.

예제 1

중도절단된 학업적성 자료에 대해 토빗 회귀를 수행한다.

```
> ## 분석 자료
> dat <- read.csv("http://stats.idre.ucla.edu/stat/data/tobit.csv")
```

```
> str(dat)
'data.frame':   200 obs. of  5 variables:
 $ id  : int  1 2 3 4 5 6 7 8 9 10 ...
 $ read: int  34 39 63 44 47 47 57 39 48 47 ...
 $ math: int  40 33 48 41 43 46 59 52 52 49 ...
 $ prog: Factor w/ 3 levels "academic","general",..: 3 3 2 2 2 2 2 2 3 1 ...
 $ apt : int  352 449 648 501 762 658 800 613 531 528 ...
```

(자료 설명) 200명의 학생을 대상으로 학업적성(apt)을 측정하였다. 이 값은 200 ~ 800의 값을 가진다. 예측변수로는 독해력(reading), 수학점수(math)와 학생이 속한 교육 프로그램(prog)이다. 교육 프로그램은 범주형으로 (academic, general, vocational)의 범주를 가진다. 이 자료의 특징은 학업적성에서 800점 만점을 받은 학생들이 모두 동일한 적성을 가지는 것은 아니라는 점이다. 최저 점수인 200점을 획득한 학생의 경우도 마찬가지이다. 즉, 반응변수인 학업적성의 점수가 아래와 위로부터 중도절단된 경우에 해당한다.

```
> summary(dat)
       id              read            math                 prog          apt       
 Min.   :  1.00   Min.   :28.00   Min.   :33.00   academic  : 45   Min.   :352.0  
 1st Qu.: 50.75   1st Qu.:44.00   1st Qu.:45.00   general   :105   1st Qu.:575.5  
 Median :100.50   Median :50.00   Median :52.00   vocational: 50   Median :633.0  
 Mean   :100.50   Mean   :52.23   Mean   :52.65                    Mean   :640.0  
 3rd Qu.:150.25   3rd Qu.:60.00   3rd Qu.:59.00                    3rd Qu.:705.2  
 Max.   :200.00   Max.   :76.00   Max.   :75.00                    Max.   :800.0  

> cor(dat[, c("read", "math", "apt")])
          read      math       apt
read 1.0000000 0.6622801 0.6451215
math 0.6622801 1.0000000 0.7332702
apt  0.6451215 0.7332702 1.0000000

> pairs(dat[, c("read", "math", "apt")])
```

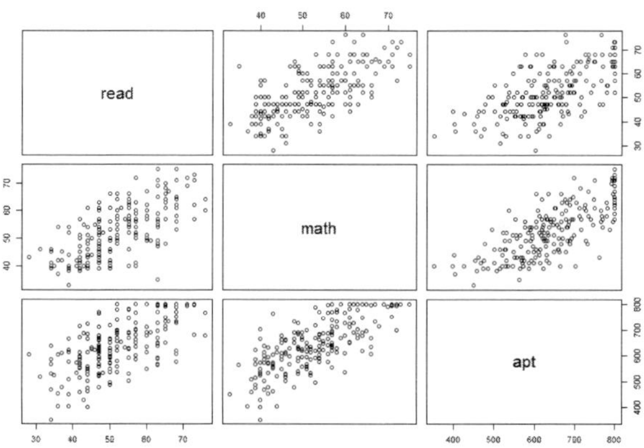

```
> ## 토빗 회귀의 적합
> library(VGAM)
> summary(m <- vglm(apt ~ read + math + prog, tobit(Upper = 800), data = dat))

Call:
vglm(formula = apt ~ read + math + prog, family = tobit(Upper = 800),
    data = dat)

Pearson residuals:
             Min      1Q   Median     3Q   Max
mu       -2.5684 -0.7311 -0.03976 0.7531 2.802
loge(sd) -0.9689 -0.6359 -0.33365 0.2364 4.845

Coefficients:
                Estimate Std. Error z value Pr(>|z|)
(Intercept):1  209.55956   32.54590   6.439 1.20e-10 ***
(Intercept):2    4.18476    0.05235  79.944  < 2e-16 ***
read             2.69796    0.61928   4.357 1.32e-05 ***
math             5.91460    0.70539   8.385  < 2e-16 ***
proggeneral    -12.71458   12.40857  -1.025 0.305523
progvocational -46.14327   13.70667  -3.366 0.000761 ***
---
Signif. codes:  0 '***' 0.001 '**' 0.01 '*' 0.05 '.' 0.1 ' ' 1

Number of linear predictors:  2

Names of linear predictors: mu, loge(sd)

Dispersion Parameter for tobit family:   1

Log-likelihood: -1041.063 on 394 degrees of freedom

Number of iterations: 5

> logLik(m)
[1] -1041.063

> AIC(m)
[1] 2094.126

> dat$yhat <- fitted(m)[,1]
> dat$rr <- resid(m, type = "response")
> dat$rp <- resid(m, type = "pearson")[,1]

> par(mfcol = c(2, 3))
```

```
> with(dat, {
          plot(yhat, rr, main = "Fitted vs Residuals")
          qqnorm(rr)
          plot(yhat, rp, main = "Fitted vs Pearson Residuals")
          qqnorm(rp)
          plot(apt, rp, main = "Actual vs Pearson Residuals")
          plot(apt, yhat, main = "Actual vs Fitted")
          })
```

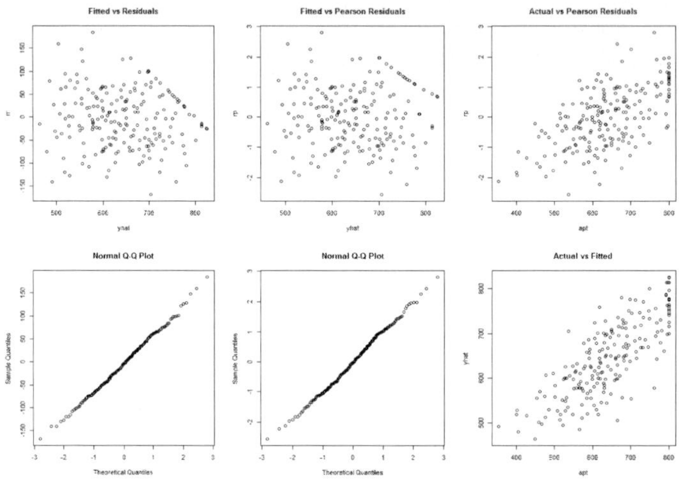


```
> (r <- with(dat, cor(yhat, apt)))
[1] 0.7824708
> r^2
[1] 0.6122606

> ## 일반선형회귀모형과의 비교
> glm.out <- glm(apt ~ read + math + prog, data=dat)
> summary(glm.out)

Call:
glm(formula = apt ~ read + math + prog, data = dat)

Deviance Residuals:
    Min        1Q    Median        3Q       Max
-161.463   -42.474   -0.707    43.180   181.554

Coefficients:
              Estimate Std. Error t value Pr(>|t|)
(Intercept)    242.735     30.140   8.054 7.80e-14 ***
read             2.553      0.583   4.379 1.95e-05 ***
```

```
math            5.383      0.659   8.169 3.84e-14 ***
proggeneral   -13.741     11.744  -1.170 0.243423
progvocational -48.835    12.982  -3.762 0.000223 ***
---
Signif. codes:  0 '***' 0.001 '**' 0.01 '*' 0.05 '.' 0.1 ' ' 1

(Dispersion parameter for gaussian family taken to be 3890.835)

    Null deviance: 1959039  on 199  degrees of freedom
Residual deviance:  758713  on 195  degrees of freedom
AIC: 2227.8

Number of Fisher Scoring iterations: 2

> logLik(glm.out)
'log Lik.' -1107.894 (df=6)
```

3부 회귀분석 Ⅲ

16.3 절단회귀

절단회귀(truncated regression)는 반응변수가 특정 기준값 이하(또는 이상)인 자료만을 관측값으로 가질 때 적용되는 회귀모형이다. 이때 절단(truncation)은 전체 자료 가운데 조건을 만족하는 일부분만을 표본으로 취한 결과로 볼 수 있다. 예를 들어, 소득이 빈곤선(poverty line)을 넘어서는 미국인의 소득 자료, 적성시험을 통과한(예를 들어, 60점 이상) 회사원의 적성 점수 자료 등을 들 수 있다. 이 경우 빈곤선보다 작은 소득을 가지는 자료와 합격점 이하의 적성 점수를 가지는 자료는 절단된 것으로 볼 수 있다.

R에서 truncreg{truncreg} 함수는 절단회귀를 수행한다.

예제 2

절단된 성취도 자료에 대해 절단회귀를 수행한다.

```
> ## 분석 자료
> library(foreign)
> dat <- read.dta("http://stats.idre.ucla.edu/stat/data/truncreg.dta")
> str(dat)
'data.frame':   178 obs. of  4 variables:
 $ id       : num  70 121 86 141 172 113 50 84 48 75 ...
 $ achiv    : num  57 68 44 63 47 44 50 63 57 60 ...
 $ langscore: num  52 59 33 44 52 52 59 57 55 46 ...
 $ prog     : Factor w/ 3 levels "general","academic",..: 1 3 1 3 2 2 1 1 2 3 ...
```

(자료 설명) 특별 영재 교육프로그램에 속한 학생들의 성취도(achiv)를 언어능력(langscore)과 학생이 속한 프로그램의 형태(prog)를 통해 모형화하고자 한다. 다만, 영재 프로그램에 들어가기 위해서는 성취도 점수 40점 이상이 요구된다. 따라서 이 자료는 성취도 점수 40에서 절단된 자료이다.

```
> ## 기초분석
> summary(dat)
       id              achiv          langscore           prog
 Min.   :  3.00   Min.   :41.00   Min.   :31.00   general : 40
 1st Qu.: 55.25   1st Qu.:47.00   1st Qu.:47.50   academic:101
 Median :102.50   Median :52.00   Median :56.00   vocation: 37
 Mean   :103.62   Mean   :54.24   Mean   :54.01
 3rd Qu.:151.75   3rd Qu.:63.00   3rd Qu.:61.75
 Max.   :200.00   Max.   :76.00   Max.   :67.00

> library("ggplot2")
> ggplot(dat, aes(achiv, fill = prog)) +
      geom_histogram(binwidth=3)
```

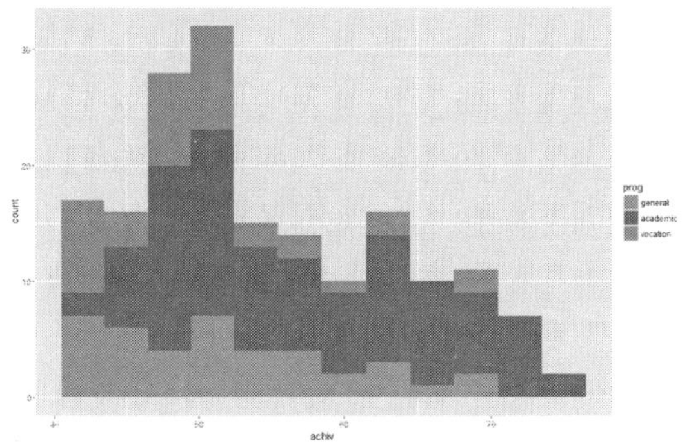


```
> ggplot(dat, aes(prog, achiv)) +
      geom_boxplot() +
      geom_jitter()
```

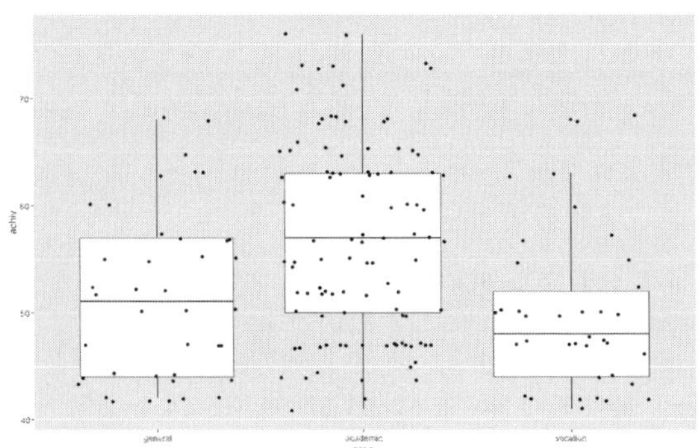

```
> ggplot(dat, aes(x = langscore, y = achiv)) +
       geom_point() +
       stat_smooth(method = "loess") +
       facet_grid(. ~ prog, margins=TRUE)
```

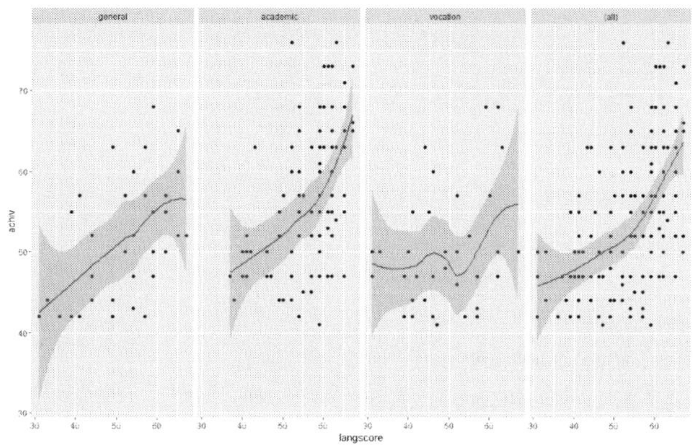


```
> ## 절단회귀
> library(truncreg)
> m <- truncreg(achiv ~ langscore + prog, data = dat, point = 40,
                direction = "left")
> # point= 와 direction= 옵션은 각각 절단값(디폴트는 0)과 절단방향을 지정함
> summary(m)

Call:
truncreg(formula = achiv ~ langscore + prog, data = dat, point = 40,
    direction = "left")

BFGS maximization method
57 iterations, 0h:0m:0s
g'(-H)^-1g = 2.5E-05

Coefficients :
             Estimate Std. Error t-value  Pr(>|t|)
(Intercept) 11.29942    6.77173  1.6686   0.09519 .
langscore    0.71267    0.11446  6.2264 4.773e-10 ***
progacademic  4.06267   2.05432  1.9776   0.04797 *
progvocation -1.14422   2.66958 -0.4286   0.66821
sigma        8.75368    0.66647 13.1343 < 2.2e-16 ***
---
Signif. codes:  0 '***' 0.001 '**' 0.01 '*' 0.05 '.' 0.1 ' ' 1

Log-Likelihood: -591.31 on 5 Df
```

(해석) 위의 결과에 대한 해석은 OLS 회귀의 경우와 동일하다. 즉, 언어능력(langscore)은 유의하게 나타나고 있으며, 한 단위(1점) 증가에 따라 성취도가 0.71점 증가함을 알 수 있다. 참여 프로그램 가운데 하나인 academic 프로그램 역시 유의하며, general 프로그램에 비해 4.06 높음을 알 수 있다. 위 결과에서 sigma의 추정값은 OLS 회귀에서 오차항의 표준편차와 동등한 것으로, 성취도 자료의 표준편차인 8.96(> sd(achiv))과 비교될 수 있다(절단회귀에서 다소 작은 값으로 추정됨을 알 수 있다).

```
> ## 모형비교: OLS 회귀와의 비교
> glm.out <- glm(achiv ~ langscore + prog, data = dat)
> summary(glm.out)

Call:
glm(formula = achiv ~ langscore + prog, data = dat)

Deviance Residuals:
     Min        1Q    Median        3Q       Max
-16.9413   -5.7033   -0.8462    5.2205   21.3010

Coefficients:
            Estimate Std. Error t value Pr(>|t|)
(Intercept) 27.63965    3.70639   7.457 4.01e-12 ***
langscore    0.46319    0.06792   6.820 1.45e-10 ***
progacademic  2.97343   1.44889   2.052   0.0416 *
progvocation -0.52118   1.72739  -0.302   0.7632
---
Signif. codes:  0 '***' 0.001 '**' 0.01 '*' 0.05 '.' 0.1 ' ' 1

(Dispersion parameter for gaussian family taken to be 56.76829)

    Null deviance: 14220.1  on 177  degrees of freedom
Residual deviance:  9877.7  on 174  degrees of freedom
AIC: 1230

Number of Fisher Scoring iterations: 2

> logLik(glm.out)
'log Lik.' -610.0173 (df=5)
```

(해석) 일반선형모형의 적합결과 로그-가능도함수가 절단회귀보다 더 작음을 알 수 있다. 즉, 절단회귀의 성능이 더 우수함을 알 수 있다.

16.4 구간회귀

구간회귀(interval regression)는 반응변수가 구간중도절단(interval censoring)된 경우에 사용되는 회귀모형이다. 즉, 반응변수의 관측값이 순서형 범주로 나누어진 특정 구간에 포함된다는 사실은 알고 있으나(데이터가 하한과 상한값으로 주어짐), 정확한 값은 모르는 경우에 해당한다. 구간회귀는 중도절단회귀의 일반화된 형태이다.

예를 들어, 두 변수(교육연수, 결혼상태)를 예측변수로 하여 연 수입을 모형화하고자 한다. 여기서 연 수입의 정확한 값을 얻을 수는 없어 대신 연 수입의 범위(〈\$15000, \$15000-\$25000, \$25000-\$50000, \$50000-\$75000, \$75000-\$100000, 〉\$100000) 정보를 데이터로 얻게 되는 경우이다. 이때 양쪽 끝 범주의 극단값들은 우(right) 또는 좌(left) 중도절단되었고, 다른 범주들은 구간중도절단되었으며 각 범위가 좌와 우로 중도절단되었다.

R에서 survreg{survival} 함수는 구간회귀를 제공한다.

예제 3

구간중도절단된 자료에 대해 구간회귀를 수행한다.

```
> library(foreign)
> dat <- read.dta("http://stats.idre.ucla.edu/stat/data/intreg_data.dta")
> str(dat)
'data.frame':   30 obs. of  6 variables:
 $ id    : num  1 2 3 4 5 6 7 8 9 10 ...
 $ lgpa  : num  2.5 3.4 2.5 0 3 ...
 $ ugpa  : num  3 3.8 3 2 3.4 ...
 $ write : num  175 125 70 50 70 205 180 50 155 105 ...
 $ rating: num  54 68 48 52 49 53.5 72 50 57.5 69 ...
 $ type  : Factor w/ 3 levels "vocational","general",..: 2 3 2 1 3 2 3 3 2 3 ...
 - attr(*, "datalabel")= chr ""
 - attr(*, "time.stamp")= chr "26 May 2010 15:43"
 - attr(*, "formats")= chr  "%9.0g" "%9.0g" "%9.0g" "%9.0g" ...
 - attr(*, "types")= int  254 254 254 254 254 254
 - attr(*, "val.labels")= chr  "" "" "" "" ...
 - attr(*, "var.labels")= chr  "" "" "" "" ...
 - attr(*, "version")= int 12
 - attr(*, "label.table")=List of 1
  ..$ typ: Named int  1 2 3
  .. ..- attr(*, "names")= chr  "vocational" "general" "academic"

> head(dat)
  id lgpa ugpa write rating       type
```

```
1  1  2.5  3.0   175   54.0    general
2  2  3.4  3.8   125   68.0   academic
3  3  2.5  3.0    70   48.0    general
4  4  0.0  2.0    50   52.0 vocational
5  5  3.0  3.4    70   49.0   academic
6  6  3.4  3.8   205   53.5    general
```

(자료 설명) 두 변수 (lgpa, ugpa)는 나열된 여러 범주의 GPA 구간 가운데 다음 질문 "당신의 GPA가 속하는 범주를 고르시오"에 대해 학생 스스로가 대답한 결과이다. 나열된 GPA 구간은 6개로 모두 구간중도절단된 형태(0.0 t0 2.0, 2.0 to 2.5, ... , 3.8 to 4.0)이다. 예측변수로는 작문(write), 노력에 대한 선생님의 평가(rating)와 학생이 속한 교육 프로그램의 종류(type)이다.

```
> summary(dat)
       id             lgpa           ugpa            write           rating     
 Min.   : 1.00   Min.   :0.0   Min.   :2.000   Min.   : 50.0   Min.   :48.00  
 1st Qu.: 8.25   1st Qu.:2.0   1st Qu.:2.500   1st Qu.: 70.0   1st Qu.:51.62  
 Median :15.50   Median :2.5   Median :3.000   Median :105.0   Median :54.00  
 Mean   :15.50   Mean   :2.6   Mean   :3.097   Mean   :113.8   Mean   :57.53  
 3rd Qu.:22.75   3rd Qu.:3.3   3rd Qu.:3.700   3rd Qu.:153.8   3rd Qu.:66.25  
 Max.   :30.00   Max.   :3.8   Max.   :4.000   Max.   :205.0   Max.   :72.00  
         type   
 vocational: 8  
 general   :10  
 academic  :12  


> pairs(dat[, -1])
```

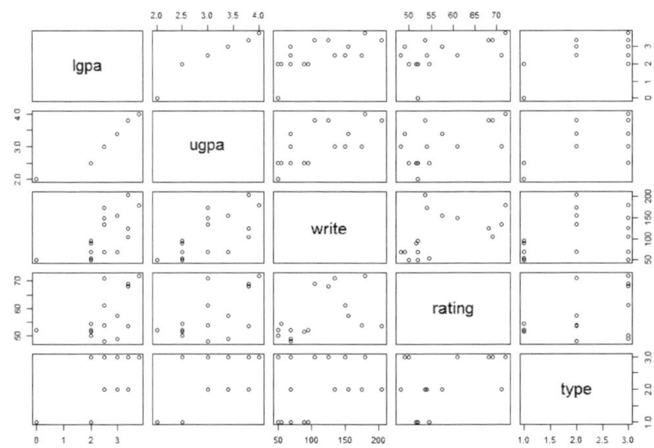

```
> by(dat[, 2:5], dat$type, colMeans, na.rm = TRUE)
dat$type: vocational
   lgpa    ugpa   write  rating
 1.7500  2.4375 71.8750 52.5000
---------------------------------------------------------------
dat$type: general
  lgpa   ugpa  write rating
  2.78   3.24 148.00  56.80
---------------------------------------------------------------
dat$type: academic
      lgpa       ugpa      write     rating
  3.016667   3.416667 113.333333  61.500000

> # 구간중도절단된 생존자료 객체 생성
> library(survival)
> (Y <- with(dat, Surv(lgpa, ugpa, event = rep(3, nrow(dat)), type = "interval")))
 [1] [2.5, 3.0] [3.4, 3.8] [2.5, 3.0] [0.0, 2.0] [3.0, 3.4] [3.4, 3.8] [3.8, 4.0]
 [8] [2.0, 2.5] [3.0, 3.4] [3.4, 3.8] [2.0, 2.5] [2.0, 2.5] [2.0, 2.5] [2.5, 3.0]
[15] [2.5, 3.0] [2.5, 3.0] [3.4, 3.8] [2.5, 3.0] [2.0, 2.5] [3.0, 3.4] [3.4, 3.8]
[22] [3.8, 4.0] [2.0, 2.5] [3.0, 3.4] [3.4, 3.8] [2.0, 2.5] [2.0, 2.5] [2.0, 2.5]
[29] [2.5, 3.0] [2.5, 3.0]

> # 구간회귀수행
> m <- survreg(Y ~ write + rating + type, data = dat, dist = "gaussian")
> summary(m)

Call:
survreg(formula = Y ~ write + rating + type, data = dat, dist = "gaussian")
               Value Std. Error     z        p
(Intercept)  1.10386    0.44529  2.48 1.32e-02
write        0.00528    0.00169  3.12 1.79e-03
rating       0.01331    0.00912  1.46 1.44e-01
typegeneral  0.37485    0.19275  1.94 5.18e-02
typeacademic 0.70975    0.16684  4.25 2.10e-05
Log(scale)  -1.23726    0.15964 -7.75 9.17e-15

Scale= 0.29

Gaussian distribution
Loglik(model)= -33.1   Loglik(intercept only)= -51.7
      Chisq= 37.24 on 4 degrees of freedom, p= 1.6e-07
Number of Newton-Raphson Iterations: 5
n= 30
```

(해석) p-값이 거의 영(zero)이므로 모형이 잘 적합된다고 할 수 있다. rating 변수가 유의하지 않으므로, 이를 제외한 모형을 고려할 수 있다.

17장* 조각별 선형회귀

17.1 서론

이 장에서는 예측변수의 구간별로 적절한(모수적 또는 비모수적) 회귀를 적합하는 방법을 다룬다.

조각별 선형회귀는 예측변수의 구간별로 선형회귀를 적합하는 방법이다.

17.2 조각별 선형회귀

조각별(piecewise 또는 segmented) 선형회귀는 예측변수가 구간으로 쪼개져서 각 구간별로 별개의 직선을 적합하는 회귀방법이다. 조각별 회귀 역시 다변량의 자료에 대해서도 적용되며, 이 경우 여러 개의 예측변수에 대해 구간을 분할할 수 있다. 조각별 회귀는 예측변수들이 여러 개의 상이한 그룹으로 군집화되고, 각 영역에서 변수들 간에 서로 상이한 관계를 보이는 경우 유용하다. 이때 각 구간의 경계를 단락점(breakpoints)이라고 한다.

예제 1

예제를 통해 조각별 회귀의 두 가지 방법을 소개한다.

```
> ## 분석자료생성
> x <- c(1:10, 13:22)
> y <- numeric(20)
> # 구간 1 자료생성
> set.seed(100)
> y[1:10] <- 20:11 + rnorm(10, 0, 1.5)
```

```
> # 구간 2 자료생성
> y[11:20] <- seq(11, 15, len=10) + rnorm(10, 0, 1.5)
> # 자료 그림
> par(mar=c(4,4,1,1)+0.2)
> plot(x,y, ylim=c(5, 20), pch=16)
```

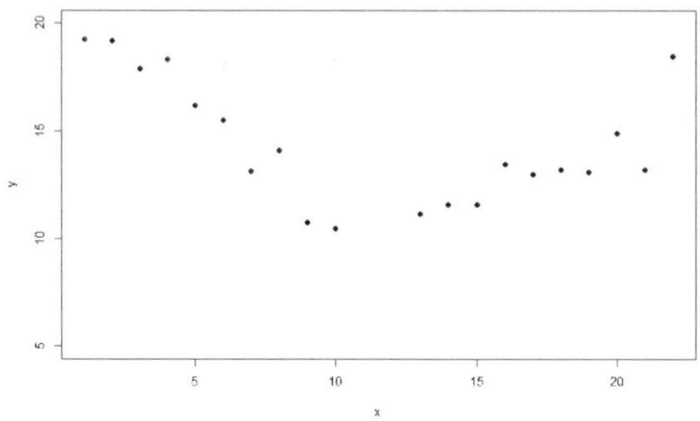

위의 자료에 대해 구간별 회귀를 적합한다.

[방법 1] 반복 탐색법(by Crawley)

단락점 c를 찾은 후, 다음의 모형을 적합한다.

$$y \sim x * I(x < c) + x * I(x > c).$$

위 식에서 $I(x<c)$와 $I(x>c)$는 가변수이다. x의 값에 따라 두 셋의 모수가 추정된다.

단락점 c의 결정은 반복탐색의 방법을 이용한다. 즉, c의 변화에 따라 위 모형을 적합한 후, mse를 최소로 하는 c를 선택한다.

[방법 1]을 통한 조각별 회귀의 수행과정은 다음과 같다.

```
> ## 단락점(breakpoints) 찾기
> # 단락점의 범위 지정
> breaks <- x[which(x >= 9 & x <= 17)]
> mse <- numeric(length(breaks))
> for(i in 1:length(breaks)){
      piecewise1 <- lm(y ~ x*(x < breaks[i]) + x*(x>=breaks[i]))
      mse[i] <- summary(piecewise1)[6]
      }
> mse <- as.numeric(mse)
> breaks[which(mse==min(mse))]    # mse를 최소로 하는 단락점
[1] 13
```

```
> # 구간별 회귀적합: c=13을 사용하여 위 모형을 적합함
> piecewise2 <- lm(y ~ x*(x < 13) + x*(x > 13))
> summary(piecewise2)

Call:
lm(formula = y ~ x * (x < 13) + x * (x > 13))

Residuals:
     Min       1Q   Median       3Q      Max 
-2.17643 -0.50602 -0.02285  0.39128  2.51601 

Coefficients: (1 not defined because of singularities)
             Estimate Std. Error t value Pr(>|t|)    
(Intercept)    3.4885     2.2475   1.552  0.14146    
x              0.5882     0.1485   3.960  0.00126 ** 
x < 13TRUE    17.7672     2.3809   7.462 2.01e-06 ***
x > 13TRUE    -0.4790     1.4219  -0.337  0.74089    
x:x < 13TRUE  -1.6396     0.1952  -8.400 4.70e-07 ***
x:x > 13TRUE       NA         NA      NA       NA    
---
Signif. codes:  0 '***' 0.001 '**' 0.01 '*' 0.05 '.' 0.1 ' ' 1

Residual standard error: 1.15 on 15 degrees of freedom
Multiple R-squared:  0.8758,	Adjusted R-squared:  0.8426 
F-statistic: 26.43 on 4 and 15 DF,  p-value: 1.219e-06
```

(해석) 구간 1(x〈13)에서의 적합결과:

- 절편=(Intercept)+(x〈13TRUE)=3.4885+17.7672=21.2557
- 기울기=x+(x:x〈13TRUE)=0.5882−1.6396=−1.0514

구간 2(x〉13)에서의 적합결과:

- 절편=(Intercept)+(x〉13TRUE)=3.4885−0.4790=3.0095
- 기울기=x+(x:x〉13TRUE)=0.5882+NA=0.5882
  (위 결과에서 NA는 비정칙에 의한 것으로 0으로 취급함)

```
> ## 적합결과의 시각화
> plot(x,y, ylim=c(5, 20), pch=16)
> curve(21.2557 - 1.0514*x, add=T, from=1, to=15)
> curve(3.0095 + 00.5882*x, add=T, from=15, to=max(x))
> abline(v=13, lty=3)
> plot(x,y, ylim=c(5, 20), pch=16)
> curve(21.2557 - 1.0514*x, add=T, from=1, to=13)
> curve(3.0095 + 00.5882*x, add=T, from=13, to=max(x))
> abline(v=13, lty=3)
```

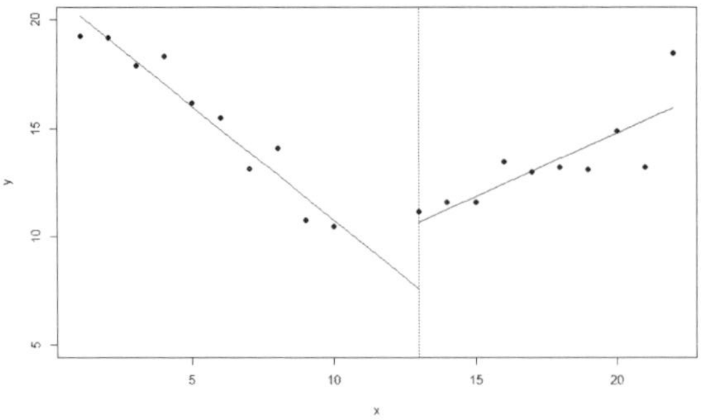

[방법 2] 패키지 {segmented} 이용

R의 segmented{segmented} 함수는 한 개 또는 여러 개의 예측변수가 단락점을 가지는 경우에 대해 조각별 회귀(segmented regression)를 수행한다. 단락점의 추정도 함께 제공된다. 이 방법은 조각별 회귀식이 (거의) 연속이 되게 하는 제약을 부여한 방법이다([방법 1]과의 가장 큰 차이점임).

```
segmented(obj, seg.Z, psi, control = seg.control(),
    model = TRUE, ...)
```

- seg.Z= 옵션: 구간화가 필요한 (연속형) 예측변수의 모형식 지정(모형식에 반응변수는 불필요). 반응변수와의 관계를 통해 결정됨. (예) seg.Z=~x1+x+2, seg.Z=~ log(x1)
- psi= 옵션: 단락값의 초깃값을 지정. seg.Z=에서 지정된 변수별로 지정.
  (예) psi=list(x=c(30,60), z=.3), psi=list(x=NA,z=.3)
- 단락점을 가지는 예측변수가 한 개의 단락점만을 가지는 경우에는 초깃값 지정을 하지 않아도 된다.

[방법 2]를 통한 조각별 회귀의 수행과정은 다음과 같다.

```
> lin.mod <- lm(y~x)
> segmented.mod <- segmented(lin.mod, seg.Z = ~x, psi=14)
> summary(segmented.mod)

     ***Regression Model with Segmented Relationship(s)***

Call:
segmented.lm(obj = lin.mod, seg.Z = ~x, psi = 14)

Estimated Break-Point(s):
   Est. St.Err
10.996  0.720
```

```
Meaningful coefficients of the linear terms:
            Estimate Std. Error t value Pr(>|t|)
(Intercept)  21.2557     0.7638  27.829 5.58e-15 ***
x            -1.0514     0.1231  -8.541 2.35e-07 ***
U1.x          1.6134     0.1741   9.268       NA
---
Signif. codes:  0 '***' 0.001 '**' 0.01 '*' 0.05 '.' 0.1 ' ' 1

Residual standard error: 1.118 on 16 degrees of freedom
Multiple R-Squared: 0.8748,  Adjusted R-squared: 0.8514

Convergence attained in 3 iterations with relative change 1.24327e-15
```

(해석) 추정된 단락점은 10.996이다. 구간별 회귀의 적합결과는 다음과 같다.

- 구간 1에서의 적합결과: 절편=(intercept)=21.2557, 기울기=−1.0514
- 구간 2에서의 적합결과: 기울기=(x+U1.x)=−1.0514+1.6134=0.562
- 구간 2에서의 절편(a_2)은 단락점(x=c)에서 동일한 추정값을 가지도록, 즉 $a_1+b_1c=a_2+b_2c$를 만족하도록 결정된다. 따라서 구간 2에서의 절편은 $a_2=a_1+c(b_1-b_2)$으로 주어진다.

```
> # 적합결과의 시각화
> plot(x,y, pch=16, ylim=c(5,20))
> plot(segmented.mod, add=T)
```

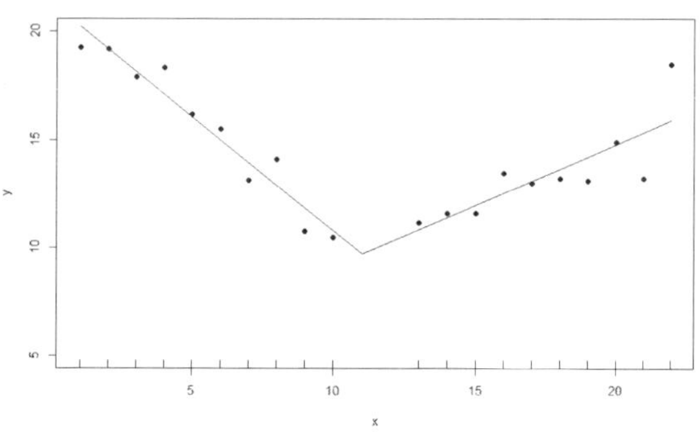

[방법 1]과 [방법 2]의 결과 중 어떤 모형을 선택하느냐의 문제는 데이터의 이해를 바탕으로 연속성이 바람직한지(요구되는지)의 여부에 따라 결정될 수 있다. 또한, 두 모형 간에 내포(nested) 관계가 성립되지 않아 가능도비(LR)검정은 사용될 수 없으나 AIC 등의 기준은 모형선택의 기준으로 사용될 수 있다.

예제 2

단락점이 2개 이상인 경우의 조각별 회귀를 수행한다.

```
> library(segmented)
> set.seed(12)
> xx <- 1:100
> zz <- runif(100)
> yy <- 2 + 1.5*pmax(xx - 35, 0) - 1.5*pmax(xx - 70, 0)
         + 15*pmax(zz - .5, 0) + rnorm(100,0,2)
> dati <- data.frame(x = xx, y = yy, z = zz)
> pairs(dati)
```

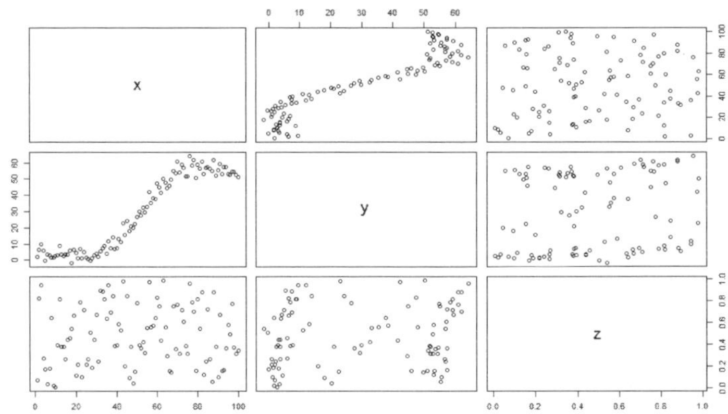

```
> ## 예측변수 1개, 단락점이 2개인 경우
> out.lm <- lm(y ~ x, data = dati)
> o <- segmented(out.lm, seg.Z = ~x, psi = list(x = c(30,60)),
+                control = seg.control(display = FALSE))
> summary(o)

      ***Regression Model with Segmented Relationship(s)***

Call:
segmented.lm(obj = out.lm, seg.Z = ~x, psi = list(x = c(30, 60)),
    control = seg.control(display = FALSE))

Estimated Break-Point(s):
          Est. St.Err
psi1.x 32.595  1.051
psi2.x 71.934  1.016
```

```
Meaningful coefficients of the linear terms:
             Estimate Std. Error t value Pr(>|t|)
(Intercept)  4.33586    1.17425   3.692 0.000373 ***
x           -0.05899    0.06210  -0.950 0.344596
U1.x         1.47356    0.07738  19.044       NA
U2.x        -1.55737    0.08552 -18.211       NA
---
Signif. codes:  0 '***' 0.001 '**' 0.01 '*' 0.05 '.' 0.1 ' ' 1

Residual standard error: 3.244 on 94 degrees of freedom
Multiple R-Squared: 0.9814,  Adjusted R-squared: 0.9804

Convergence attained in 6 iterations with relative change -1.034506e-15
```

(해석) 단락점은 32.595와 71.934이다. 구간별 회귀의 적합결과는 다음과 같다.

- 구간 1에서의 적합결과: 절편=(intercept)=4.33586, 기울기=−0.05899
- 구간 2에서의 적합결과: 기울기=(x+U1.x)=−0.05899+1.47356=1.41457
  (구간 2에서의 절편은 단락점 x=32.595에서 구간 1과 구간 2에서의 추정값이 같아지도록 구할 수 있다.)
- 구간 3에서의 적합결과: 기울기=(x+U1.x+U2.x)=−0.05899+1.47356−1.55737=−0.1428
  (구간 3에서의 절편은 단락점 x=71.934에서 구간 2와 구간 3에서의 추정값이 같아지도록 구할 수 있다.)

```
> # 적합결과의 시각화: ggplot{ggplot2} 함수 이용
> dat2 = data.frame(x = xx, y = broken.line(o)$fit)

> # broken.line{segmented} 함수는 구간별 회귀의 추정값을 제공해 줌
> broken.line(o)
$fit
       x1        x2        x3        x4        x5        x6        x7        x8
 4.276862  4.217868  4.158875  4.099881  4.040888  3.981895  3.922901  3.863908
       x9       x10       x11       x12       x13       x14       x15       x16
 3.804914  3.745921  3.686927  3.627934  3.568940  3.509947  3.450954  3.391960
...
      x97       x98       x99      x100
54.481117 54.338318 54.195519 54.052720

$se.fit
       x1        x2        x3        x4        x5        x6        x7        x8
1.1204670 1.0675846 1.0157468 0.9651218 0.9159108 0.8683543 0.8227391 0.7794062
       x9       x10       x11       x12       x13       x14       x15       x16
0.7387573 0.7012593 0.6674436 0.6378959 0.6132335 0.5940652 0.5809351 0.5742574
...
```

```
     x97       x98       x99      x100
0.9949801 1.0531849 1.1130039 1.1741905

> library(ggplot2)
> ggplot(dati, aes(x = x, y = y)) +
       geom_point() +
       geom_line(data = dat2, color = 'blue')
```

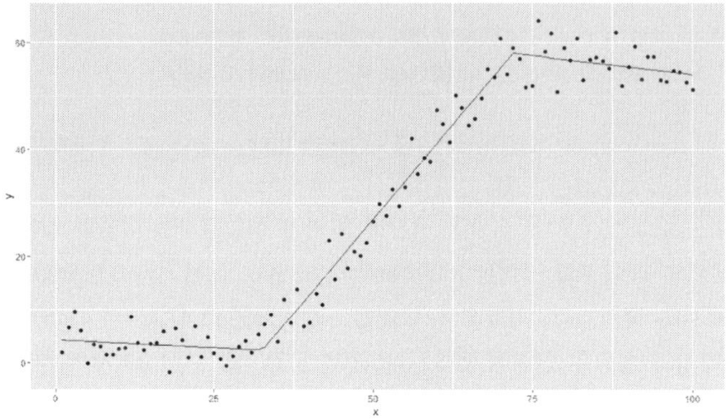

예제 3

([예제 2]의 계속) 여러 개의 예측변수가 단락점을 가지는 경우의 조각별 회귀를 수행한다.

```
> # 이름을 가지는 리스트(named list) 형태로 단락점의 초깃값을 지정함
> out.lm<-lm(y~z,data=dati)
> o1<-update(o,seg.Z=~x+z,psi=list(x=c(30,60), z=.3))
> summary(o1)

     ***Regression Model with Segmented Relationship(s)***

Call:
segmented.lm(obj = out.lm, seg.Z = ~x + z, psi = list(x = c(30,
    60), z = 0.3), control = seg.control(display = FALSE))

Estimated Break-Point(s):
         Est. St.Err
psi1.x 34.988  0.480
psi2.x 70.396  0.620
psi1.z  0.534  0.044
```

```
Meaningful coefficients of the linear terms:
             Estimate Std. Error t value Pr(>|t|)
(Intercept)  1.94405    0.59369   3.275  0.00149 **
z            0.56587    1.88012   0.301  0.76411
U1.x         1.49144    0.03083  48.383       NA
U2.x        -1.53290    0.05125 -29.908       NA
U1.z        17.88411    2.90036   6.166       NA
---
Signif. codes:  0 '***' 0.001 '**' 0.01 '*' 0.05 '.' 0.1 ' ' 1

Residual standard error: 1.914 on 92 degrees of freedom
Multiple R-Squared: 0.9937,  Adjusted R-squared: 0.9932

Convergence attained in 8 iterations with relative change -3.374478e-16
```

(해석) 예측변수 x의 단락점은 34.988와 70.396이며, 예측변수 z의 단락점은 0.534이다. x와 z의 단락점을 경계로 하는 각 구간별(총 6개 구간) 회귀의 적합결과는 다음과 같다. 구간 1에서만 절편이 제시되어 있으며, 나머지 구간에서의 절편항은 위의 예제에서와 동일한 방법으로 구해질 수 있다.

- 구간 1($x<34.988$ & $z<0.534$): $\hat{y}=1.94405+0.56587z$
- 구간 2($x<34.988$ & $z>0.534$): $\hat{y}=\text{절편항}+(0.56587+17.88411)z$
- 구간 3($34.988<x<70.396$ & $z<0.534$): $\hat{y}=\text{절편항}+1.49144x+0.56587z$
- 구간 4($34.988<x<70.396$ & $z>0.534$):
  $\hat{y}=\text{절편항}+1.49144x+(0.56587+17.88411)z$
- 구간 5($x>70.396$ & $z<0.534$): $\hat{y}=\text{절편항}+(1.49144-1.53290)x+0.56587z$
- 구간 6($x>70.396$ & $z>0.534$):
  $\hat{y}=\text{절편항}+(1.49144-1.53290)x+(0.56587+17.88411)z$
- 각 구간별 절편항은 인접한 구간에서의 추정값이 동일하도록 결정된다.

18장*

MARS 회귀

18.1 서론

Friedman(1991)에 의해 처음 소개된 MARS 회귀는 일종의 비모수적 회귀방법으로, 변수들 간의 비선형성과 교호작용을 자동적으로 모형화하는 방법으로 선형모형의 확장으로 생각할 수 있다. 특히, 이 모형은 고차원의 자료의 적합에 유용하다.

MARS(multivariate adaptive regression splines)는 예측변수와 반응변수 간에 복잡한 비선형 관계를 설명하는 데 유용한 회귀방법이다. 예를 들어, 예측변수가 한 개인 경우 MARS 회귀는 다음의 [그림 18.1]과 같이 조각별 선형회귀의 결과와 유사하게 나타난다. 즉, 비선형 관계를 조각난(또는 구간별) 선형식들의 통합으로 설명한다.

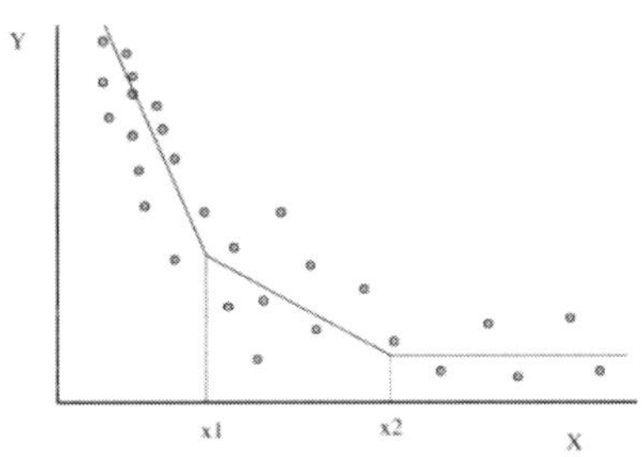

[그림 18.1] MARS 회귀의 적합 결과: 예시

용어 "MARS"는 Salford System의 상표로 등록되어 있어, 많은 공개 소프트웨어에서는 "Earth"를 사용한다.

18.2 MARS 회귀

MARS 회귀모형의 일반 형태는 다음과 같다.

$$f(x) = \beta_0 + \sum_{m=1}^{M} \beta_m h_m(x).$$

여기서 $h_m(x)$는 경첩(hinge)함수로 불리는 $\max(0, x-c)$ 또는 $\max(0, c-x)$의 형태를 취하거나(c는 상수로 매듭(knot)으로 불림), 두 개 이상의 경첩함수의 곱의 형태(교호효과를 나타낼 경우)를 취할 수도 있다. 모형의 적합과정은 일반화교차타당법(GCV)을 사용하는 "forward pass"와 "backward pass"를 항상 포함한다. 경첩함수를 찾는 데는 탐욕적 알고리즘(greedy algorithm)이 사용된다.

MARS 회귀의 장점은 다음과 같다. 1) 이해하기 쉬고 해석이 용이하다. 2) 선형회귀에 비해 매우 유연하다. 3) MARS 알고리즘은 변수선택을 자동으로 수행한다. 4) 자료 변환의 노력이 적게 든다. 5) 좋은 적합을 보인다. 6) 자료가 상당히 큰 경우에도 유용하다. 7) 예측을 쉽게 수행한다. 8) 반응변수가 (연속인 경우뿐 아니라) 범주형인 경우에도 적용된다.

반면, MARS 회귀의 단점은 다음과 같다. 1) 반복 분할이 요구되며, 계산이 복잡하다. 2) 과적합의 문제를 잠재적으로 가지고 있다. 3) 경첩함수의 구현이 어렵다.

R의 {earth} 패키지는 MARS 회귀를 제공한다.

참고

일반화교차타당법(Generalized Cross Validation, 이하 GCV)은 LOO(leave-one-out) 타당법에 의해 결정되는 오차를 근사(approximate)하는 방법으로, 실제 문제에 잘 작동한다. MARS에서 GCV는 잔차제곱합(RSS)에 (경첩함수의) 매듭(knots) 수에 벌점을 부가한 측도이다(일반화를 위한 제약 과정임).

예제 1

가상의 자료에 대해 MARS 회귀를 수행한다.

```
> # 분석자료: 구간별 회귀에서 사용된 자료임
> set.seed(12)
> xx <- 1:100
> zz <- runif(100)
> yy <- 2 + 1.5*pmax(xx - 35, 0) - 1.5*pmax(xx - 70, 0)
        + 15*pmax(zz - .5, 0) + rnorm(100,0,2)
> dati <- data.frame(x = xx, y = yy, z = zz)
> pairs(dati)
```

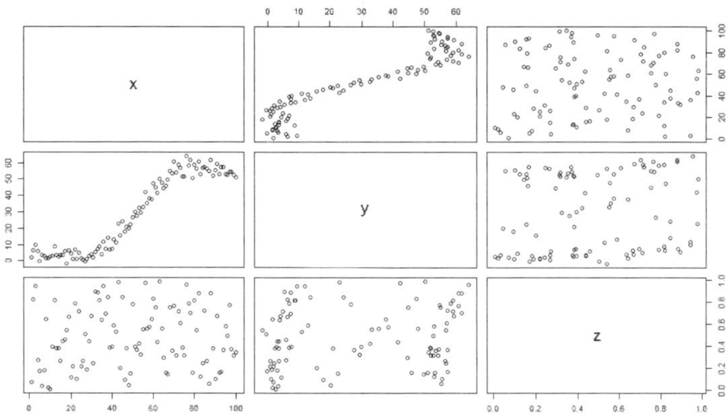

```
> ## MARS 회귀
> mars <- earth(y~x, data=dati, pmethod="backward",
                 nprune=20, nfold=10)
> summary(mars, style="pmax")
Call: earth(formula=y~x, data=dati, pmethod="backward", nprune=20, nfold=10)

y =
  3.296552
  +  0.224801 * pmax(0,  x - 24)
  +    1.2509 * pmax(0,  x - 36)
  - 0.8196227 * pmax(0,  x - 68)
  -  0.862601 * pmax(0,  x - 76)

Selected 5 of 6 terms, and 1 of 1 predictors
Termination condition: RSq changed by less than 0.001 at 6 terms
Importance: x
Number of terms at each degree of interaction: 1 4 (additive model)
GCV 11.80348  RSS 977.4463  GRSq 0.9782583  RSq 0.9816302  CVRSq 0.9773047

Note: the cross-validation sd's below are standard deviations across folds

Cross validation:   nterms 4.40 sd 0.52    nvars 1.00 sd 0.00

     CVRSq   sd     MaxErr   sd
     0.977 0.01       7.38 6.16

> # MARS 회귀 시각화
> plot(mars)
```

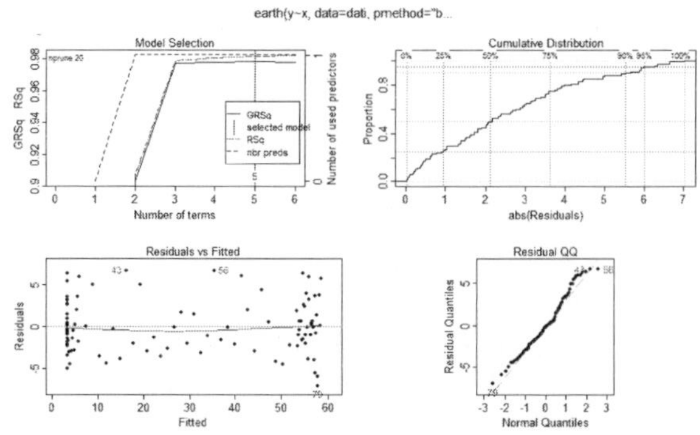


```
> plot(dati$x, dati$y)
> lines(dati$x, mars$fitted.values)
```

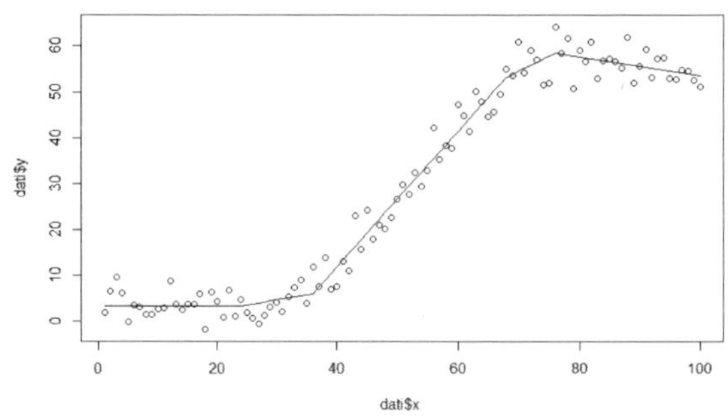


```
> plotd(mars)
```

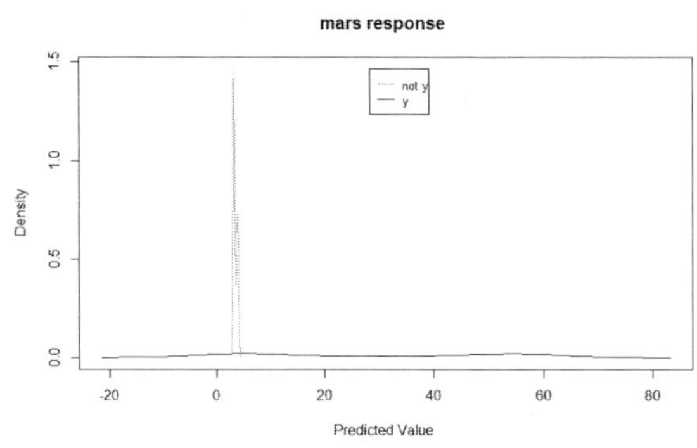

다음은 MARS 모형에 대한 이해를 위해 적합한 예를 제시한다. 공해자료에서 오존량(ozone level)을 온도(temp)와 기타 변수(wind, ibt, vis)로 추정한 결과이다. 추정식에서 마지막 항은 두 변수 wind와 vis 간의 교호작용을 나타낸다.

$$\begin{aligned}\text{ozone} = 5.2 \\ &+ 0.93\max(0, \text{temp} - 58) \\ &- 0.64\max(0, \text{temp} - 68) \\ &- 0.046\max(0, 234 - \text{ibt}) \\ &- 0.016\max(0, \text{wind} - 7)\max(0, 200 - \text{vis})\end{aligned}$$

다음의 [그림 18.2]는 wind와 vis의 변화에 따른 오존량의 추정 결과를 보여 준다(다른 변수 값은 중앙값으로 고정함). 이 그림에서 vis(ibility)가 낮지 않은 경우 wind는 오존량에 영향을 미치지 않음을 알 수 있다. 여기서 알 수 있듯이 MARS는 경첩함수의 결합을 통해 매우 유연한 회귀면을 제공함을 알 수 있다.

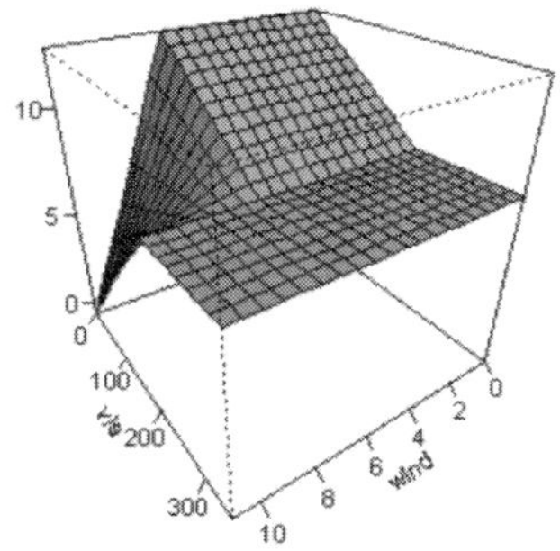

[그림 18.2] MARS 회귀의 적용 결과: 예시

위의 회귀식을 얻는 과정에서 MARS의 모형구축 알고리즘은 (모형에 포함될) 유의한 변수, 경첩함수에서 꼬임(kinks)의 위치, 경첩함수의 결합 방법을 자동적으로 선택해 준다.

예제 2

반응변수가 범주형인 경우에 대해 MARS 회귀를 수행한다. 비교를 위해 패키지 {earth}와 패키지 {caret}을 이용한 결과를 함께 제시한다.

```
> ## (a) 패키지 {earth}를 이용한 MARS 회귀
> library(earth)
> library(caret)
> data(etitanic)
> str(etitanic)
'data.frame':   1046 obs. of  6 variables:
 $ pclass  : Factor w/ 3 levels "1st","2nd","3rd": 1 1 1 1 1 1 1 1 1 1 ...
 $ survived: int  1 1 0 0 0 1 1 0 1 0 ...     # 1:yes, 0:no
 $ sex     : Factor w/ 2 levels "female","male": 1 2 1 2 1 2 1 2 1 2 ...
 $ age     : num  29 0.917 2 30 25 ...
 $ sibsp   : int  0 1 1 1 1 0 1 0 2 0 ...
 $ parch   : int  0 2 2 2 2 0 0 0 0 0 ...
```

```
> a1 <- earth(survived ~ .,
              data = etitanic,
              glm=list(family=binomial),
              degree = 2,
              nprune = 5)
> summary(a1)
Call: earth(formula=survived~., data=etitanic, glm=list(family=binomial), degree=2,
nprune=5)

GLM coefficients
                        survived
(Intercept)            2.0372720
pclass3rd             -1.8466607
sexmale               -2.3864919
pclass2nd * sexmale   -1.7369506
sexmale * h(16-age)    0.1927363

Earth selected 5 of 17 terms, and 4 of 6 predictors
Termination condition: Reached nk 21
Importance: sexmale, pclass3rd, pclass2nd, age, sibsp-unused, parch-unused
Number of terms at each degree of interaction: 1 2 2
Earth GCV 0.1476677    RSS 151.2288    GRSq 0.389902    RSq 0.4015226

GLM null.deviance 1414.62 (1045 dof)   deviance 947.1918 (1041 dof)   iters 4

> ## (b) 패키지 {caret}을 이용한 MARS 회귀
> etitanic$survived <- factor(ifelse(etitanic$survived == 1, "yes", "no"),
                              levels = c("yes", "no"))
> a2 <- train(survived ~ .,
              data = etitanic,
              method = "earth",
              tuneGrid = data.frame(degree = 2, nprune = 5),
              trControl = trainControl(method = "none",
                                       classProbs = TRUE))
> summary(a2)
Call: earth(x=matrix[1046,6], y=factor.object, keepxy=TRUE,
           glm=list(family=function.object), degree=2, nprune=5)

GLM coefficients
                              no
(Intercept)           -2.0372720
pclass3rd              1.8466607
sexmale                2.3864919
pclass2nd * sexmale    1.7369506
sexmale * h(16-age)   -0.1927363

Earth selected 5 of 17 terms, and 4 of 6 predictors
```

```
Termination condition: Reached nk 21
Importance: sexmale, pclass3rd, pclass2nd, age, sibsp-unused, parch-unused
Number of terms at each degree of interaction: 1 2 2
Earth GCV 0.1476677    RSS 151.2288    GRSq 0.389902    RSq 0.4015226

GLM null.deviance 1414.62 (1045 dof)   deviance 947.1918 (1041 dof)   iters 4

> predict(a1, head(etitanic), type = "response")
      survived
[1,] 0.8846552
[2,] 0.9281010
[3,] 0.8846552
[4,] 0.4135716
[5,] 0.8846552
[6,] 0.4135716

> predict(a2, head(etitanic), type = "prob")
        yes         no
1 0.8846552 0.11534481
2 0.9281010 0.07189895
3 0.8846552 0.11534481
4 0.4135716 0.58642840
5 0.8846552 0.11534481
6 0.4135716 0.58642840
```

예제 3

mtcars 자료에 대해 MARS 회귀를 수행한다.

```
> ## (a) 패키지 {earth}를 이용한 MARS 회귀적합
> library(earth)
> data(mtcars)
> str(mtcars)
'data.frame':   32 obs. of  11 variables:
 $ mpg : num  21 21 22.8 21.4 18.7 18.1 14.3 24.4 22.8 19.2 ...
 $ cyl : num  6 6 4 6 8 6 8 4 4 6 ...
 $ disp: num  160 160 108 258 360 ...
 $ hp  : num  110 110 93 110 175 105 245 62 95 123 ...
 $ drat: num  3.9 3.9 3.85 3.08 3.15 2.76 3.21 3.69 3.92 3.92 ...
 $ wt  : num  2.62 2.88 2.32 3.21 3.44 ...
 $ qsec: num  16.5 17 18.6 19.4 17 ...
 $ vs  : num  0 0 1 1 0 1 0 1 1 1 ...
 $ am  : num  1 1 1 0 0 0 0 0 0 0 ...
 $ gear: num  4 4 4 3 3 3 3 4 4 4 ...
```

```
 $ carb: num  4 4 1 1 2 1 4 2 2 4 ...

> fit1 <- earth(am ~ cyl + mpg + wt + disp, data = mtcars,
                glm=list(family=binomial)
                degree=1,
                nprune=5)
> # 반응변수(am)
> summary(fit1)
Call:    earth(formula=am~cyl+mpg+wt+disp,    data=mtcars,    glm=list(family=binomial),
degree=1)

GLM coefficients
                      am
(Intercept) -19.112477
cyl            5.306611
h(wt-2.77)  -37.126594
h(wt-3.44)   33.362636

Earth selected 4 of 10 terms, and 2 of 4 predictors
Termination condition: RSq changed by less than 0.001 at 10 terms
Importance: wt, cyl, mpg-unused, disp-unused
Number of terms at each degree of interaction: 1 3 (additive model)
Earth GCV 0.1083866    RSS 2.116926    GRSq 0.5783015    RSq 0.7257424

GLM null.deviance 43.22973 (31 dof)   deviance 12.59417 (28 dof)   iters 10

> pred1 <- predict(fit1, newdata = mtcars, type="response")
> head(pred1)
               am
[1,] 9.999970e-01
[2,] 9.998536e-01
[3,] 8.922534e-01
[4,] 2.200697e-02
[5,] 1.773502e-01
[6,] 4.916512e-06

> ## (b) 패키지 {caret}을 이용한 MARS 회귀적합
> library(caret)
> mtcars$am <- as.factor(mtcars$am)
> fit2 <- train(am ~ cyl + mpg + wt + disp, data = mtcars, method = "earth",
               trControl = trainControl(method = "cv", number = 5),
               tuneLength = 3,
               glm=list(family='binomial'))
Warning messages:
1: glm.fit: fitted probabilities numerically 0 or 1 occurred
2: glm.fit: fitted probabilities numerically 0 or 1 occurred
```

```
> summary(fit2)
Call: earth(x=matrix[32,4], y=factor.object, keepxy=TRUE,
            glm=list(family=function.object), degree=1, nprune=2)

GLM coefficients
                    1
(Intercept)  2.122072
h(wt-2.77)  -6.229311

Earth selected 2 of 10 terms, and 1 of 4 predictors
Termination condition: RSq changed by less than 0.001 at 10 terms
Importance: wt, cyl-unused, mpg-unused, disp-unused
Number of terms at each degree of interaction: 1 1 (additive model)
Earth GCV 0.1842427    RSS 4.842129    GRSq 0.283169    RSq 0.3726796

GLM null.deviance 43.22973 (31 dof)   deviance 19.30457 (30 dof)   iters 7

> pred2 <- predict(fit2, newdata = mtcars, type="prob")
> head(pred2)
          0         1
1 0.1069700 0.8930300
2 0.1872477 0.8127523
3 0.1069700 0.8930300
4 0.6570040 0.3429960
5 0.8861058 0.1138942
6 0.8980875 0.1019125
```

19장* 분위수 회귀와 역추정

19.1 서론

이 장에서는 분위수 회귀와 역추정을 다룬다. 통상적인 회귀가 반응변수의 조건부기댓값을 모형화하는 것에 비해, 분위수 회귀는 조건부중앙값(또는 분위수)를 모형화하는 방법이다. 또한 통상적인 회귀와는 반대로, 역추정은 주어진 반응변수의 값으로부터 예측변수를 추정하는 문제를 다룬다.

19.2 분위수 회귀

표준 선형회귀기법은 조건부평균 $E(Y|x)$를 선형 예측식으로 모형화한다. 분위수 회귀(quantile regression, 이하 QR)는 조건부기댓값 대신 조건부분위수(예를 들어, 중앙값) $Q_q(Y|x)$를 사용하는 회귀방법이다. 예를 들어, $q=1/2$인 경우는 중앙값 회귀(median regression)가 된다.

보통최소제곱회귀는 잔차제곱합($\sum e_i^2$)을 최소화하며, 중앙값 회귀는 절대잔차의 합($\sum|e_i|$)을 최소화하는 추정량을 사용한다. 반면 분위수 회귀에서는 절대잔차에 대해 비대칭적인 벌점을 부여하는데, 과대 추정된 점에는 $(1-q)|e_i|$을, 과소 추정된 점에는 $q|e_i|$을 부여하는 방법을 사용한다.

분위수 회귀에서의 추정량(분위수 q에 대한)은 다음의 목적함수를 최소화하는 값이다.

$$Q(\beta_q) = \sum_{i:\, y_i \geq x_i'\beta}^{n} q|y_i - x_i'\beta| + \sum_{i:\, y_i < x_i'\beta}^{n} (1-q)|y_i - x_i'\beta|\,.$$

위 식의 계산에는 선형 프로그래밍이 요구되나, 추정량은 근사적으로 정규분포를 따르는 것으로 알려져 있다.

분위수 회귀의 장점으로는 (i) OLS 추정량은 오차가 정규성을 크게 벗어나는 경우 비효율적일 수 있으나, QR은 비정규성과 이상치에 더 로버스트하며, (ii) 단지 조건부평균에만 미치는 (공변량의) 영향이 아니라, y 분포 전체에 미치는 영향을 제공해 준다. (iii) QR은 단조변환 $h(\cdot)$에 대해 불변(invariant)이다. 즉, 분위수에 대해서는 $Q_q(h(y)) = h(Q_q(y))$이 성립되나, 평균에 대해서는 $E(h(y)) \neq h(E(y))$이다.

R 패키지 {quantreg}는 분위수 회귀를 수행한다.

예제 1

engel{quantreg} 자료에 대해 분위수 회귀를 수행한다. 이 자료는 235명의 벨기에인의 수입(income)과 식료품 지출액(foodexp)을 조사한 자료이다.

```
> library(quantreg)
> data(engel)
> attach(engel)

> ## 분위수 회귀수행
> taus <- c(.05,.1,.25,.5,.75,.90,.95)
> qr <- rq(foodexp~income, tau=taus)     # tau=은 추정될 분위수를 지정
> summary(qr)
> # 회귀계수
> ab <- coef(qr)
> ab
              tau= 0.05   tau= 0.10  tau= 0.25  tau= 0.50
(Intercept) 124.8800408 110.1415742 95.4835396 81.4822474
income        0.3433611   0.4017658  0.4741032  0.5601806
             tau= 0.75  tau= 0.90  tau= 0.95
(Intercept) 62.3965855 67.3508721 64.1039632
income       0.6440141  0.6862995  0.7090685

> ## 분위수 회귀의 시각화
> plot(income,foodexp,cex=.25,type="n",xlab="Household Income", ylab="Food Expenditure")
> points(income,foodexp,cex=.5,col="blue")
> for( i in 1:length(taus)){
       abline(ab[1,i], ab[2,i],col="gray")
       }
> # 중앙값 회귀와 OLS 회귀 추가
> abline(ab[1,4],ab[2,4],col="blue")     # 중앙값 회귀
> abline(lm(foodexp~income),lty=2,col="red")     # OLS 회귀
```

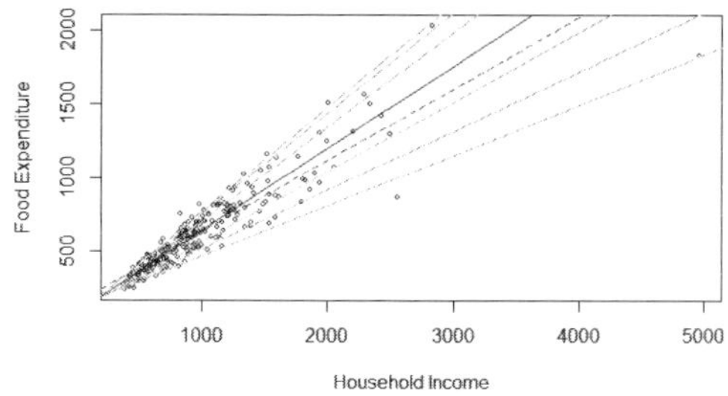

(해석) 회색은 {0.05, .1, .25, .75, .90, .95} 분위수 회귀, 푸른색은 중앙값 회귀, 붉은색은 OLS 회귀에 의한 적합결과이다.

```
> ## 추정된 회귀계수와 신뢰구간그림
> plot(summary(qr))     # param="income" 수행 시 두 번째 그림만 제공됨
```

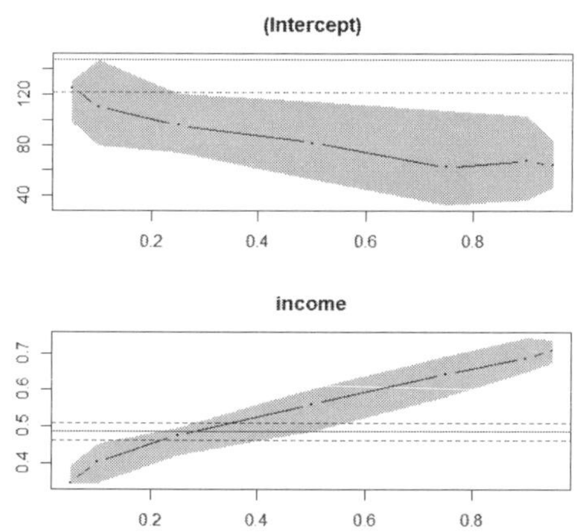

(해석) 분위수 회귀에서 절편과 기울기 모수의 추정값과 신뢰구간을 나타낸다. 붉은색은 OLS의 결과이다.

19.3 역추정 - 보정

통상적인 회귀에서는 주어진 예측변수에서 반응변수를 예측하는 것이다. 그러나 그 반대의 경우가 필요한 경우가 있다. 역추정(inverse estimation)은 반응변수가 주어질 때, 설명변수를 추정하는 문제를 다룬다. 이것은 보정(calibration) 문제로도 알려져 있다. 여기서는 설명변수가 고정된 경우에 대한 보정만을 다루기로 한다(이를 통제된 보정이라고 함). 베이지안 접근법과 다변

량 보정 등에 대해서는 Osborne(1991)을 참고하기 바란다.

R의 {investr} 패키지는 선형 및 비선형 회귀모형에서 역추정을 제공하며 주요 함수는 다음과 같다.

- calibrate( ): 단순선형회귀에 대한 보정을 제공. 최대가능도추정과 신뢰구간 제공
- invest( ): 역추정과 신뢰구간 제공
- plotFit( ): 적합모형(lm 또는 nls 객체)과 신뢰구간 그림을 제공

예제 2

calibrate( ) 함수를 통해 단순회귀에 대한 역추정을 실시한다.

```
> library(investr)
> mod <- lm(measured ~ actual, data = arsenic)
> (res <- calibrate(mod, y0 = 3, interval = "inversion", level = 0.9))
estimate    lower    upper
2.931449 2.603537 3.258658

> plotFit(mod, interval = "prediction", level = 0.9, shade = TRUE, col.pred = "skyblue")
> abline(h = 3, v = c(res$lower, res$estimate, res$upper), lty = 2)
```

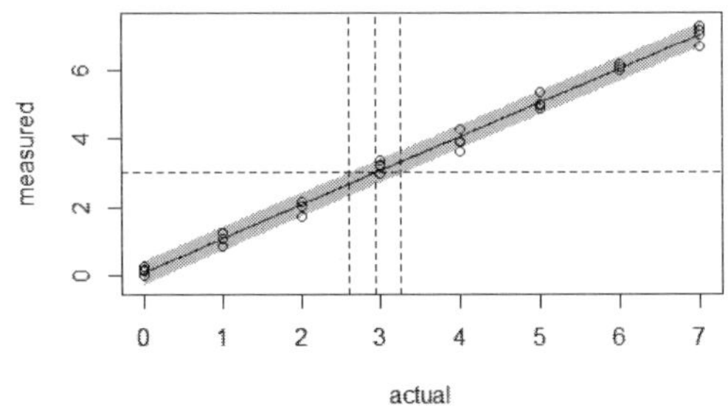


```
> calibrate(mod, y0 = c(3.17, 3.09, 3.16), interval = "inversion", level = 0.9)
estimate    lower    upper
3.073191 2.884300 3.261588
```

예제 3

invest( ) 함수를 이용하여 비선형회귀에 대한 역추정을 실시한다.

```
> set.seed(200)
> x <- rep(seq(from = 0, to = 25, by = 2), each = 2)
> d <- data.frame(x, y = 5 + x - sin(x) + rnorm(length(x), sd = 1.5))
> (mod <- lm(y ~ I(x - sin(x)), data = d))
Call:
lm(formula = y ~ I(x - sin(x)), data = d)

Coefficients:
  (Intercept)  I(x - sin(x))
       5.1587         0.9818

> res <- invest(mod, y0 = 22, interval = "Wald")    # 근사 신뢰구간
> plotFit(mod, interval = "prediction", shade = TRUE, col.pred = "seagreen1",
        extend.range = TRUE)
> abline(h = 22, v = res$estimate, lty = 2)
```

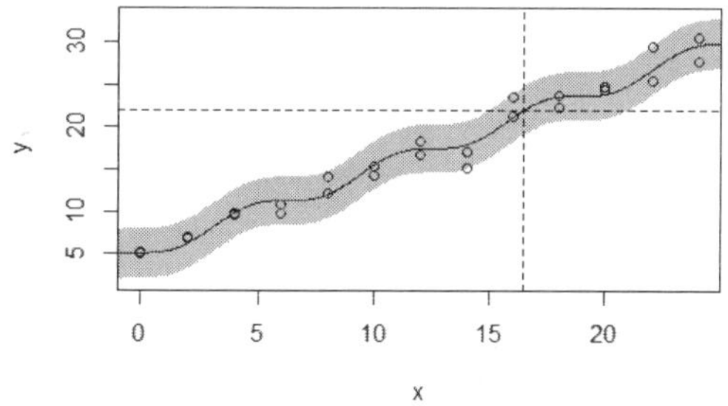

20장*

다변량 다중회귀

20.1 서론

일반적인 다중선형회귀모형은 반응변수의 차원이 1인 경우를 다룬다. 다변량 다중선형회귀(multivariate multiple regression)는 반응변수의 차원이 2 이상인 경우의 회귀분석 기법이다. 이때, 반응변수들은 서로 종속되어 있다. 예를 들어, 한 의사가 환자들의 건강 상태 변수(콜레스테롤, 혈압, 체중)와 식생활 습관 변수(일주일간의 육류, 생선, 유가공 식품, 초콜렛의 섭취량)를 측정한 뒤, 세 종류의 건강 측도들과 식생활 습관 간의 관계를 조사하고자 하는 경우이다.

다변량 다중회귀는 다변량 일반선형회귀에 포함된다. 즉,

"다변량 일반선형모형 = 다변량 다중회귀 + 다변량 분산분석(MANOVA)"

이며, 다변량 분산분석에 대해서는 나종화(2017)의 4권을 참고하기 바란다.

20.2 다변량 다중회귀

다변량 일반선형모형은 다음과 같다.

$$\underset{(n\times m)}{Y} = \underset{(n\times k+1)}{X}\ \underset{(k+1\times m)}{B} + \underset{(n\times m)}{E}.$$

여기서 B에 대한 최대가능도추정량은 개별 반응변수에 대한 최소제곱추정량과 동등(equivalent)하게 주어진다. 즉,

$$\hat{B} = (X'X)^{-1}X'Y$$

이다.

일변량의 일반선형회귀의 경우와 유사하게($SST = SSR + SSE$; 총제곱합=회귀제곱합과+잔차제곱합), 총제곱합과 교차곱합(total sum-of-squares-and-cross-products, 이하 SSP_T) 행렬은 회귀(regression)와 잔차(residual) SSP로 분해된다. 즉, 다음 식이 성립한다.

$$\begin{aligned} \underset{(m\times m)}{SSP_T} &= Y'Y - n\bar{y}\bar{y}' \\ &= \hat{E}'\hat{E} + (\hat{Y}'\hat{Y} - n\bar{y}\bar{y}') \\ &= SSP_R + SSP_{Reg}. \end{aligned}$$

많은 내포(nested)모형에 대한 가설검정은 SSP_{Reg}(또는 SSP_R)의 차이에 기초한다. SSP_H를 가설에 대한 SSP 행렬의 증분이라고 할 때, 가설에 대한 다변량 검정은 $SSP_H\,SSP_R^{-1}$의 m개 고윳값 λ_j에 기초한다. 여러 종류의 다변량 검정통계량들은 이들 고유치들의 함수로 주어진다. 즉,

- Pillai-Bartlett 트레이스: $T_{PB} = \sum_{j=1}^{m} \frac{\lambda_j}{1-\lambda_j}$.
- Hotelling-Lawley 트레이스: $T_{HL} = \sum_{j=1}^{m} \lambda_j$.
- Wilk's 람다: $\Lambda = \prod_{j=1}^{m} \frac{1}{1+\lambda_j}$.
- Roy's 최대근: λ_1.

위의 통계량들은 모두 귀무가설하에서 근사적으로 F분포를 따르는 것으로 알려져 있으며, 이를 기반으로 검정을 수행하게 된다(더 자세한 내용은 관련 서적을 참고하기 바람).

R의 lm( ) 함수는 다변량 다중선형회귀모형을 적합한다.

예제 1

가상의 자료에 대해 다변량 다중회귀를 수행한다.

```
> set.seed(123)
> N  <- 100
> X1 <- rnorm(N, 175, 7)
```

```
> X2 <- rnorm(N, 30, 8)
> X3 <- abs(rnorm(N, 60, 30))
> Y1 <- 0.2*X1 - 0.3*X2 - 0.4*X3 + 10 + rnorm(N, 0, 10)
> Y2 <- -0.3*X2 + 0.2*X3 + rnorm(N, 10)
> Y  <- cbind(Y1, Y2)
> dfRegr <- data.frame(X1, X2, X3, Y1, Y2)
> pairs(dfRegr)
```

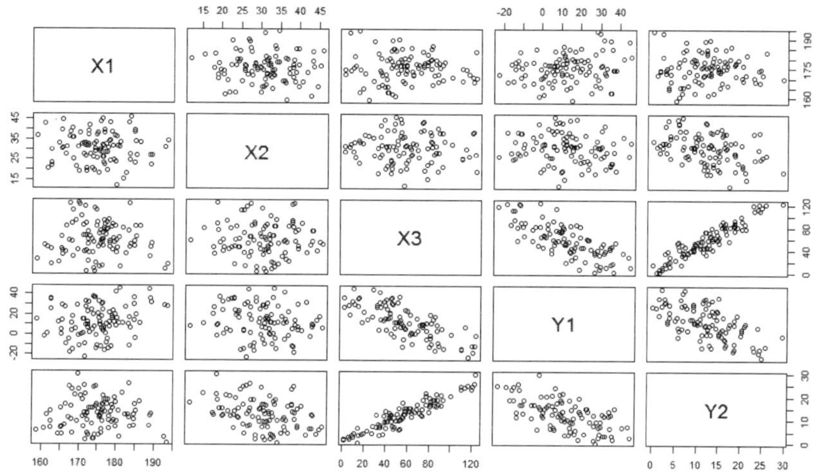


```
> summary(fit)
Response Y1 :

Call:
lm(formula = Y1 ~ X1 + X2 + X3, data = dfRegr)

Residuals:
    Min      1Q  Median      3Q     Max 
-27.220  -6.920  -1.659   8.159  20.470 

Coefficients:
             Estimate Std. Error t value Pr(>|t|)    
(Intercept) -25.80345   25.54393  -1.010  0.31496    
X1            0.42336    0.14147   2.993  0.00352 ** 
X2           -0.39881    0.13798  -2.890  0.00476 ** 
X3           -0.40117    0.03421 -11.726  < 2e-16 ***
---
Signif. codes:  0 '***' 0.001 '**' 0.01 '*' 0.05 '.' 0.1 ' ' 1

Residual standard error: 9.898 on 96 degrees of freedom
Multiple R-squared:  0.618,	Adjusted R-squared:  0.6061 
F-statistic: 51.77 on 3 and 96 DF,  p-value: < 2.2e-16
```

```
Response Y2 :

Call:
lm(formula = Y2 ~ X1 + X2 + X3, data = dfRegr)

Residuals:
     Min       1Q   Median       3Q      Max 
-2.17731 -0.48290  0.05724  0.44528  1.92045 

Coefficients:
             Estimate Std. Error t value Pr(>|t|)    
(Intercept) 11.160574   2.139986   5.215 1.05e-06 ***
X1          -0.007781   0.011852  -0.656    0.513    
X2          -0.297965   0.011560 -25.776  < 2e-16 ***
X3           0.201789   0.002866  70.406  < 2e-16 ***
---
Signif. codes:  0 '***' 0.001 '**' 0.01 '*' 0.05 '.' 0.1 ' ' 1

Residual standard error: 0.8292 on 96 degrees of freedom
Multiple R-squared:  0.9836,	Adjusted R-squared:  0.9831 
F-statistic:  1922 on 3 and 96 DF,  p-value: < 2.2e-16

> ## 계수와 전체 모형에 대한 검정
> # manova() 함수는 Type I SS를 제공함
> summary(manova(fit))     # test="Pillai"(디폴트)가 사용됨
          Df  Pillai approx F num Df den Df    Pr(>F)    
X1         1 0.11941     6.44      2     95  0.002381 ** 
X2         1 0.89406   400.86      2     95 < 2.2e-16 ***
X3         1 0.98236  2644.87      2     95 < 2.2e-16 ***
Residuals 96                                             
---
Signif. codes:  0 '***' 0.001 '**' 0.01 '*' 0.05 '.' 0.1 ' ' 1

> summary(manova(fit), test="Wilks")
> summary(manova(fit), test="Roy")
> summary(manova(fit), test="Hotelling-Lawley")


> # Type II/III SS: Manova{car} 함수 이용
> # 교호효과가 없으므로 Type II와 III SS가 동일함
> library(car)                          # for Manova()
> Manova(fit, type="II")

Type II MANOVA Tests: Pillai test statistic
   Df test stat approx F num Df den Df    Pr(>F)    
X1  1   0.09390     4.92      2     95  0.009242 ** 
X2  1   0.87375   328.73      2     95 < 2.2e-16 ***
```

```
X3  1   0.98236  2644.87       2      95 < 2.2e-16 ***
---
Signif. codes:  0 ‘***’ 0.001 ‘**’ 0.01 ‘*’ 0.05 ‘.’ 0.1 ‘ ’ 1
```

R의 SSD( ) 함수는 다변량 모형에서 잔차 SSP 행렬(SSD 행렬) 또는 추정된 분산행렬을 제공한다.

```
> ## 잔차 SSP 행렬: SSD() 함수 이용
> SSD(fit)
$SSD
           Y1       Y2
Y1 9404.96514 87.94785
Y2   87.94785 66.00905

$call
lm(formula = cbind(Y1, Y2) ~ X1 + X2 + X3, data = dfRegr)

$df
[1] 96

attr(,"class")
[1] "SSD"
```

다변량 다중회귀에서 변수선택을 위해서는 mStep{qtlmt} 함수를 이용한다. 이 함수의 일반형식과 사용 예는 다음과 같다.

```
mStep(object, scope, direction=c("both","backward","forward"),
         trace=FALSE, keep=TRUE, steps=1000, k=2, ...)
```

- k= 모수에 대한 벌점(penalty)으로, k=2이면 변수선택 시 AIC 기준이 적용되며, k=log(n)이면 BIC 기준이 적용된다.

```
> ## mStep() 함수의 사용 예
> data(etrait)
> mdf<- data.frame(traits, markers)     # traits와 markers는 모두 행렬 객체임
> mlm<- lm(cbind(T1,T2,T3,T4,T5,T6,T7,T8,T9,T10,T11,T12,T13,
              T14,T15,T16) ~ m1 + m2 + m3 + m4 + m5, data=mdf)

> lw<- formula(paste("~ ", paste("m",1:3,collapse=" + ",sep="")))
> up<- formula(paste("~", paste("m",1:15,collapse=" + ",sep="")))

> ob<- mStep(mlm, scope=list(lower=lw), k=99,

                direction="backward", data=mdf)
> of<- mStep(mlm, scope=list(upper=up), k=5,
```

```
              direction="forward", data=mdf)
> o1<- mStep(mlm, scope=list(upper=up), k=5,
              direction="both", data=mdf)
> o2<- mStep(o1, scope=list(upper=up), k=2,
              direction="forward", data=mdf)
```

21장* 선형혼합모형

21.1 서론

선형혼합모형(=혼합모형=혼합효과모형=선형혼합효과모형)은 고정효과(fixed effects)와 임의효과(random effects)[1]를 동시에 가지는 통계적 모형이다. 이 모형은 물리과학, 생물과학, 사회과학 등의 다양한 학문분야에 유용하게 사용된다. 특히 동일한 통계 단위에서 반복 측정된 자료(경시적 또는 다시점 자료의 연구; longitudinal study) 또는 관련된 통계 단위의 군집에서 측정된 자료의 분석에 유용하다. 결측값 처리의 장점으로 인해, 혼합효과모형은 "반복측정 ANOVA"와 같은 고전적 방법에 비해 선호된다.

반복측정 자료의 분석에 대해서는 다음 장(22.4절)과 함께 나종화(2017)의 4권 22장을 참고하기 바란다.

21.2 선형혼합모형: 예제

예제 1

예제를 통해 선형혼합모형을 설명하기로 한다.

(a) 분석자료 소개

```
> voice <- read.csv("http://www.bodowinter.com/tutorial/politeness_data.csv")
> head(voice)
  subject gender scenario attitude frequency
1      F1      F        1      pol     213.3
```

1) 임의효과는 변량효과라고도 하며, 흔히 두 용어를 혼용하여 사용한다.

```
2      F1      F      1      inf      204.5
3      F1      F      2      pol      285.1
4      F1      F      2      inf      259.7
5      F1      F      3      pol      203.9
6      F1      F      3      inf      286.9

> tail(voice)
   subject gender scenario attitude frequency
79      M3      M       5      pol      160.7
80      M3      M       5      inf      156.5
81      M3      M       6      pol      146.7
82      M3      M       6      inf      158.0
83      M3      M       7      inf      161.1
84      M3      M       7      pol      153.3

> str(voice)
'data.frame':   84 obs. of  5 variables:
 $ subject  : Factor w/ 6 levels "F1","F2","F3",..: 1 1 1 1 1 1 1 1 1 1 ...
 $ gender   : Factor w/ 2 levels "F","M": 1 1 1 1 1 1 1 1 1 1 ...
 $ scenario : int  1 1 2 2 3 3 4 4 5 5 ...
 $ attitude : Factor w/ 2 levels "inf","pol": 2 1 2 1 2 1 2 1 2 1 ...
 $ frequency: num  213 204 285 260 204 ...
```

(자료 설명) 이 자료는 3명의 여성(F1, F2, F3)과 3명의 남성(M3, M4, M7)으로 구성된 총 6명의 개체(subject)를 대상으로, 7종류의 시나리오(scenario)와 2종류의 태도(attitude)에 따른 목소리의 높이(frequency, 단위:Hz)를 측정한 자료이다($n = 84$). 시나리오는 부탁, 사과, ... 등의 7가지 대본으로 구성되었으며, 태도는 공손(polite), 평상(informal)의 2가지 모드로 구성되었다[총 17명의 개체(여성 9명, 남성 7명)로 구성된 원 자료로부터 추출된 6명의 개체에 대한 자료임].

데이터에 대한 이해를 위해 기초 분석을 수행한 결과는 다음과 같다.

```
> ## 데이터 탐색
> colnames(voice)
[1] "subject"   "gender"   "scenario"   "attitude"   "frequency"

> which(is.na(voice$frequency))     # 목소리 높이가 결측인 행 번호
[1] 39

> which(!complete.cases(voice))     # 결측값을 가지는 행 번호
[1] 39

> boxplot(frequency ~ subject, voice)
```

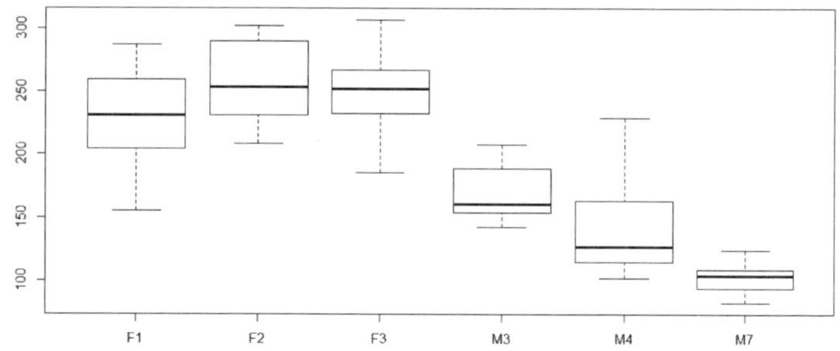

(해석) 여성에 비해 남성의 목소리 높이가 낮음을 알 수 있다.

```
> boxplot(frequency ~ scenario, voice)
```

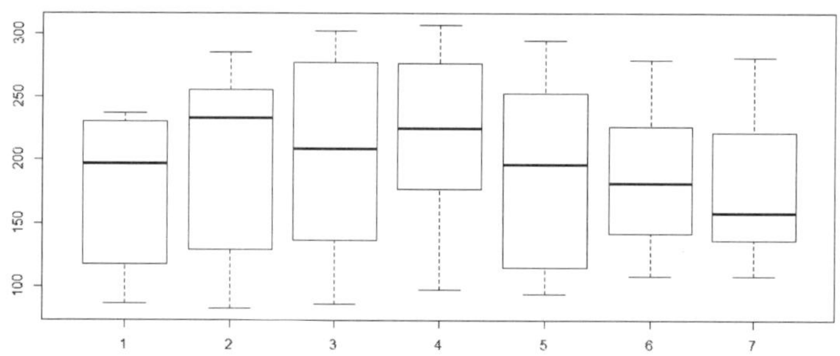

(해석) 7종류의 시나리오 별로 목소리의 높이가 다름을 알 수 있다.

```
> boxplot(frequency ~ attitude*gender,
         col=c("white","lightgray"), voice)
```

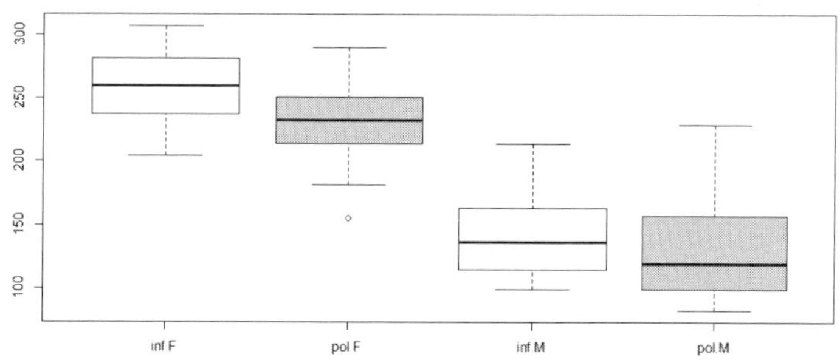

(해석) 남성과 여성 모두 공손이 평상보다 목소리 높이가 낮아지며, 여성의 경우가 그 정도가 좀 더 뚜렷해 보인다.

(b) 고정효과와 임의효과 소개

위의 자료에 대해 다음의 다중회귀모형을 생각하자. 이 모형은 두 개의 고정효과(fixed effects) attitude와 gender를 포함한다(여기서 고정효과는 실험자가 통제할 수 있는 요인을 의미한다).

$$\text{frequency} \sim \text{attitude} + \text{gender} + \epsilon$$

여기서 우리가 주목해야 할 사항은 위의 자료는 각 개체별로 총 14번(7개 scenario와 2개 attitude의 조합별로) 다중 측정된 결과이며, 따라서 동일한 개체로부터 측정된 다중 반응들은 서로 독립이라고 할 수 없으므로, 통상적인 선형모형의 가정으로 요구되는 (반응변수들 간의) 독립성의 가정이 위배된다는 사실이다. 즉, 각 개체는 서로 (다소간) 다른 목소리 높이를 가지고 있으며, 이는 개인의 특징요인으로 동일한 개체로부터의 모든 반응에 영향을 미치게 되므로, 개체 내의 측정치들은 서로 종속적이라고 할 수 있다.

이러한 상황을 다루기 위한 방법으로 개체에 대해 임의효과를 추가하는 것이다. 이 방법은 각 개체에 대해 서로 다른 "기저(baseline)" 목소리 높이를 가정함으로써 비독립성 문제를 해소하는 것이다.

(모형 1) 각 개체별 목소리 높이의 상자그림으로부터 상당한 개인별 변동이 존재하며, 남성과 여성 그룹 내에서도 개체별로 다소 크거나 작은 값을 가지는 것을 알 수 있다. 이러한 개체들 간의 차이를 모형화하는 방법으로 각 개체에 대해 서로 다른 임의절편(random intercepts)을 가정한다. 즉, 각 개체에 대해 서로 다른 절편값을 할당하고, 혼합모형(mixed model)은 이러한 절편값을 추정해 준다.

위의 선형모형은 (고정효과 + 오차항)으로 표현되며, 이 가운데 오차항(ϵ)은 우리가 통제할 수 없거나 이해할 수 없는 비체계적인(unsystematic) 부분이다. 혼합모형은 고정효과에 한 개 또는 여러 개의 임의효과를 추가한다. 이 임의효과들은 본질적으로 오차항 "ϵ"에 구조(structure)를 제공한다. 위 자료의 경우 개체에 대해 임의효과를 추가함으로써 개인차에 기인하는 특징적 변동를 특정할 수 있다.

언급한 혼합모형은 R에서 다음과 같이 표현된다.

$$\text{frequency} \sim \text{attitude} + \text{gender} + (1|\text{subject}) + \epsilon$$

위 식에서 (1|subject)는 "각 개체에 대해 서로 다른 절편을 가정"함을 뜻하며, 여기서 "1"은 절편을 의미한다. 이 모형식은 다음과 같이 "개체별로 다중 반응을 가지며, 이 반응들은 각 개인의 기저 수준에 의존할 것"이라 생각할 수 있게 한다. 이것은 동일한 개체에 의한 다중 반응에 기인하는 비독립성 문제를 효과적으로 해소한다.

(모형 2) 시나리오별 목소리 높이의 상자그림으로부터 시나리오별 변동이 존재하며, 시나리오 간의 변동이 개체 간의 변동보다는 크지 않음을 보이나, 주목할 만한 차이를 보이므로 이를 고려한(추가적인 임의효과를 고려한) 다음 모형이 보다 나을 것으로 기대할 수 있다.

$$\text{frequency} \sim \text{attitude} + \text{gender} + (1|\text{subject}) + (1|\text{scenario}) + \epsilon$$

이 모형은 서로 다른 개체에 대한 다른 절편의 사용에 더해, 다른 시나리오에 대한 다른 절편을 추가적으로 고려한 모형이다. 이 모형을 통해 비독립성 문제를 해결하고(이 모형은 각 개체와 시나리오별 다중 응답이 있음을 전제함), 전반적인 목소리 높이의 수준에서 개체에 의한 변동과 시나리오에 의한 변동을 동시에 설명한다.

(c) 혼합모형의 장점

고전적인 분석법에서는 개체-분석을 위해서는 시나리오에 대해(시나리오-분석을 위해서는 개체에 대해) 평균을 취하여 분석을 수행하였다. 이 방법은 본질적으로 시나리오(개체)에 의한 변동을 무시하는 방법이다. 반면 혼합모형은 하나의 모형으로 양쪽 변동의 요인을 설명하는 방법이라고 할 수 있다.

(d) 선형혼합모형 적합

R의 {lme4} 패키지는 선형혼합모형을 적합한다.

앞서 소개한 voice 자료에 대해 선형혼합모형을 적합한다.

```
> library("lme4")
> mm.1 = lmer(frequency ~ attitude +
              (1|subject) + (1|scenario), data=voice, REML=FALSE)
> summary(mm.1)
Linear mixed model fit by maximum likelihood  ['lmerMod']
Formula: frequency ~ attitude + (1 | subject) + (1 | scenario)
   Data: voice

     AIC      BIC   logLik deviance df.resid
   817.0    829.1   -403.5    807.0       78

Scaled residuals:
    Min      1Q  Median      3Q     Max
-2.2127 -0.5906 -0.0598  0.5675  3.4584
```

(해석) 적합모형은 고정효과(attitude)에 임의절편(subject와 scenario에 대해)을 추가한 혼합모형이다.

```
Random effects:
 Groups   Name        Variance Std.Dev.
 scenario (Intercept)  216.8   14.72
 subject  (Intercept) 3367.7   58.03
 Residual              637.0   25.24
Number of obs: 83, groups:  scenario, 7; subject, 6
```

(해석) 표준편차(Std.Dev.)는 시나리오와 개체(고려된 두 임의효과)에 기인하는 반응측도의 변동의 크기가 얼마나 큰지를 나타내는 측도이다. 시나리오가 개체에 비해 더 작은 변동을 가짐을 알 수 있다. 위의 상자그림에서도 시나리오-간보다 개체-간의 변동이 좀 더 큰 것을 알 수 있었다. 잔차(Residuals)는 시나리오 또는 개체에 기인하지 않는 임의 변동의 크기를 나타낸다.

```
Fixed effects:
            Estimate Std. Error t value
(Intercept)  202.588     24.646   8.220
attitudepol  -19.692      5.546  -3.551

Correlation of Fixed Effects:
            (Intr)
attitudepol -0.111
```

(해석) 고정효과에 대한 해석은 선형모형에서와 동일하다. 즉, attitude가 공손(polite)의 경우 평상(informal)에 비해 목소리 높이가 19.692(Hz) 감소한다.

7개의 시나리오와 6개의 개체별 임의효과(서로 다른 절편)의 추정값과 고정효과의 추정값은 다음과 같다.

```
> ## 고정효과 추정값과 각 임의효과의 수준별 추정값
> fixef(mm.1)     # 고정효과의 추정값
(Intercept) attitudepol
  202.58810   -19.69454

> ranef(mm.1)     # 수준별 임의효과의 추정값
$scenario     # 7개 시나리오별 절편효과 추정
  (Intercept)
1  -13.510869
2    6.569159
3   11.391844
4   20.609126
5   -1.945789
6  -12.104246
7  -11.009226

$subject     # 6개 개체별 절편효과 추정
   (Intercept)
F1    38.84836
F2    64.70120
F3    57.33586
M3   -23.49223
M4   -47.86005
M7   -89.53313

> ## 고정효과를 포함한 각 임의효과의 수준별 추정값
> coef(mm.1)
$scenario     # (고정효과의 추정값 + 시나리오의 수준별 추정값)
```

```
   (Intercept) attitudepol
1     189.0772   -19.69454
2     209.1573   -19.69454
3     213.9799   -19.69454
4     223.1972   -19.69454
5     200.6423   -19.69454
6     190.4838   -19.69454
7     191.5789   -19.69454

$subject     # (고정효과의 추정값 + 개체의 수준별 추정값)
   (Intercept) attitudepol
F1     241.4365   -19.69454
F2     267.2893   -19.69454
F3     259.9240   -19.69454
M3     179.0959   -19.69454
M4     154.7280   -19.69454
M7     113.0550   -19.69454

attr(,"class")
[1] "coef.mer"
```

적합모형으로부터 재대입을 통해 추정값을 구하면 다음과 같다.

```
> voice$pred <- predict(mm.1, newdata=voice)
> plot(voice$frequency, voice$pred)
```

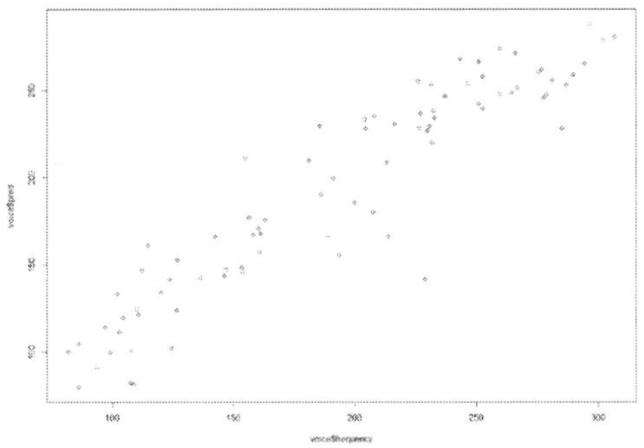

```
> cor(voice$frequency[-39], voice$pred.1[-39])     # 결측값(39번 자료) 제외
[1] 0.9325764

> ## 임의효과그림과 잔차그림
> # 임의효과그림(random effects plot)
> plot(ranef(mm.1))
```

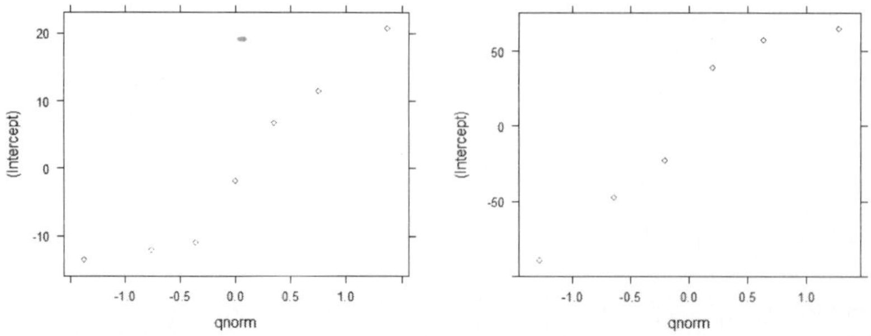


```
> # 잔차그림
> res=residuals(mm.1)
> plot(res)
> qqnorm(res)
> qqline(res)
```

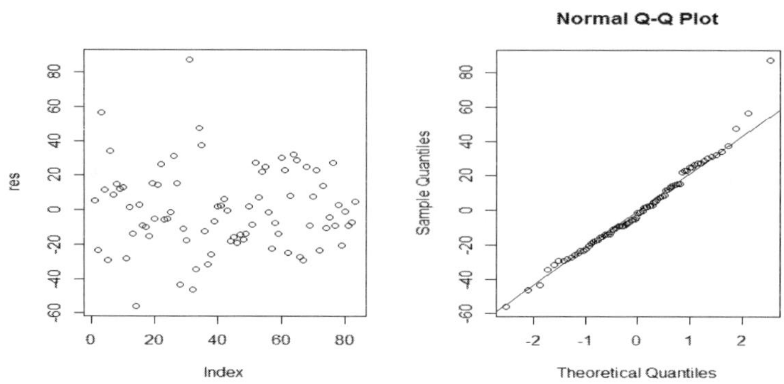


```
> plot(mm.1)
```

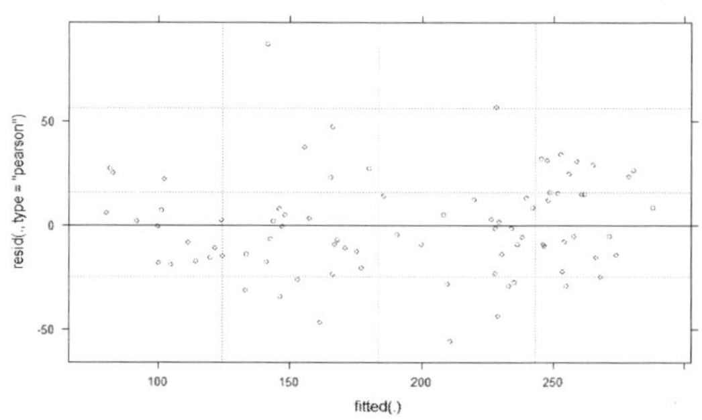

(e) 추가 모형적합

(i) 고정효과에 성별(gender)을 추가한 다음 모형을 적합하고, anova( ) 함수를 통해 위 모형과의 차이를 검정하기로 한다.

```
> mm.2 = lmer(frequency ~ attitude + gender
              + (1|subject) + (1|scenario), data=voice, REML=FALSE)
> summary(mm.2)
> anova(mm.1, mm.2)
Data: voice
Models:
mm.1: frequency ~ attitude + (1 | subject) + (1 | scenario)
mm.2: frequency ~ attitude + gender + (1 | subject) + (1 | scenario)
     Df    AIC    BIC  logLik deviance  Chisq Chi Df Pr(>Chisq)
mm.1  5 817.04 829.13 -403.52   807.04
mm.2  6 807.10 821.61 -397.55   795.10 11.938      1    0.00055 ***
---
Signif. codes:  0 '***' 0.001 '**' 0.01 '*' 0.05 '.' 0.1 ' ' 1
```

(해석) 성별이 추가된 모형의 AIC가 약 10 정도 줄었으며, 이탈도의 차이를 통계적으로 검정한 결과 유의한 것으로 나타났다(p-값=0.00055).

(ii) 시나리오와 개체별로 절편뿐 아니라 기울기에 대해서도 임의효과를 고려하는 다음 모형을 적합하자.

```
> mm.3 = lmer(frequency ~ attitude + gender
                    + (1+attitude|subject) + (1+attitude|scenario),
                    data=voice, REML=FALSE)

> anova(mm.2, mm.3)
Data: voice
Models:
mm.2: frequency ~ attitude + gender + (1 | subject) + (1 | scenario)
mm.3: frequency ~ attitude + gender + (1 + attitude | subject) + (1 +
mm.3:     attitude | scenario)
     Df   AIC    BIC  logLik deviance  Chisq Chi Df Pr(>Chisq)
mm.2  6 807.1 821.61 -397.55    795.1
mm.3 10 814.9 839.09 -397.45    794.9 0.2047      4     0.9951
```

(해석) 기울기에 임의효과를 고려한 모형의 AIC가 오히려 증가하였으며, 이탈도를 이용한 검정 결과 축소모형과의 차이가 유의하지 않음을 알 수 있다.

(iii) 일반선형모형을 적합하고, 위 혼합모형(mm.1)과의 비교를 수행한다. 일반선형모형에서는 시나리오와 태도를 가변수로 모형에 포함시켜 이를 적합한다.

```
> glm <- glm(frequency ~ attitude + subject
             + as.factor(scenario), data=voice)
```

```
> summary(glm)

Call:
glm(formula = frequency ~ attitude + subject + as.factor(scenario),
    data = voice)

Deviance Residuals:
    Min       1Q   Median       3Q      Max
-53.673  -16.686    1.039   12.027   86.630

Coefficients:
                     Estimate Std. Error t value Pr(>|t|)
(Intercept)           225.150     10.020  22.470  < 2e-16 ***
attitudepol           -19.794      5.585  -3.544 0.000707 ***
subjectF2              26.150      9.606   2.722 0.008179 **
subjectF3              18.700      9.606   1.947 0.055592 .
subjectM3             -63.057      9.606  -6.564 7.71e-09 ***
subjectM4             -88.003      9.807  -8.973 2.96e-13 ***
subjectM7            -129.857      9.606 -13.518  < 2e-16 ***
as.factor(scenario)2   25.017     10.376   2.411 0.018537 *
as.factor(scenario)3   31.025     10.376   2.990 0.003847 **
as.factor(scenario)4   42.508     10.376   4.097 0.000111 ***
as.factor(scenario)5   14.408     10.376   1.389 0.169351
as.factor(scenario)6    1.405     10.629   0.132 0.895227
as.factor(scenario)7    3.117     10.376   0.300 0.764783
---
Signif. codes:  0 '***' 0.001 '**' 0.01 '*' 0.05 '.' 0.1 ' ' 1

(Dispersion parameter for gaussian family taken to be 645.9684)

    Null deviance: 352238  on 82  degrees of freedom
Residual deviance:  45218  on 70  degrees of freedom
  (1 observation deleted due to missingness)
AIC: 786.48

Number of Fisher Scoring iterations: 2

> anova(mm.1, glm)
Data: voice
Models:
mm.1: frequency ~ attitude + (1 | subject) + (1 | scenario)
glm: frequency ~ attitude + subject + as.factor(scenario)
     Df    AIC    BIC  logLik deviance  Chisq Chi Df Pr(>Chisq)
mm.1  5 817.04 829.13 -403.52   807.04
glm  14 786.48 820.34 -379.24   758.48 48.562      9  2.005e-07 ***
---
Signif. codes:  0 '***' 0.001 '**' 0.01 '*' 0.05 '.' 0.1 ' ' 1
```

(해석) 혼합모형(mm.1)에 비해 일반선형모형(glm)의 AIC가 더 작게 나타났으며, 이탈도의 차이가 통계적으로 유의미하게 나타났다.

```
> ## 아래 모형을 적합하고 위의 모형과 AIC를 비교해 볼 것
> politeness.model = lmer(frequency ~ attitude + gender +
            (1+attitude|subject) + (1+attitude|scenario),
            data=politeness, REML=FALSE)
```

(f) 모형식 표현 소개

반응치들 간의 비독립성을 유발하는 인자가 서로 내포(nested) 관계에 있을 때, R의 모형식은 다음과 같이 표현된다. 예를 들어, 학교(school)와 학급(class)은 내포관계의 인자로, 이들 인자에 따라(학교와 학교에 속한 학급에 대해) 서로 다른 절편을 허용하는 임의절편모형(random intercept model)은 다음과 같이 표현된다.

$$y \sim \cdots + (1|school/class)$$

위 식에서 "/"는 내포관계를 나타낸다. 또한, 학교와 학교에 속한 학급에 따라 서로 다른 절편 및 open 변수의 기울기를 허용하는 혼합모형은 다음과 같이 표현된다.

$$y \sim open + \cdots + (1+open|school/class)$$

선형혼합모형을 적합하는 대표적인 R 함수로는 lmer{lme4}과 lme{nlme}가 있다. 두 함수는 위계적 모형의 표현법에 다소 차이가 있으므로 구분하여 사용할 필요가 있다.

- lmer{lme4} 함수: 선형 및 일반화선형혼합모형을 적합
- lme{nlme} 함수: 선형 및 비선형혼합모형을 적합

다음의 [예제 2]는 단순한 예를 통해 두 함수 lmer{lme4}과 lme{nlme}에서의 모형식 표현의 차이와 함께 분석결과를 비교한다.

예제 2

oats{MASS} 자료를 이용하여 선형혼합모형을 적합한다. 이 자료는 분할구 설계(split-plot design)로부터 귀리(oat)의 생산량을 측정한 자료이다. 이 실험은 6개의 블록(B: Ⅰ~Ⅵ)마다, 각 블록을 3개의 주구획(main plots)으로 나누어 (3종류의) 귀리(V: Victory, Golden.rain, Marvellous)를 배치하고, 주구획을 다시 4개의 부구획(sub-plots)을 두어 질산(N)의 양(0, 0.2, 0.4, 0.6)을 다르게 하였다. 이를 그림으로 나타내면 다음과 같다.

[표 21.1] oats 자료의 분할구 실험 설계

B(lock)\V(ariety)	Victory		Golden.rain		Marvellous	
I	0(N)	0.2(N)				
	0.4(N)	0.6(N)				
II						
…	…		…		…	
VI						

```
> library(MASS)
> data(oats)
> str(oats)
'data.frame':   72 obs. of  4 variables:
 $ B: Factor w/ 6 levels "I","II","III",..: 1 1 1 1 1 1 1 1 1 1 ...
 $ V: Factor w/ 3 levels "Golden.rain",..: 3 3 3 3 1 1 1 1 2 2 ...
 $ N: Factor w/ 4 levels "0.0cwt","0.2cwt",..: 1 2 3 4 1 2 3 4 1 2 ...
 $ Y: int  111 130 157 174 117 114 161 141 105 140 ...

> oats
     B           V      N   Y
1    I     Victory 0.0cwt 111
2    I     Victory 0.2cwt 130
3    I     Victory 0.4cwt 157
4    I     Victory 0.6cwt 174
5    I Golden.rain 0.0cwt 117
6    I Golden.rain 0.2cwt 114
...
71  VI  Marvellous 0.4cwt 119
72  VI  Marvellous 0.6cwt 121

> # 변수명 변경
> names(oats) = c('block', 'variety', 'nitrogen', 'yield')
> oats$mainplot = oats$variety
> oats$subplot = oats$nitrogen
> summary(oats)
 block          variety      nitrogen       yield               mainplot     subplot
 I  :12   Golden.rain:24   0.0cwt:18   Min.   : 53.0   Golden.rain:24   0.0cwt:18
 II :12   Marvellous :24   0.2cwt:18   1st Qu.: 86.0   Marvellous :24   0.2cwt:18
 III:12   Victory    :24   0.4cwt:18   Median :102.5   Victory    :24   0.4cwt:18
 IV :12                    0.6cwt:18   Mean   :104.0                    0.6cwt:18
 V  :12                                3rd Qu.:121.2
 VI :12                                Max.   :174.0

> ## (a) 선형혼합모형적합: lmer{lme4} 함수 이용
> library(lme4)
```

```
> m1.lme4 = lmer(yield ~ variety*nitrogen + (1|block/mainplot),
                 data = oats)
```

(설명) 임의효과를 고정효과에 +(1|something)의 형태로 연결하여 나타낸다. 임의효과 (1|block/mainplot)은 블록과 블록 내의 주구획을 적합한다. 부구획은 각 부구획별로 한 개의 값만을 가지며, 부구획에 대한 참조가 없으므로, 잔차 수준으로 사용된다.

```
> summary(m1.lme4)
Linear mixed model fit by REML ['lmerMod']
Formula: yield ~ variety * nitrogen + (1 | block/mainplot)
   Data: oats

REML criterion at convergence: 529

Scaled residuals:
     Min       1Q   Median       3Q      Max
-1.81301 -0.56145  0.01758  0.63864  1.57034

Random effects:
 Groups         Name        Variance Std.Dev.
 mainplot:block (Intercept) 106.1    10.30
 block          (Intercept) 214.5    14.65
 Residual                   177.1    13.31
Number of obs: 72, groups:  mainplot:block, 18; block, 6

Fixed effects:
                                 Estimate Std. Error t value
(Intercept)                       80.0000     9.1070   8.784
varietyMarvellous                  6.6667     9.7150   0.686
varietyVictory                    -8.5000     9.7150  -0.875
nitrogen0.2cwt                    18.5000     7.6830   2.408
nitrogen0.4cwt                    34.6667     7.6830   4.512
nitrogen0.6cwt                    44.8333     7.6830   5.835
varietyMarvellous:nitrogen0.2cwt   3.3333    10.8653   0.307
varietyVictory:nitrogen0.2cwt     -0.3333    10.8653  -0.031
varietyMarvellous:nitrogen0.4cwt  -4.1667    10.8653  -0.383
varietyVictory:nitrogen0.4cwt      4.6667    10.8653   0.430
varietyMarvellous:nitrogen0.6cwt  -4.6667    10.8653  -0.430
varietyVictory:nitrogen0.6cwt      2.1667    10.8653   0.199

Correlation of Fixed Effects:
            (Intr) vrtyMr vrtyVc ntr0.2 ntr0.4 ntr0.6 vM:0.2 vV:0.2 vM:0.4 vV:0.4
vartyMrvlls -0.533
varityVctry -0.533  0.500
ntrgn0.2cwt -0.422  0.395  0.395
ntrgn0.4cwt -0.422  0.395  0.395  0.500
```

```
ntrgn0.6cwt -0.422  0.395  0.395  0.500  0.500
vrtyMrv:0.2  0.298 -0.559 -0.280 -0.707 -0.354 -0.354
vrtyVct:0.2  0.298 -0.280 -0.559 -0.707 -0.354 -0.354  0.500
vrtyMrv:0.4  0.298 -0.559 -0.280 -0.354 -0.707 -0.354  0.500  0.250
vrtyVct:0.4  0.298 -0.280 -0.559 -0.354 -0.707 -0.354  0.250  0.500  0.500
vrtyMrv:0.6  0.298 -0.559 -0.280 -0.354 -0.354 -0.707  0.500  0.250  0.500  0.250
vrtyVct:0.6  0.298 -0.280 -0.559 -0.354 -0.354 -0.707  0.250  0.500  0.250  0.500
            vM:0.6
vartyMrvlls
varityVctry
ntrgn0.2cwt
ntrgn0.4cwt
ntrgn0.6cwt
vrtyMrv:0.2
vrtyVct:0.2
vrtyMrv:0.4
vrtyVct:0.4
vrtyMrv:0.6
vrtyVct:0.6  0.500

> anova(m1.lme4)
Analysis of Variance Table
                 Df  Sum Sq Mean Sq F value
variety           2   526.1   263.0  1.4853
nitrogen          3 20020.5  6673.5 37.6856
variety:nitrogen  6   321.8    53.6  0.3028

> ## (b) 선형혼합모형적합: lme{nlme} 함수 이용
> library(nlme)
> m1.nlme = lme(yield ~ variety*nitrogen,
+              random = ~ 1|block/mainplot,
+              data = oats)
```

(설명) 모형식 표현은 보다 단순하다. 먼저 모형을 "y ~ 고정효과(variety, nitrogen과 교호효과)" 형식으로 표현하고, 임의효과는 random= 옵션을 이용한다.

```
> summary(m1.nlme)
Linear mixed-effects model fit by REML
 Data: oats
       AIC      BIC    logLik
  559.0285 590.4437 -264.5143

Random effects:
```

```
 Formula: ~1 | block
        (Intercept)
StdDev:    14.64496

 Formula: ~1 | mainplot %in% block
        (Intercept) Residual
StdDev:    10.29863 13.30727

Fixed effects: yield ~ variety * nitrogen
                                    Value Std.Error DF   t-value p-value
(Intercept)                      80.00000  9.106958 45  8.784492  0.0000
varietyMarvellous                 6.66667  9.715028 10  0.686222  0.5082
varietyVictory                   -8.50000  9.715028 10 -0.874933  0.4021
nitrogen0.2cwt                   18.50000  7.682957 45  2.407927  0.0202
nitrogen0.4cwt                   34.66667  7.682957 45  4.512152  0.0000
nitrogen0.6cwt                   44.83333  7.682957 45  5.835427  0.0000
varietyMarvellous:nitrogen0.2cwt  3.33333 10.865342 45  0.306786  0.7604
varietyVictory:nitrogen0.2cwt    -0.33333 10.865342 45 -0.030679  0.9757
varietyMarvellous:nitrogen0.4cwt -4.16667 10.865342 45 -0.383482  0.7032
varietyVictory:nitrogen0.4cwt     4.66667 10.865342 45  0.429500  0.6696
varietyMarvellous:nitrogen0.6cwt -4.66667 10.865342 45 -0.429500  0.6696
varietyVictory:nitrogen0.6cwt     2.16667 10.865342 45  0.199411  0.8428
 Correlation:
                                 (Intr) vrtyMr vrtyVc ntr0.2 ntr0.4 ntr0.6 vM:0.2
varietyMarvellous                -0.533
varietyVictory                   -0.533  0.500
nitrogen0.2cwt                   -0.422  0.395  0.395
nitrogen0.4cwt                   -0.422  0.395  0.395  0.500
nitrogen0.6cwt                   -0.422  0.395  0.395  0.500  0.500
varietyMarvellous:nitrogen0.2cwt  0.298 -0.559 -0.280 -0.707 -0.354 -0.354
varietyVictory:nitrogen0.2cwt     0.298 -0.280 -0.559 -0.707 -0.354 -0.354  0.500
varietyMarvellous:nitrogen0.4cwt  0.298 -0.559 -0.280 -0.354 -0.707 -0.354  0.500
varietyVictory:nitrogen0.4cwt     0.298 -0.280 -0.559 -0.354 -0.707 -0.354  0.250
varietyMarvellous:nitrogen0.6cwt  0.298 -0.559 -0.280 -0.354 -0.354 -0.707  0.500
varietyVictory:nitrogen0.6cwt     0.298 -0.280 -0.559 -0.354 -0.354 -0.707  0.250
                                 vV:0.2 vM:0.4 vV:0.4 vM:0.6
varietyMarvellous
varietyVictory
nitrogen0.2cwt
nitrogen0.4cwt
nitrogen0.6cwt
varietyMarvellous:nitrogen0.2cwt
varietyVictory:nitrogen0.2cwt
varietyMarvellous:nitrogen0.4cwt  0.250
varietyVictory:nitrogen0.4cwt     0.500  0.500
varietyMarvellous:nitrogen0.6cwt  0.250  0.500  0.250
varietyVictory:nitrogen0.6cwt     0.500  0.250  0.500  0.500
```

```
Standardized Within-Group Residuals:
        Min          Q1         Med          Q3         Max
-1.81300898 -0.56144838  0.01758044  0.63864476  1.57034166

Number of Observations: 72
Number of Groups:
             block mainplot %in% block
                 6                  18

> anova(m1.nlme)
                 numDF denDF   F-value p-value
(Intercept)          1    45 245.14299  <.0001
variety              2    10   1.48534  0.2724
nitrogen             3    45  37.68562  <.0001
variety:nitrogen     6    45   0.30282  0.9322
```

예제 3

아래에 지정된 사이트로부터 자료를 읽어 들여 다양한 선형혼합모형을 적합한다.

```
> lmm.data <- read.table("http://bayes.acs.unt.edu:8083/BayesContent
                   /class/Jon/R_SC/Module9/lmm.data.txt",
                   header = TRUE, sep = ",", na.strings = "NA",
                   dec = ".", strip.white = TRUE)
> head(lmm.data)
  id    extro     open    agree    social class school
1  1 63.69356 43.43306 38.02668  75.05811     d     IV
2  2 69.48244 46.86979 31.48957  98.12560     a     VI
3  3 79.74006 32.27013 40.20866 116.33897     d     VI
4  4 62.96674 44.40790 30.50866  90.46888     c     IV
5  5 64.24582 36.86337 37.43949  98.51873     d     IV
6  6 50.97107 46.25627 38.83196  75.21992     d      I

> tail(lmm.data)
       id    extro     open    agree    social class school
1195 1195 67.05551 42.97008 47.95355  76.52496     c      V
1196 1196 68.74909 49.25034 36.54261 111.48854     d      V
1197 1197 50.47240 40.79688 27.59967  97.12972     d      I
1198 1198 51.29121 41.35703 34.80867  72.56582     d      I
1199 1199 50.51998 42.49853 38.69294  68.63504     d      I
1200 1200 56.72308 31.40956 38.39771 111.82734     a    III
> MLexamp.8 <- lmer(extro ~ open + agree + social
                    + (1 | school/class), data = lmm.data)
> summary(MLexamp.8)
```

```
Linear mixed model fit by REML ['lmerMod']
Formula: extro ~ open + agree + social + (1 | school/class)
   Data: lmm.data

REML criterion at convergence: 3554.6

Scaled residuals:
    Min      1Q  Median      3Q     Max
-9.9949 -0.3348  0.0057  0.3394 10.6476

Random effects:
 Groups       Name        Variance Std.Dev.
 class:school (Intercept)  8.2043  2.8643
 school       (Intercept) 93.8411  9.6872
 Residual                  0.9684  0.9841
Number of obs: 1200, groups:  class:school, 24; school, 6

Fixed effects:
              Estimate Std. Error t value
(Intercept) 60.2378227  4.0117709  15.015
open         0.0061065  0.0049636   1.230
agree       -0.0076659  0.0056986  -1.345
social       0.0005404  0.0018524   0.292

Correlation of Fixed Effects:
       (Intr) open   agree
open   -0.049
agree  -0.049 -0.012
social -0.045 -0.006 -0.009

> AIC(MLexamp.8)
[1] 3568.571

> fixef(MLexamp.8)
  (Intercept)          open         agree        social
60.2378227193  0.0061065139 -0.0076659234  0.0005404066

> ranef(MLexamp.8)
$`class:school`
      (Intercept)
a:I    -6.4667536
a:II   -1.9994023
a:III  -1.5196315
a:IV   -1.5496933
a:V    -1.5551463
a:VI   -4.0069520
```

```
b:I     -0.6892979
b:II    -0.6113920
b:III   -0.5356314
b:IV    -0.5050664
b:V     -0.3674616
b:VI    -2.0891772
c:I      2.0467862
c:II     0.5096068
c:III    0.4718802
c:IV     0.6227985
c:V      0.5644211
c:VI     0.8638075
d:I      3.9033118
d:II     1.5740696
d:III    1.4138298
d:IV     1.5992026
d:V      1.8981091
d:VI     6.4277822

$school
    (Intercept)
I    -13.793759
II    -6.029201
III   -1.939355
IV     1.912915
V      6.175659
VI    13.673740

> MLexamp.9 <- lmer(extro ~ open + agree + social
                    + (1 + open | school/class), data = lmm.data)
> summary(MLexamp.9)
Linear mixed model fit by REML ['lmerMod']
Formula: extro ~ open + agree + social + (1 + open | school/class)
   Data: lmm.data

REML criterion at convergence: 3552.7

Scaled residuals:
    Min      1Q  Median      3Q     Max
-9.9019 -0.3328  0.0113  0.3363 10.4531

Random effects:
 Groups       Name        Variance  Std.Dev. Corr
 class:school (Intercept) 6.890e+00 2.624835
              open        3.529e-05 0.005941 1.00
 school       (Intercept) 9.045e+01 9.510286
```

```
              open        1.948e-05 0.004414 1.00
 Residual                 9.667e-01 0.983221
Number of obs: 1200, groups:  class:school, 24; school, 6

Fixed effects:
              Estimate Std. Error t value
(Intercept) 60.2550757  3.9336291  15.318
open         0.0060822  0.0054146   1.123
agree       -0.0082956  0.0056946  -1.457
social       0.0005928  0.0018507   0.320

Correlation of Fixed Effects:
       (Intr) open   agree
open    0.313
agree  -0.050 -0.011
social -0.046 -0.005 -0.009

> AIC(MLexamp.9)
[1] 3574.735
```

[참고] (ⅰ) (모형 간의 비교) 위의 자료에 대해 여러 가지 모형(일반선형모형, 선형혼합모형)을 적합한 결과는 다음과 같다. 일반선형모형은 glm{stats} 함수를, 선형혼합모형은 lmer{lme4} 함수를 이용하였다. 적합모형식과 함께 AIC 값을 제시하였다.

- glm(extro ~ open+agree+social, data=lmm.data), AIC=8774
- glm(extro ~ open+agree+social+class, data=lmm.data), AIC= 8719
- glm(extro ~ open+agree+social+school, data=lmm.data), AIC= 5774
- glm(extro ~ open+agree+social+school:class, data=lmm.data), AIC= 3396
- glm(extro ~ open+agree+social+school*class−1, data = lmm.data), AIC= 3396

- lmer(extro ~ open+agree+social+(1|school), data=lmm.data), AIC= 5836.1
- lmer(extro ~ open+agree+social+(1|school)+(1|class), data=lmm.data), AIC= 4737.9
- lmer(extro ~ open+agree+social+(1|school/class), data=lmm.data), AIC= 3568.6
- lmer(extro ~ open+agree+social+(1+open|school/class), data=lmm.data), AIC= 3574.7

(ⅱ) (일반화선형혼합모형) 선형혼합모형(LMM)의 일반화선형혼합모형(GLMM)으로의 확장은 선형모형(LM)의 일반화선형모형(GLM)으로의 확장과 유사하므로, 자세한 설명은 생략한다. R에서 GLMM의 적합은 {lme4} 패키지의 glmer( ) 함수를 이용하면 된다.

21.3 선형혼합모형의 수리

선형혼합모형은 다음과 같이 표현된다.

$$y = X\beta + Z\gamma + \epsilon.$$

위 모형은 선형모형($y = X\beta + \epsilon$)에 $Z\gamma$를 추가한 모형으로, Z는 임의효과에 대한 $n \times q$ 계획행렬, γ는 $q \times 1$ 임의효과 벡터를 나타낸다.

예를 들어, [예제 1]에서 다루어진 다음 모형

$$\text{frequency} \sim \text{attitude} + \text{gender} + (1|\text{subject}) + (1|\text{scenario}) + \epsilon$$

을 고려할 때, 대응되는 Z와 γ는 $q = 6$(개체 수)이므로 다음과 같이 주어진다(행렬 Z에서 1을 제외한 나머지 원소는 0임).

$$Z_{(84 \times 13)} = \begin{pmatrix} \begin{matrix}1\\ \vdots\\ 1\end{matrix}\Big\}14 & & & \vdots & 1 & & \\ & & & \vdots & 1 & & \\ & & & \vdots & & \ddots & \\ & & & \vdots & & & 1 \\ & \ddots & & \vdots & & \cdot^{\cdot^{\cdot}} & 1 \\ & & & \vdots & 1 & & \\ & & \begin{matrix}1\\ \vdots\\ 1\end{matrix}\Big\}14 & \vdots & 1 & \ddots & \begin{matrix}1\\ \\ 1\end{matrix} \end{pmatrix}, \quad \gamma_{(13 \times 1)} = \begin{pmatrix} \gamma_1 \\ \vdots \\ \gamma_6 \\ \cdots \\ \gamma_7 \\ \vdots \\ \gamma_{13} \end{pmatrix}$$

(열: 개체1 … 개체6 시나리오1 … 시나리오7; $\gamma_1, \ldots, \gamma_6$: 개체별 절편효과, $\gamma_7, \ldots, \gamma_{13}$: 시나리오별 절편효과)

여기서 주의할 점은 혼합모형에서는 위의 $\gamma(13 \times 2)$를 직접 추정하지 않는다. 대신 γ를 다음을 만족하는 확률변량 $\gamma = (\gamma_1, \gamma_2)'$ =(개체의 임의절편, 시나리오의 임의절편)' 으로 가정한다.

$$\gamma \sim N(0,\ G).$$

여기서 G는 임의효과의 분산-공분산행렬(2×2)로, 본 예제에서와 같이 두 개의 임의절편(random intercepts: 개체와 시나리오)을 가정할 때 다음과 같이 주어진다.

$$G = \begin{pmatrix} \sigma^2_{int1} & \sigma^2_{int1,int2} \\ \sigma^2_{int1,int2} & \sigma^2_{int2} \end{pmatrix}.$$

G의 추정은 통상적으로 콜레스키 분해 등에 의해, 적절한 θ의 추정을 통해 $G = \Sigma(\theta)$의 관

계를 이용하여 추정된다. 흔히 모형의 단순화를 위해 다음과 같이 임의효과에 대해 독립을 가정한 뒤 G를 추정한다.

$$G=\begin{pmatrix} \sigma^2_{int1} & 0 \\ 0 & \sigma^2_{int2} \end{pmatrix}.$$

3부 회귀분석 Ⅲ

21.4 다수준모형과 혼합모형

다수준모형(multilevel model)은 계층적(또는 위계적)모형(hierarchical model)이라고도 하며, 혼합효과모형의 한 형태(또는 동일한 모형으로 간주되기도 함)로 볼 수 있다. 이 모형은 두 개 이상의 수준(level)에서 변하는 모수(특징)를 모형화한다. 예를 들어, 학생들이 속한 그룹 내의 학급(classroom)에 대한 측정치뿐 아니라 개별 학생들의 측정치를 포함하는 학생의 성취도를 모형화하는 것이다.

다수준모형은 참가자에 대한 자료가 두 개 이상의 수준(즉, 내포 자료)으로 구성되는 연구계획에 대해 특히 유용하다. 분석의 단위는 보통 군집 단위(높은 수준)에 내포된 개인(낮은 수준)이 된다. 다수준모형에서 가장 낮은 수준의 자료는 보통 개인인 반면, 개인의 반복측정치도 조사될 수 있다. 이와 같이 다수준모형은 단변량 또는 다변량 반복측정자료에 대한 대안적인 분석을 제공한다. 성장곡선에서 개인의 차이도 조사될 수 있다(성장모형). 이에 더해, 다수준모형은 처리의 차이를 검정하기 전에 종속변수의 값이 공변량에 대해 조정이 이루어지는(즉, 개인 차) 공분산분석의 대안으로 사용될 수도 있다. 다수준모형은 ANCOVA에서 요구되는 '회귀 기울기의 동질성' 가정 없이도 이들 실험을 분석할 수 있다.

(a) 2-수준모형

다수준모형은 여러 개의 수준을 가지는 자료에 사용될 수 있으나, 주로 2-수준모형이 많이 사용되므로 이를 소개하면 다음과 같다. 종속변수는 분석의 가장 낮은 수준에서 조사되어야 한다.

(i) 수준1 회귀방정식

한 개의 수준1 독립변수를 가지는 수준1 모형은 다음과 같이 표현된다.

$$Y_{ij}=\beta_{0j}+\beta_{1j}X_{ij}+e_{ij}.$$

- Y_{ij}: 수준1에서 개인 관측값에 대한 종속변수값

(첨자 i는 개인을, 첨자 j는 그룹을 나타냄)

- X_{ij}: 수준1 예측변수
- β_{0j}: 그룹 j(수준2)에서 종속변수의 절편
- β_{1j}: 그룹 j(수준2)에서 수준1 예측변수와 종속변수 간의 관계에 대한 기울기
- e_{ij}: 수준1 방정식에 대한 예측의 랜덤오차(종종 r_{ij}로도 나타냄)

수준1에서 그룹에서 기울기와 절편은 고정되거나(모든 그룹이 동일한 값을 갖는다는 의미로, 실제에서는 매우 드문 경우임), 비-임의적으로 변하거나(절편 또는/과 기울기가 수준2에서 독립변수로부터 예측 가능한 경우임), 임의적으로 변할 수 있다(절편 또는/과 기울기가 서로 다른 그룹에서 달라지고, 각각이 그들 자신의 전체 평균과 분산을 가지는 경우임)

수준1 독립변수가 여러 개인 경우, 위 방정식(모형)은 벡터와 행렬을 통해 표현될 수 있다.

(ii) 수준2 회귀방정식

종속변수는 수준2 그룹에서 수준1 독립변수에 대한 절편과 기울기이다.

$$\beta_{0j} = \gamma_{00} + \gamma_{01} W_j + u_{0j},$$
$$\beta_{1j} = \gamma_{10} + u_{1j}.$$

- γ_{00}: 전체 절편. 모든 예측변수가 영(zero)일 때, 전체 그룹에 걸친 종속변수값의 총 평균
- W_j: 수준2 예측변수
- γ_{01}: 종속변수와 수준2 예측변수 간의 전체 회귀계수, 또는 기울기
- u_{0j}: 그룹 절편의 전체 절편으로부터의 편차에 대한 랜덤오차 성분
- γ_{10}: 종속변수와 수준1 예측변수 간의 전체 회귀계수, 또는 기울기
- u_{1j}: 절편에 대한 오차성분(전체 기울기로부터 그룹 기울기의 편차를 의미함)

(b) 모형의 종류

다수준모형의 분석을 수행하기 전에 분석자는 어떤 예측변수가 포함되어야 하는가를 비롯하여 여러 사항들을 결정해야 한다. 어떤 모수 값을 고정(fixed) 또는 랜덤(random)으로 해야 할지를 결정해야 한다. 고정 모수는 전체 그룹에 걸쳐 상수로 주어지는 반면, 랜덤 모수는 각 그룹마다 다른 값을 가진다. 추가적으로 추정의 방법으로 최대가능도 또는 제한된 최대가능도 가운데 어떤 방법을 사용할지를 결정해야 한다.

- 임의절편모형(random intercept model): 이 모형은 절편의 변화를 허용하며, 따라서 각 개인 관측값에 대한 종속변수값이 그룹에 따라 변하는 절편에 의해 예측된다. 이 모형은 기울기가 고정된 것으로 가정한다. 또한, 이 모형은 급내상관(intraclass correlation)에 대한 정보를 제공해주어 다

수준모형이 첫 번째로 요구되는 모형인지를 결정하는 데 유용하다.

- 임의기울기모형(random slope model): 이 모형은 기울기의 변화를 허용하는 모형으로, 그룹에 따라 다른 기울기를 가지는 모형이다. 이 모형에서 절편은 고정된 것으로 가정한다.
- 임의기울기와절편모형(random intercept and slope model): 이 모형은 그룹에 따라 기울기와 절편이 변하는 모형으로, 가장 현실적인 형태의 모형이다(가장 복잡하지만).
- 다수준모형의 적합 절차: 다수준모형의 적합 시 분석자는 고정된 계수(기울기와 절편)의 단순한 형태로부터 좀 더 복잡한 모형으로 나아간다. 이 과정에서 다양한 방법(LR 검정, AIC, BIC)으로 모형 간의 비교(검정)을 수행한다.

(c) 다수준모형의 가정

다수준모형에서의 가정은 일반선형모형과 동일하나(선형성, 정규성, 등분산성), 계층적 구조를 고려한 수정된 가정이 사용된다. 관측값의 독립성에 대해서는 다음을 가정한다. 일반선형모형에서는 종속변수의 관측값들 간에 독립성을 가정한다. 그러나 다수준모형에서는 독립성이 위배되는 경우를 다루므로 다음과 같이 가정한다. 즉, 1) 수준1과 수준2 잔차가 서로 무상관이고, 2) 최고차 수준(수준2)에서 오차(잔차에 의해 측정됨)는 서로 무상관이다.

(d) 혼합모형과 다수준모형

다음의 혼합모형

$$\text{frequency} \sim \text{attitude} + \text{gender} + (1|\text{subject}) + \epsilon$$

을 2-수준 위계적 모형으로 나타내 보기로 한다. 개체 j의 i번째 관측값 Y_{ij}는 다음과 같이 수준1(L1)과 수준2 모형(L2)으로 표현된다.

$$L1: Y_{ij} = \beta_{0j} + \beta_{1j}(attitude) + \beta_{2j}(gender) + \epsilon_{ij}.$$

$$L2: \beta_{0j} = \gamma_{00} + u_{0j}$$

$$L2: \beta_{1j} = \gamma_{10}$$

$$L2: \beta_{2j} = \gamma_{20}$$

수준2 식을 수준1 식에 대입하면 다음의 혼합모형의 식을 얻게 된다.

$$Y_{ij} = (\gamma_{00} + u_{0j}) + \gamma_{10}x_1 + \gamma_{20}x_2 + \epsilon_{ij}.$$

22장* 다수준모형

(출처: Multilevel Modeling in R, Paul Bliese, 2016)

22.1 서론

다수준분석(multilevel analysis)은 내포구조(nested structure)를 가지는 자료의 적합에 유용한 방법이다. 예를 들어, 개인은 작업그룹에 내포될 수 있으며, 반복측정은 개인에 내포될 수 있다. 자료의 내포구조는 비독립성(non-independence)을 수반한다. 예를 들어, 업무환경에서 동일한 작업그룹 내의 개인은 작업환경과 관련된 질문에 유사한 응답을 제공한다. 마찬가지로, 반복측정자료에서 개인은 시간의 경과에 따른 반응에서 매우 높은 유사성을 보인다. 다수준분석은 이와 같이 데이터의 내포구조로 인한 비독립성을 잘 다루기 위한 분석방법으로 이해할 수 있다.

용어

"다수준분석"은 임의계수모형(random coefficient model), 임의효과(random effects), 혼합효과모형(mixed-effects model) 등으로도 불린다.

22.2 급간상관계수

급간상관계수(Intraclass Correlation Coefficient, 이하 ICC)는 많은 통계적 상황에서 매우 유용할 수 있지만, 특히 선형혼합모형에서 유용하다.

선형혼합모형은 데이터에 일종의 군집이 있을 때 사용된다. 군집된 데이터의 두 가지 일반적인 예는 다음과 같다.

- 개인이 사이트(병원, 회사, 커뮤니티 센터, 학교 등)에서 추출(sampled)된 경우이다. 사이트가 군집이다.

- 반복측정 또는 종단자료의 경우로, 다중 관측이 같은 개인으로부터 이루어지는 경우이다. 개인은 여러 관측이 그룹화된 군집이다.

동일한 군집으로부터의 관측값은 일반적으로 다른 군집으로부터의 관측값보다 더 유사하다. 만약 그렇다면, 이들 자료에 대해 데이터에 대해 독립성을 가정하는 통계적 방법을 사용할 수 없다. 그 이유는 분산의 추정과 그로 인한 p−값이 부정확할 수 있기 때문이다.

혼합모형은 동일한 군집의 관측값 간의 상관에 대한 설명뿐 아니라 이러한 상관의 추정값을 제공한다.

다음은 매우 단순한 선형혼합모형이다. 이것은 하나의 고정된 독립변수 X와 하나의 무작위 효과 u를 가지고 있다. 단순화를 위해, X가 그것의 평균으로 중심화되었다고 가정한다. 이것은 또한 임의절편모형(random intercept model)으로 알려져 있다.

$$Y_{ij} = \beta_0 + \beta_1 X + u_i + \epsilon_{ij},$$
$$u_i \sim i.i.d.\ N(0, \sigma_0^2) \text{ for subject i},$$
$$\epsilon_{ij} \sim i.i.d.\ N(0, \sigma^2) \text{ for outcome j}.$$

Y에 대한 아래 첨자 i와 j는 각 관찰 j가 군집 i 내에 내포되어(nested) 있음을 나타낸다. u는 각 군집에 대한 무작위 절편을 나타낸다. 이것은 실제 전체 절편 β_0로부터 각 개인의 절편이 떨어진 거리를 측정한 잔차항이다. 이 거리들 각각에 대한 추정값을 계산하는 대신 이 모형은 단지 하나의 분산 σ_0^2을 추정할 수 있다. 이 분산 모수추정은 군집간 분산이다. 잔차의 분산은 군집 내 분산이다. 그들의 합은 X에 의해 설명되지 않는 Y의 총분산이다.

군집내의 관측값 간에 실제 상관관계가 없다면 군집평균들은 다르지 않을 것이다. 이것은 단지 일부 군집은 일반적으로 높은 값을 갖고 다른 일부는 상대적으로 낮은 값을 가지고 있어 군집 내의 값들이 상관되는 경우이다.

아래의 그래프에서 각 군집은 다른 색상의 자체 궤적을 가지고 있다. 두꺼운 검은색 선은 전체 궤적을 나타내며 모든 군집들에 걸친 평균이다.

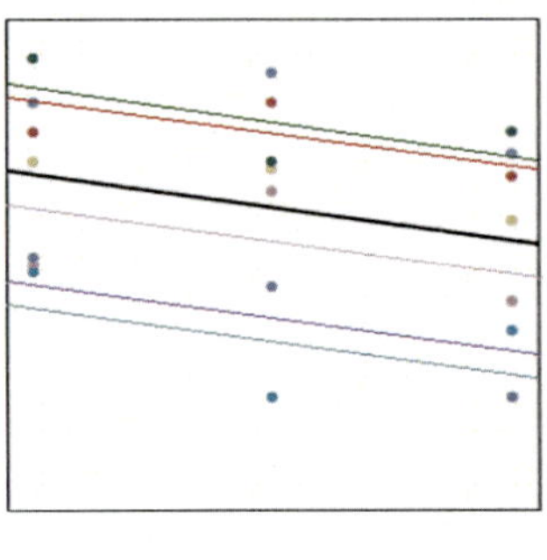

마젠타 색과 같은 일부 군집은 전반적인 (검은색) 평균보다 세 값이 모두 크다. 이 값들은 모두 상대적으로 높기 때문에 상관이 있다. 동시에, 그 세 점은 높은 평균을 가지고 있다. 마찬가지로 청록색 군집은 전체 (검은색) 평균보다 세 값이 모두 낮다. 다시 말하지만, 이들 값은 모두 상대적으로 낮기 때문에 상관이 있다. 그리고 청록색 평균은 아주 낮다.

일부 군집이 일반적으로 높은 값을 갖고 다른 군집이 일반적으로 낮으면 (즉, 군집 응답 사이에 일관성이 있는 경우) 군집 평균값 사이에 변동이 있다. 이것은 군집간 분산이다.

군집내 분산은 각 지점이 군집 특정적 평균과 얼마나 멀리 떨어져 있는지 나타낸다. 즉, 마젠타 궤적 주위의 마젠타 점의 변동은 무엇인가? 이 그래프에서는 꽤 작다. 이 마젠타 포인트는 모두 매우 높기 때문에 궤적에 매우 가깝고 군집내 변동이 크지 않다.

급간상관계수는 다음과 같이 정의된다.

$$Cov(Y_{ij}, Y_{ij'}) = Var(u_i) = \sigma_0^2.$$

$$Corr(Y_{ij}, Y_{ij'}) = \frac{\sigma_0^2}{\sigma_0^2 + \sigma^2}.$$

즉, 전체 분산에서 군집간 분산의 비율을 급간상관(intraclass correlation)이라고 한다. 이것은 Y의 총분산 가운데 군집에 의해 설명되는 비율을 말한다. 이것은 또한 동일한 군집내의 관측값들 사이의 상관으로도 해석될 수 있다.

참고 ICC가 유용한 이유

1. 선형혼합모형이 필요한지 여부를 결정하는 데 도움이 된다. 상관이 0이라는 것을 알게 되면, 이는 군집내의 관측값이 다른 군집의 관측값보다 유사하지 않음을 의미한다. 이 경우에는 보다 단순한 분석을 사용한다.
2. 응답의 전반적인 변동 중 단순히 군집을 통해 설명되는 크기를 이해하는 것은 이론적으로 의미가 있다. 예를 들어, 반복측정 심리연구에서는 어느 정도의 기분이 개인의 특성(trait)인지(사람들마다 다르지만 경우에 따라 한 사람 내에서는 그렇지 않음) 또는 집단의 상태(state)인지(사람마다 평균 차이는 거의 없지만 경우에 따라 크게 변함)를 알 수 있다.
3. 변수가 모형에 추가될 때 ICC(군집간 및 군집내 분산뿐 아니라)가 어떻게 변하는지를 보는 것도 의미가 있다.

22.3 다수준 자료에 대한 혼합효과모형

이 절에서는 혼합효과모형을 사용하여 다수준 자료를 분석하는 방법을 제시한다. R의 {nlme} 패키지를 이용한다.

우리는 혼합효과모형을 그룹소속으로 인한 비독립성을 다루기 위해 추가적인 분산항을 가지는 보통회귀모형으로 생각할 수 있다. 혼합효과모형을 이해하는 핵심은 어떻게 그룹내의 내포 개인이 추가적인 분산요인(비독립성)을 생성하느냐를 이해하는 것이다.

이 절에서는 실제 자료를 통해 다수준 모형화의 과정을 단계별로 소개한다. {multilevel} 패키지에서 제공하는 bh1996 자료를 분석한다.

단계 1 반응치에 대한 급간상관계수(ICC)를 조사

```
> library(multilevel)
> data(bh1996)
> str(bh1996)
'data.frame':   7382 obs. of  13 variables:
 $ GRP     : num  1 1 1 1 1 1 1 1 1 1 ...
 $ COHES   : num  3.75 3.25 3.38 3.75 4 ...
 $ G.COHES : num  2.93 2.93 2.93 2.93 2.93 ...
 $ W.COHES : num  0.821 0.321 0.446 0.821 1.071 ...
 $ LEAD    : num  3.18 3 3.64 3.36 3.55 ...
 $ G.LEAD  : num  2.93 2.93 2.93 2.93 2.93 ...
 $ W.LEAD  : num  0.2527 0.0709 0.7072 0.4345 0.6163 ...
 $ HRS     : num  12 11 12 9 7 8 9 8 12 11 ...
 $ G.HRS   : num  11 11 11 11 11 ...
 $ W.HRS   : num  1.027 0.027 1.027 -1.973 -3.973 ...
 $ WBEING  : num  2.11 3.33 2.11 4.39 1.72 ...
 $ G.WBEING: num  2.79 2.79 2.79 2.79 2.79 ...
 $ W.WBEING: num  -0.682 0.54 -0.682 1.596 -1.071 ...
```

(자료 설명) 이 자료는 Bliese와 Halverson(1996)에서 사용된 군(military unit)의 여러 중대에서 조사된 것으로 4개의 변수를 포함한다. 변수는 조직의 화합력(COHES), 리더들이 형성한 근무환경(LEAD), 행복지수(WBEING), 근무시간(HRS)이다. 각 변수는 2개의 변형을 가진다 - 그룹평균 버전(각 개인에 대한 각 그룹평균의 반복)과 그룹내 버전(각 개인 응답으로부터 그룹평균을 뺀 값)이다. 그룹평균 버전은 G로(예: G.HRS), 그룹내 버전은 W로(예: W.HRS)로 나타내었다.

다수준모형은 다른 수준들에서 분산을 추정하는 것을 포함하므로, 어느 수준에서 유의한 변동이 존재하는지를 결정하는 분석으로 시작하는 것이 중요하다. 이 예제에서 다루어지는 2수준 모형의 경우에는, 보통 σ^2에서 유의한 변동이 있는 것으로 가정한다. 즉, 보통 그룹내 변동이 존재하는 것으로 가정한다. 그러나 절편 변동(τ_{00}) 또는 그룹간 기울기 변동(τ_{11})의 유의성을 반드시 가정할 필요는 없다. 따라서 절편 변동을 먼저 조사한다. 만약 τ_{00}가 우연에 의한 것과 크게 다르지 않다면, 더 단순한 OLS 모형이 충분하므로, 혼합효과모형을 사용할 이유가 없다. 만약 절편(τ_{00})은 아니지만 기울기(τ_{11})가 임의적으로 변한다면, 여전히 혼합효과모형을 적합할 이유가 있다.

3부 회귀분석 Ⅲ

단계 1에서는, (i) 먼저 급간상관계수(ICC)를 추정하기 위해 반응변수의 그룹수준 성질을 조사한다. (ii) 다음으로 절편의 분산(τ_{00})이 영(0)보다 유의하게 큰지를 결정한다.

이를 위해 다음의 비조건부평균모형(unconditional means model)을 추정하여 반응변수의 두 측면((i) 과 (ii))을 조사한다. 비조건부평균모형은 어떤 예측변수도 포함하지 않지만 그룹에 대한 임의절편 분산(random intercept variance)항을 포함한다. 이 모형은 본질적으로 전체변동에 비해 평균 Y값에 얼마나 큰 변동이 있는지를(즉, 얼마나 큰 변동이 절편에 존재하는지를) 추정한다. 2단계 HLM(계층적선형모형) 표기로 이 모형은 다음과 같이 표현된다.

$$Y_{ij} = \beta_{0j} + r_{ij}\,,\ \ \beta_{0j} = \gamma_{00} + u_{0j}\,.$$

위 모형을 결합된 형태로 표현하면 $Y_{ij} = \gamma_{00} + u_{0j} + r_{ij}$이다. 이 영모형(null model)은 종속변수가 공통 절편(γ_{00})과 두 오차항[그룹간 오차항(u_{0j})과 그룹내 오차항(r_{ij})]의 함수이다. 이 모형은 본질적으로 Y값이 (전체평균)에 (그룹소속과 관련된 몇몇 오차)와 (몇몇 개인오차)이 더해진 형태이다. 이 모형은 두 개의 분산추정값을 제공한다. u_{0j}와 관련된 τ_{00}는 각 그룹의 절편이 전체절편(γ_{00})으로부터 얼마나 크게 변하는지를 나타내는 분산이고, r_{ij}와 관련된 σ^2은 개인의 점수가 그룹의 평균으로부터 얼마나 다른지를 나타낸다.

R의 {nlme} 패키지의 lme 함수는 비조건부평균모형과 다른 (선형)혼합효과모형을 적합한다. 여기서는 {multilevel} 패키지를 이용하여 분석한다. 이 패키지 역시 내부적으로 {nlme} 패키지를 로드하여 수행한다.

```
> ## 임의절편모형 적합
> Null.model <- lme(WBEING~1, random=~1|GRP, data=bh1996,
                    control=list(opt="optim"))
> # opt="optim"은 최적화를 위한 옵션으로 "nlminb"를 사용할 수도 있다.
```

○ 급간상관계수(ICC)의 추정: 비조건부평균모형은 그룹간과 그룹내의 분산 추정값을 τ_{00}와 σ^2의 형태로 제공한다. VarCorr( ) 함수는 lme 객체에 대해 분산의 추정을 제공한다.

```
> VarCorr(Null.model)
GRP = pdLogChol(1)
            Variance   StdDev
(Intercept) 0.03580079 0.1892110
Residual    0.78949727 0.8885366

> 0.03580079/(0.03580079+0.78949727)
[1] 0.04337922
```

(해석) τ_{00}(그룹간 또는 절편 분산)의 추정값은 0.036이고, σ^2(그룹내 또는 잔차 분산)의 추정값은 0.789이다. ICC의 추정값은 $\tau_{00}/(\tau_{00}+\sigma^2)$=0.040이다.

```
> # (비교) 위의 결과는 ANOVA 모형에서 ICC1() 함수의 결과와 유사함
> tmod <- aov(WBEING~as.factor(GRP), data=bh1996)
> ICC1(tmod)
[1] 0.04336905
```

○ τ_{00}의 유의성 결정: 위에서 구한 절편 분산(τ_{00})의 추정값 0.036이 영(0)으로부터 유의하게 다른지를 검정한다.

```
> Null.gls<-gls(WBEING~1, data=bh1996, control=list(opt="optim"))
> logLik(Null.gls)*-2
'log Lik.' 19536.17 (df=2)
> logLik(Null.model)*-2
'log Lik.' 19347.34 (df=3)
> 19536.17-19347.34
[1] 188.83
> anova(Null.gls, Null.model)
           Model df      AIC      BIC    logLik   Test  L.Ratio p-value
Null.gls       1  2 19540.17 19553.98 -9768.084
Null.model     2  3 19353.34 19374.06 -9673.669 1 vs 2 188.8303  <.0001
```

(해석) 적합모형이 임의절편을 가지지 않은 gls 모형과 유의하게 차이가 난다. 즉, 절편 분산이 통계적으로 유의함을 알 수 있다.

이상을 요약하면, 표본에 있는 99개 중대의 전반적인 행복지수 측면에서 절편 변동이 유의한 것으로 나타났다. 또한 개인의 행복지수 변동의 4%는 그들이 속한 그룹(중대)의 기능으로 추정된다. 따라서 중대 간의 행복지수에 임의변동을 허용하는 모형이 그렇지 않은 모형보다 자료를 더 잘 적합한다.

단계 2 수준1과 2의 절편 분산을 설명

모형에서 우리가 설명하고자 하는 것은 그룹내 변동(σ^2)과 그룹간 절편(즉, 평균)변동(τ_{00})이다.

$$WBEING_{ij} = \beta_{oj} + \beta_{1j}(HRS_{ij}) + r_{ij},$$
$$\beta_{0j} = \gamma_{00} + \gamma_{01}(G.HRS_j) + u_{0j},$$
$$\beta_{1j} = \gamma_{10}.$$

위 모형에서 1행은 개인행복지수는 (그룹의 절편) + (개인의 근무시간의 선형효과를 반영하는 성분) + (오차항)을 나타낸다. 2행은 각 그룹의 절편은 (공통절편, τ_{00}) + (평균 그룹 근무시간) + (임의의 그룹간 오차)이다. 3행은 개인의 근무시간과 행복지수 간의 기울기는 고정임을 나타낸다. (그룹에 따라 임의적으로 변하는 것을 허용하지 않음.) 달리 말하면, 근무시간과 행복지수 간의 관계는 단지 그룹간의 우연 수준에 의해 변한다.

위 모형을 하나의 식으로 나타내면 다음과 같이 통상적인 회귀모형에 추가적인 오차항(u_{01})이 더해진 것 같은 식을 얻게 된다. 이 오차항은 WBEING 절편(즉, 평균)이 그룹에 따라 임의적으로 변할 수 있음을 의미한다.

$$WBEING_{ij} = \gamma_{00} + \gamma_{10}(HRS_{ij}) + \gamma_{01}(G.HRS_j) + u_{0j} + r_{ij}.$$

```
> ## 위 모형의 적합
> Model.1<-lme(WBEING~HRS+G.HRS, random=~1|GRP, data=bh1996,
               control=list(opt="optim"))
> summary(Model.1)
Linear mixed-effects model fit by REML
 Data: bh1996
       AIC      BIC   logLik
  19222.28 19256.81 -9606.14

Random effects:
 Formula: ~1 | GRP
        (Intercept)  Residual
StdDev:     0.11639 0.8832353

Fixed effects: WBEING ~ HRS + G.HRS
                Value  Std.Error   DF   t-value p-value
(Intercept)  4.740829 0.21368746 7282 22.185808       0
HRS         -0.046461 0.00488798 7282 -9.505056       0
G.HRS       -0.126926 0.01940357   97 -6.541368       0
 Correlation:
      (Intr) HRS
```

```
HRS    0.000
G.HRS -0.965 -0.252

Standardized Within-Group Residuals:
        Min          Q1         Med          Q3         Max
-3.35320562 -0.65024982 0.03760797 0.71319835 2.70917777

Number of Observations: 7382
Number of Groups: 99
```

(해석) 근무시간은 개인의 행복지수와 음(-)으로 유의하게 관련된다. 또한 개인수준의 관계를 통제한 후 평균근무시간(G.HRS)은 그룹내 행복지수와 관련이 있다. 이 모형의 해석은 그룹수준의 기울기가 개인수준의 기울기와 유의하게 다르다는 것을 나타낸다. 실제로 이 예에서 그룹수준의 매 근무시간 증가는 행복지수에서 -0.163(=-0.046-0.127) 감소와 관련된다. 계수 -0.127은 두 기울기 간의 차이의 정도를 나타낸다.

```
> VarCorr(Model.1)
GRP = pdLogChol(1)
            Variance   StdDev
(Intercept) 0.01354663 0.1163900
Residual    0.78010466 0.8832353
```

(해석) 두 예측변수를 가지는 모형으로부터 분산의 추정값은 0.780과 0.014이다. 즉, 그룹내 잔차의 분산은 0.789에서 0.780으로 감소하였고, 그룹간 절편 분산은 0.036에서 0.014로 감소했다. 설명되는 분산의 비율은 다음의 공식으로부터 구할 수 있다.

설명되는 분산 = 1 - (예측변수가 있는 분산 / 예측변수가 없는 분산).

이 예제에서, 근무시간은 그룹내 분산(σ^2)의 1-(0.780/0.789) 또는 0.011(1%)를, 그룹평균노동시간은 그룹간 절편 분산(τ_{00})의 1-(0.014/0.036) 또는 0.611(61%)을 설명한다. 분산추정의 논리는 (적어도 임의 기울기가 없는 모형의 경우에는) 매우 단순한 것처럼 보이지만. 분산추정은 모형을 지정하는 방법에 부분적으로 의존하기 때문에 어느 정도 주의를 기울여야 한다.

단계 3 기울기 분산의 조사 및 예측

여기서는 세 번째의 변동 원인, 즉 기울기 변동($\tau_{11,}$ τ_{12} 등)을 설명하고자 한다. 이를 위해 중대 멤버의 리더십환경(LEAD) 변수를 고려한다. 일반적으로 개인 군인의 리더십환경 평가는 행복지수와 관련이 있다. 그러나 이 분석에서는 개인의 리더십환경 평가와 행복지수 간의 관계의 강도가 그룹별로 다양할 가능성을 고려할 것이다.

```
> ## 처음 25개 그룹별 기울기 변동 조사
> library(lattice)
> library(lattice)
> xyplot(WBEING~LEAD|as.factor(GRP), data=bh1996[1:1582,],
        type=c("p","g","r"), col="dark blue", col.line="black",
        xlab="Leadership Consideration", ylab="Well-Being")
```

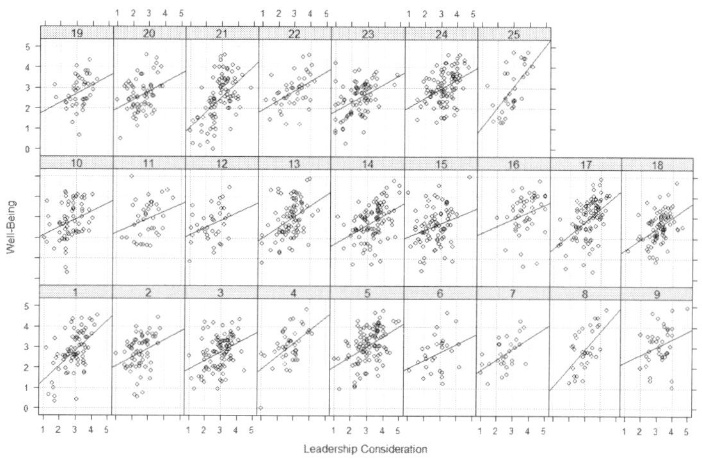

(해석) 다소 간의 기울기 변동이 있는 것으로 보인다. 구체적인 검정 절차는 다음의 절차를 참고하기 바란다.

○ 기울기 변동이 유의한가?

기울기 변동성에 대한 분석을 위해 LEAD 변수를 모형에 추가하고, 그룹에 따라 리더십환경과 행복지수의 기울기에 유의한 변동이 있는지를 검정한다.

$$
\begin{aligned}
WBEING_{ij} &= \beta_{0j} + \beta_{1j}(HRS_{ij}) + \beta_{2j}(LEAD_{ij}) + r_{ij}, \\
\beta_{0j} &= \gamma_{00} + \gamma_{01}(G.HRS_j) + u_{0j}, \\
\beta_{1j} &= \gamma_{10}, \\
\beta_{2j} &= \gamma_{20} + u_{2j}.
\end{aligned}
$$

모형의 마지막 줄은 오차항 u_{2j}를 포함한다. 이 항은 리더십환경과 행복지수 기울기가 그룹에 따라 임의적으로 변하는 것을 허용한다. u_{2j}와 관련된 분산항은 τ_{12}이다. 이 분산항은 교차수준 교호가설에서 우리의 관심사이다. 개인 근무시간과 개인행복지수 간의 기울기가 그룹간에 임의적으로 달라지는 것을 허용하지 않았음에 유의하자.

모형의 결합된 형태는 다음과 같다.

$$WBEING_{ij} = \gamma_{00} + \gamma_{10}(HRS_{ij}) + \gamma_{20}(LEAD_{ij}) + \gamma_{01}(G.HRS_j) + u_{0j} + u_{2j} * LEAD_{ij} + r_{ij}.$$

```
> ## 위 모형의 적합
> Model.2<-lme(WBEING~HRS+LEAD+G.HRS, random=~LEAD|GRP, data=bh1996,
               control=list(opt="optim"))
> summary(Model.2)
Linear mixed-effects model fit by REML
 Data: bh1996
       AIC      BIC   logLik
  17838.58 17893.83 -8911.29

Random effects:
 Formula: ~LEAD | GRP
 Structure: General positive-definite, Log-Cholesky parametrization
            StdDev    Corr
(Intercept) 0.3794891 (Intr)
LEAD        0.1021935 -0.97
Residual    0.8008079

Fixed effects: WBEING ~ HRS + LEAD + G.HRS
                 Value  Std.Error   DF   t-value p-value
(Intercept)  2.4631348 0.20832607 7281 11.823459   0e+00
HRS         -0.0284776 0.00446795 7281 -6.373764   0e+00
LEAD         0.4946550 0.01680846 7281 29.428928   0e+00
G.HRS       -0.0705047 0.01789284   97 -3.940387   2e-04
 Correlation:
      (Intr) HRS    LEAD
HRS   -0.022
LEAD  -0.338  0.074
G.HRS -0.929 -0.245  0.064

Standardized Within-Group Residuals:
        Min          Q1         Med          Q3         Max
-3.87093730 -0.65503152  0.04205164  0.69693131  3.95467766

Number of Observations: 7382
Number of Groups: 99
```

(해석) 우리의 기대와 같이 리더십환경이 행복지수와 유의하게 관련이 있다. 그러나 이 모형에서 우리의 관심사는 리더십환경과 행복지수 간의 기울기(τ_{12})가 그룹간에 유의하게 다른지 여부이다. 이 검정은 다음과 같이 수행된다.

```
> Model.2a<-update(Model.2, random=~1|GRP)
> anova(Model.2a, Model.2)
```

```
         Model df      AIC      BIC    logLik   Test  L.Ratio p-value
Model.2a     1  6 17862.68 17904.12 -8925.341
Model.2      2  8 17838.58 17893.83 -8911.290 1 vs 2 28.10254  <.0001
```

(해석) 행복지수 기울기는 리더십환경에 대한 임의효과가 있는 모형이 임의효과가 없는 모형보다 훨씬 더 잘 적합하는 결과를 제공하며, 따라서 유의한 기울기 변동성을 나타낸다.

○ (최적모형을 위한) 추가모형 적합

리더십환경과 행복지수 기울기에서 유의한 변동이 주어질 때, 우리는 이 변화와 관련이 있는 그룹수준의 속성이 무엇인지를 알고자 할 수 있다. 이 예에서 우리는 그룹이 업무 요구로부터 많은 부담을 겪을 때 리더십환경(직장분위기)과 행복지수 사이의 관계가 상대적으로 강하다는 가설을 세운다. 대조적으로, 그룹이 거의 부담을 느끼지 않을 때 우리는 리더십환경과 행복지수 사이에 상대적으로 약한 관계를 기대한다. 우리는 그룹이 스트레스를 거의 받지 않을 때 개인의 행복지수 측면에서 리더십환경이 상대적으로 중요하지 않다고 생각하기 때문에 이러한 관계를 기대한다. 하지만 그룹의 스트레스가 클 때 리더십환경의 중요성이 커진다.

이전 문단에서 제시한 것과 같은 제안은 교차수준 상호작용을 나타낸다. 구체적으로 말하면, 리더십환경과 그룹내 행복지수 사이의 기울기가 수준2 변수, 즉 집단 노동요구의 함수에 따라 다양하다고 제안한다. 혼합효과모형에서, 우리는 수준2 변수가 그룹간의 수준1 기울기 변동의 상당 부분을 설명하는지 여부를 검토함으로써 이 가설을 검정한다. 이 예에서는 그룹의 평균 노동시간이 리더십환경과 행복지수 사이의 관계에서 그룹별 변동을 설명하는지 여부를 구체적으로 검정한다.

우리가 검정하고자 하는 제안모형은 다음과 같다.

$$WBEING_{ij} = \beta_{0j} + \beta_{1j}(HRS_{ij}) + \beta_{2j}(LEAD_{ij}) + r_{ij}\ ,$$
$$\beta_{0j} = \gamma_{00} + \gamma_{01}(G.HRS_j) + u_{0j}\ ,$$
$$\beta_{1j} = \gamma_{10}\ ,$$
$$\beta_{2j} = \gamma_{20} + \gamma_{21}(G.HRS_j) + u_{2j}\ .$$

모형의 결합된 형태는 다음과 같다.

$$WBEING_{ij} = \gamma_{00} + \gamma_{10}(HRS_{ij}) + \gamma_{20}(LEAD_{ij}) + \gamma_{01}(G.HRS_j) + \gamma_{21}(LEAD_{ij} * G.HRS_j) + u_{0j} + u_{2j} * LEAD_{ij} + r_{ij}.$$

```
> ## 위 모형의 적합
> Final.model<-lme(WBEING~HRS+LEAD+G.HRS+LEAD:G.HRS,
                   random=~LEAD|GRP, data=bh1996,
```

```
                     control=list(opt="optim"))
> round(summary(Final.model)$tTable, dig=3)
             Value Std.Error   DF t-value p-value
(Intercept)  3.654     0.726 7280   5.032   0.000
HRS         -0.029     0.004 7280  -6.391   0.000
LEAD         0.126     0.217 7280   0.578   0.564
G.HRS       -0.175     0.064   97  -2.751   0.007
LEAD:G.HRS   0.032     0.019 7280   1.703   0.089
```

(해석) 최종모형에서 tTable 결과는 유의한 교차수준 상호작용이 있음을 나타낸다(마지막 행의 유의수준이 0.10보다 작음). 이 결과는 평균 근무시간이 τ_{12} 변동의 상당 부분을 설명함을 나타낸다.

○ 상호작용 시각화: interaction.plot() 함수

4개 점(높고 낮은 그룹근무시간과 높고 낮은 리더십환경)의 예측에 의해 상호작용의 형태를 검토할 수 있다. 우리는 G.HRS와 LEAD에 대해 평균보다 1 표준편차가 크고, 1 표준편차가 작은 값을 선택한다. 원 데이터 셋의 그룹근무시간 변수를 사용하여 그룹크기에 의해 가중된 평균 및 그룹 표준편차를 구하였다.

```
> mean(bh1996$G.HRS)
[1] 11.2987
> sd(bh1996$G.HRS)
[1] 0.8608297
> 11.30-0.86; 11.30+0.86
[1] 10.44
[1] 12.16
> mean(bh1996$LEAD)
[1] 2.890665
> sd(bh1996$LEAD)
[1] 0.7719381
> 2.88-0.77; 2.89+0.77
[1] 2.11
[1] 3.66
```

높고 낮은 값을 얻은 후 상호작용 변수에 대해 높고 낮은 값을 가지는 작은 데이터 셋(TDAT)과 비대화식(non-interactive) 변수에 대한 평균값(이 경우 개별근무시간)을 생성한다. 그런 다음 변수의 값이 주어지면 predict( ) 함수를 사용하여 결과의 추정값을 얻는다.

```
> TDAT<-data.frame(HRS=c(11.2987,11.2987,11.2987,11.2987),
                   LEAD=c(2.12,2.12,3.66,3.66),
                   G.HRS=c(10.44, 12.16, 10.44, 12.16),
                   GRP=c(1,1,1,1))
```

```
> predict(Final.model, TDAT, level=1)
       1        1        1        1
2.380610 2.198103 3.217337 3.120810
attr(,"label")
[1] "Predicted values"
```

(해석) 이 경우의 예측 값은 GRP 1에 대한 것이다. 기울기와 절편이 그룹간에 임의적으로 변하기 때문에 표본의 각 그룹은 서로 다른 예측 값을 갖는다. 대부분의 경우 특정 그룹에 대한 예측값에 특별히 관심이 없지만, 표본 전체의 패턴에 관심이 있다. 전체 값(overall values)을 추정하는 데 관심이 있는 경우 예측 수준을 level=0으로 변경할 수 있다.

```
> predict(Final.model, TDAT, level=0)
[1] 2.489508 2.307001 3.204766 3.108239
attr(,"label")
[1] "Predicted values“
```

(해석) 전체적으로 표본에 대한 값이 GRP 1에 대한 것과 다른 점에 유의하자. 표본-기반의 값이 그려지는 경우, 상호작용의 형식은 우리의 제안을 지지한다. 그러나 그 효과를 더 잘 설명하기 위해 아래 그림은 7과 12의 값을 사용하여 낮고 높은 평균근무시간을 나타낸다.

```
> TDAT<-data.frame(HRS=c(11.2987,11.2987,11.2987,11.2987),
                   LEAD=c(2.12,2.12,3.66,3.66),
                   G.HRS=c(7, 12, 7, 12),
                   GRP=c(1,1,1,1))
> predict(Final.model,TDAT,level=0)
[1] 2.854523 2.323978 3.397820 3.117218
attr(,"label")
[1] "Predicted values“


> # 상호작용 그림: interaction.plot()
> Final.model<-lme(WBEING~HRS+LEAD+G.HRS+LEAD:G.HRS,
                   random=~LEAD|GRP, data=bh1996,
                   control=list(opt="optim"))
> TDAT<-data.frame(HRS=c(11.2987,11.2987,11.2987,11.2987),
                   LEAD=c(2.12,2.12,3.66,3.66),
                   G.HRS=c(7, 12, 7, 12),
                   GRP=c(1,1,1,1))
> TDAT$WBEING<-predict(Final.model, TDAT, level=1)
> with(TDAT, interaction.plot(LEAD,G.HRS,WBEING))
```

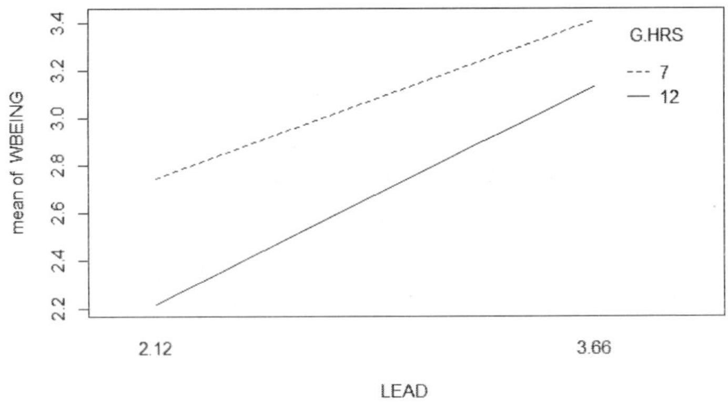

(해석) 병사들의 리더십환경(직장분위기)에 대한 인식은 그룹이 평균적으로 일하는 시간에 관계없이 그들의 행복지수와 긍정적인 관계가 있다. 그러나 리더십환경과 행복지수 사이의 관계는 근무시간이 낮은 그룹보다 근무시간이 높은 그룹에서 강하다(가파른 기울기). 상호작용에 관해 생각해 볼 수 있는 또 다른 방법은 리더십환경이 낮다고 생각하고 높은 근무시간을 가진 그룹의 구성원이라고 생각할 때 행복지수가 정말로(상대적으로) 떨어진다는 점이다. 이는 높은 노동요구 상황에서 리더십환경을 상대적으로 중요하다는 우리의 주장을 뒷받침한다.

이 모형에서 기울기의 변화가 그룹근무시간에 의해 "설명"되는 정도를 추정할 수 있다.

```
> VarCorr(Model.2)
GRP = pdLogChol(LEAD)
            Variance   StdDev    Corr
(Intercept) 0.14401197 0.3794891 (Intr)
LEAD        0.01044352 0.1021935 -0.97
Residual    0.64129330 0.8008079
```

(해석) 리더십환경과 행복지수 사이의 관계에 대해 임의의 기울기를 가진 모형(model.2)에서 그룹간 기울기 분산(τ_{12})의 추정값은 0.0104이다.

```
> VarCorr(Final.Model)
GRP = pdLogChol(LEAD)
            Variance    StdDev     Corr
(Intercept) 0.131260632 0.36229909 (Intr)
LEAD        0.009545556 0.09770136 -0.965
Residual    0.641404947 0.80087761
```

(해석) 평균근무시간이 기울기 분산의 일부를 설명한 이후(Final.Model)의 추정값은 0.0095 이다.

3부 회귀분석 III

● 추가분석 1 중심화 문제

다수준 모델링에서는 궁극적으로 중심화 문제를 해결해야 한다. 이 예에서는 원 변수를 예측 변수로 사용했으나 어떤 경우에는 중심화된 변수가 좋은 이유가 있을 수 있다. 기본적으로 수준1 변수에는 두 가지 중심화 옵션이 있다. 리더십환경과 같은 수준1 변수는 전체평균 중심화와 그룹평균 중심화를 고려할 수 있다. 여기서는 리더십환경 변수에 대해 전체평균 중심화와 그룹평균 중심화를 수행하는 과정을 제시한다.

```
> ## 전체평균 중심화
> bh1996$GRAND.CENT.LEAD<-bh1996$LEAD-mean(bh1996$LEAD)
> bh1996$GRAND.CENT.LEAD<-scale(bh1996$LEAD, scale=F )     # 위와 동일함

> ## 그룹평균 중심화
> TDAT<-bh1996[,c("GRP","LEAD")]
> TEMP<-aggregate(TDAT$LEAD,list(TDAT$GRP),mean)
> names(TEMP)<-c("GRP","G.LEAD")
> TDAT<-merge(TDAT,TEMP,by="GRP")
> names(TDAT)
[1] "GRP"    "LEAD"   "G.LEAD"
> TDAT$GRP.CENT.LEAD<-TDAT$LEAD-TDAT$G.LEAD
> names(TDAT)
[1] "GRP"           "LEAD"           "G.LEAD"          "GRP.CENT.LEAD"
```

(자료 설명) bh1996 데이터프레임에는 모든 예측변수에 대한 그룹평균 중심화 변수가 있다. 그룹평균 중심화 변수는 그룹내의 의미로 "W"로 시작한다. 비교를 위해, 다음 모형은 앞서 최종 모형에서 사용된 원 리더십환경 변수 대신 그룹평균 중심화 리더십 변수를 사용한다.

```
> ## 최종모형 적합: 중심화 리더십환경 변수 사용
> Final.model<-lme(WBEING~HRS+LEAD+G.HRS+LEAD:G.HRS,
                     random=~LEAD|GRP, data=bh1996, control=list(opt="optim"))
> Final.model.R<-lme(WBEING~HRS+W.LEAD+G.HRS+W.LEAD:G.HRS,
                       random=~LEAD|GRP, data=bh1996, control=list(opt="optim"))
> round(summary(Final.model.R)$tTable, dig=3)
              Value Std.Error   DF t-value p-value
(Intercept)   4.705     0.211 7280  22.250   0.000
HRS          -0.028     0.004 7280  -6.264   0.000
W.LEAD        0.044     0.222 7280   0.197   0.844
G.HRS        -0.142     0.019   97  -7.421   0.000
W.LEAD:G.HRS 0.040      0.019 7280   2.064   0.039
```

(해석) 교차수준 상호작용은 2.064의 t-값으로 유의하다. 대조적으로, 비중심화 리더십환경 변수를 가지는 모형에서 교차수준 상호작용은 t-값이 1.703(p-값<.10)이었다. 따라서 두 모형 간에 약간의 차이가 있다.

• 추가분석 2 ICC(2)

혼합효과모형에서, ICC(2)와 유사한 그룹평균 신뢰도의 추정값을 얻을 수 있다. 일반적으로 응급 현상을 감지할 수 있는 능력은 믿을 수 있는 집단평균에 의존한다. 관습에 따라 .70 주변의 추정값은 신뢰할 만하다고 간주한다. 집단평균신뢰도 추정값은 ICC와 그룹크기의 함수이다.

{multilevel} 패키지의 meanRel() 함수는 각 그룹에 대한 ICC, 그룹 크기 및 그룹평균 신뢰도를 계산한다. 아래 코드는 bhr2000 데이터 셋에 GmeanRel() 함수를 적용한 결과를 보여 준다.

```
> library(multilevel)
> data(bhr2000)
> Null.model<-lme(HRS~1, random=~1|GRP, data=bhr2000, control=list(opt="optim"))
> GREL.DAT<-GmeanRel(Null.model)
> names(GREL.DAT)
[1] "ICC"      "Group"    "GrpSize" "MeanRel"
> GREL.DAT$ICC    # ICC 추정값
[1] 0.177544

> GREL.DAT$MeanRel[1:20]    # 처음 20개 신뢰도 추정값
 [1] 0.9272005 0.9066657 0.9471382 0.8487743 0.9465280 0.7754791 0.7953197 0.8192754
0.8699945 0.8831157
[11] 0.8119385 0.8622636 0.9379303 0.9452644 0.9260382 0.8487743 0.9395503 0.9315061
0.8622636 0.9235985

> mean(GREL.DAT$MeanRel)
[1] 0.8955047
```

(해석) ICC 추정값은 0.178이며, 그룹평균 신뢰도는 0.896이다. 이 결과는 또한 각 그룹에 대해 별도의 그룹평균 신뢰도를 제공하며, 이 값들은 그룹크기에 의존한다. 이 결과(두 종류의 측도)를 아래의 ANOVA 모형에 적용한 결과(ICC(1)과 ICC(2))와 비교해 보기 바란다.

참고

{multilevel} 패키지에는 ICC1() 및 ICC2()의 신뢰성 함수도 포함되어 있다. 이 두 함수는 ANOVA 모형에 적용되며 ICC(1) 및 ICC(2)를 추정하는 데 사용된다. 이러한 함수를 사용하기 위해 먼저 aov() 함수를 사용하여 관심 있는 변수에 대한 일원배치 분산분석을 수행한다.

```
> hrs.mod<-aov(HRS~as.factor(GRP),data=bhr2000)
> summary(hrs.mod)
                 Df Sum Sq Mean Sq F value Pr(>F)
as.factor(GRP)   98   3371   34.40    12.5 <2e-16 ***
Residuals      5301  14591    2.75
---
Signif. codes:  0 '***' 0.001 '**' 0.01 '*' 0.05 '.' 0.1 ' ' 1

> ICC1(hrs.mod)
[1] 0.1741008
> ICC2(hrs.mod)
[1] 0.9199889
```

(해석) ANOVA 모형에서 ICC(1) 추정값은 0.174이고 ICC(2) 추정값은 0.920으로 주어졌다. ICC(1)의 값은 혼합효과모형의 ICC와 동일하며, 0.174는 근무시간에 대한 개인 인식에서 분산의 17.4%가 그룹 구성원에 의해 "설명"될 수 있음을 나타낸다. ICC(2)는 그룹평균 신뢰도(group-mean reliability)의 척도이며 0.92의 값은 집단이 평균근무시간으로 신뢰할 만한 차별화가 됨을 나타낸다.

mult.icc( ) 함수는 주어진 데이터 셋에서 여러 ICC(1) 및 ICC(2) 값을 추정하는 데 사용할 수 있다. 함수에서 첫 번째 요소는 관심 있는 변수가 있는 데이터프레임의 하위 집합이고 두 번째 요소는 그룹화 변수이다.

```
> mult.icc(bhr2000[,c("HRS","RELIG","AF06","AF07","AP12")], bhr2000$GRP)
  Variable        ICC1      ICC2
1      HRS 0.177543969 0.9217206
2    RELIG 0.009807328 0.3507520
3     AF06 0.103492913 0.8629524
4     AF07 0.087490365 0.8394800
5     AP12 0.149052934 0.9052514
```

(해석) 이 결과는 종교를 대처수단으로 사용하는 개인점수((RELIG)가 가장 낮은 ICC(1) 값을 가짐을 보여준다. mult.icc() 함수는 {nlme} 패키지의 lme() 함수를 기반으로 REML 추정법을 사용하는 반면, 앞서 사용된 ICC1() 및 ICC2() 함수는 일반최소제곱(OLS) ANOVA 모형을 기반으로 추정을 한다.

22.4 반복측정자료에 대한 성장모형

성장모형(growth model)은 다수준모형의 중요한 변형이다. 성장모형에서 개인으로부터의 반복측정자료는 수준1 변수를 나타내며, 개인의 속성들(atttributes)은 수준2 변수를 나타낸다. 수준1 변수가 시간이 지남에 따라 반복되면 몇 가지 추가적인 분석 문제가 제기된다. 그러나 기본 성장모형의 분석 단계와 다수준모형의 분석단계는 많은 유사점을 공유한다. 즉, 성장모형에서 단일 개체에 대한 반복측정은 비독립성을 유발하게 된다. 즉, 다수준모형은 근본적으로 개별응답이 그룹 구성원의 영향을 받아 발생되는 비독립성을 모형화한다.

그러나 종단설계(longitudinal designs)[1]에서 수준1 응답과 관련된 추가적인 복잡성이 있다. 첫째, 서로 시간적으로 가까운 응답(예: 응답 1과 2)은 시간적으로 멀리 떨어져 있는 응답(예: 응답 1과 4)보다 더 강하게 관련될 수 있다. 이 패턴은 심플렉스 패턴 또는 시차 1의 자기상관으로 정의된다. 둘째, 응답은 시간에 지남에 따라 더 가변적이거나 덜 가변적일 수 있다. 예를 들어, 개인의 첫 작업은 성과가 낮은 수준의 변동을 가지나, 시간이 지남에 따라 작업 성과의 변동이 증가할 수 있다. 통계적 용어로, 종단자료의 반응변수는 이분산성을 보이는 경향이 있다. 올바른 표준오차를 얻고 올바른 통계추론을 위해서는 자기상관 및 이분산성이 통계적 모형에 통합될 필요가 있다.

성장모형에서 자기상관과 이분산성 모두를 검정할 필요성은 수준1 변수(개인으로부터 반복측정)가 시간에 따라 정렬되기 때문에 발생한다. 성장모형과 다수준모형의 주된 차이점 중 하나는 통계모형과 데이터 구조에서 시간을 적절히 고려하는 방법을 이해하는 데 있다.

R에서는 성장모형은 {nlme} 패키지의 lme 함수를 사용하여 수행된다. lme 함수는 다수준모형에서 사용되는 함수와 동일하다. 그러나 {nlme} 패키지에는 성장모형에서 자기상관 및 이분산성을 처리하는 데 사용할 수 있는 다양한 옵션이 있다.

성장모형을 적합하기 전에 시간을 변수로 명시적으로 포함하는 데이터 셋을 만들어야 한다. 이 데이터 변환은 데이터 셋을 다변량에서 일변량으로 변경하는 것이다. 다음의 단계 0에서는 성장모형을 위한 데이터프레임을 만드는 방법을 보여준다.

단계 0 자료준비

```
> library(multilevel)
> data(univbct)
> str(univbct)
'data.frame':   1485 obs. of  22 variables:
```

1) 이 책에서 longitudinal은 경시적, 다시점 또는 종단을 혼용하여 사용한다.

```
$ BTN    : num  1022 1022 1022 1004 1004 ...
$ COMPANY: Factor w/ 8 levels "A","B","C","D",..: 6 6 6 4 4 4 2 2 2 2 ...
$ MARITAL: num  1 1 1 4 4 4 2 2 2 2 ...
$ GENDER : num  1 1 1 1 1 1 1 1 1 1 ...
$ HOWLONG: num  2 2 2 0 0 0 0 0 0 1 ...
$ RANK   : num  12 12 12 13 13 13 15 15 15 14 ...
$ EDUCATE: num  2 2 2 2 2 2 2 2 2 2 ...
$ AGE    : num  20 20 20 24 24 24 24 24 24 23 ...
$ JOBSAT1: num  1.67 1.67 1.67 3.67 3.67 ...
$ COMMIT1: num  1.67 1.67 1.67 1.67 1.67 ...
$ READY1 : num  2.75 2.75 2.75 3 3 3 3.75 3.75 3.75 2.5 ...
$ JOBSAT2: num  1 1 1 4 4 ...
$ COMMIT2: num  1.67 1.67 1.67 1.33 1.33 ...
$ READY2 : num  1 1 1 2 2 2 3.75 3.75 3.75 3.25 ...
$ JOBSAT3: num  3 3 3 4 4 4 4 4 4 3 ...
$ COMMIT3: num  3 3 3 1.33 1.33 ...
$ READY3 : num  3 3 3 1.75 1.75 1.75 1.75 1.75 1.75 3 ...
$ TIME   : num  0 1 2 0 1 2 0 1 2 0 ...
$ JSAT   : num  1.67 1 3 3.67 4 ...
$ COMMIT : num  1.67 1.67 3 1.67 1.33 ...
$ READY  : num  2.75 1 3 3 2 1.75 3.75 3.75 1.75 2.5 ...
$ SUBNUM : num  1 1 1 2 2 2 3 3 3 4 ...
```

(자료설명) 이 자료는 Bliese와 Ployhart(2002)에서 사용된 자료로 직무만족도를 반복측정한 자료이다. 이 자료는 종단자료로 일변량(즉, stacked) 형태로 전환된 것이다. 자료는 3번의 시점(time points)에서 측정되었다. 데이터프레임은 총 22개 변수와 495 개인으로부터 측정한 1485개 관측값을 가진다. 이 자료는 6개월에 걸쳐 세 가지 변수, 즉 직무만족도(job satisfaction), 열정(commitment) 및 준비(readiness)에 대해 세 번의 관측을 포함한다. 또한 초기 자료수집 시간에 응답자의 성별(gender), 결혼상태(mariral status) 및 연령(age)과 같은 안정적인 개인 특성을 포함한다. 이러한 후자의 변수는 후속 모델링에서 수준2 예측변수로 다루어진다.

```
> nrow(univbct)
[1] 1485
> length(unique(univbct$SUBNUM))
[1] 495
```

성장모델링 분석을 수행하는 첫 번째 단계는 데이터 셋을 일변량 형식("stacked" 또는 "long" 형식이라고 함)으로 변환하는 것이다. 종종 데이터는 각 행이 한 개인의 관측값을 나타내는 형식으로 저장된다. 예를 들어, 개인은 종단연구에서 3회의 직무만족도 측정값을 제공할 수 있으며 데이터는 다변량 형식으로 정렬되어 열 1은 개인번호, 열 2는 시간 1에서 직무만족도, 열 3은 시간 2에서 직업만족도, 열 4는 시간 3에서 직업만족도가 될 수 있다.

univbct 데이터프레임은 이미 일변량 형식으로 구성되어 있다. 그러나 설명을 위해 전체 univbct 데이터프레임의 부분집합을 선택하고 이를 다변량 형식으로 변환한 뒤, 이를 다시 성장모델링에 필요한 일변량 형식으로 변환하는 방법을 설명한다.

```
> # 다변량 형식으로 변환
> GROWDAT <- univbct[!duplicated(univbct$SUBNUM), c(22,8,9,12,15)]
> GROWDAT[1:3,]
  SUBNUM AGE  JOBSAT1 JOBSAT2 JOBSAT3
1      1  20 1.666667       1       3
4      2  24 3.666667       4       4
7      3  24 4.000000       4       4
```

성장모델링 관점에서 볼 때, GROWDAT과 같은 다변량 데이터프레임의 주요 문제는 시간을 인덱싱하는 변수를 포함하지 않는다는 것이다. 즉, 우리는 3회에 걸쳐 조사된 직무만족도가 있으므로 시간이 이 자료의 속성이라는 것을 알고 있다. 그러나 분석적으로 우리는 자료의 다변량 형태로 시간을 명시적으로 모델링할 방법이 없다. 따라서 데이터를 일변량 또는 누적 형식으로 변환하여 시간을 명시적으로 인덱싱하는 새로운 변수를 만드는 것이 중요하다.

{multilevel} 패키지의 make.univ( ) 함수는 이 변환을 수행하는 간단한 방법을 제공한다. 두 개의 인수가 필요하며(x와 dvs) 두 개는 선택적이다(tname과 outname). 첫 번째 필수 인수는 다변량(또는 wide) 형식의 데이터프레임이다. 두 번째 필수 인수는 반복측정을 포함하는 열을 식별하는 전체 데이터프레임의 부분집합이다. 두 번째 필수 인수는 '시간-정렬'되어야 한다. 열 1은 시간 1이어야 하며 열 2는 시간 2이어야 한다. 두 개의 선택 인수는 두 개의 생성되는 변수의 이름을 제어한다. tname의 기본값은 "TIME"이고 outname의 기본값은 "MULTDV"이다.

```
> # 일변량 형식으로 변환
> UNIV.GROW <- make.univ(GROWDAT, GROWDAT[,3:5])
> UNIV.GROW[1:9,]
    SUBNUM AGE  JOBSAT1 JOBSAT2 JOBSAT3 TIME   MULTDV
1        1  20 1.666667       1       3    0 1.666667
1.1      1  20 1.666667       1       3    1 1.000000
1.2      1  20 1.666667       1       3    2 3.000000
4        2  24 3.666667       4       4    0 3.666667
4.1      2  24 3.666667       4       4    1 4.000000
4.2      2  24 3.666667       4       4    2 4.000000
7        3  24 4.000000       4       4    0 4.000000
7.1      3  24 4.000000       4       4    1 4.000000
7.2      3  24 4.000000       4       4    2 4.000000
```

(해석) 이제 각 개인은 변수 "TIME"에 의해 색인된 3행의 데이터를 가진다. 시간 범위는 0에서 2까지이다. 모형 해석을 쉽게 하기 위해 처음 시간이 1 대신 0으로 코딩되었다. 이렇게 하면 후속 모형의 절편을 초기 데이터 수집시점의 직무만족도 수준으로 해석할 수 있다. 둘째, make.univ() 함수가 "MULTDV"라는 변수를 생성했음을 주목하자. 이 변수는 다변량 종속변수를 나타낸다. "TIME" 변수와 "MULTDV" 변수는 성장모델링에 사용되는 두 개의 주요변수이다. 마지막으로 AGE, SUBNUM 및 세 개의 직무만족도에 대한 값이 각 개인에 대해 3번 반복되었다. 개인 변수를 반복함으로써 make.univ() 함수는 기본적으로 적절한 형식으로 수준2 변수를 가지는 데이터프레임을 만들었다. 예를 들어, 피실험자 연령은 후속 모델링에서

수준2 예측자로 사용될 수 있다. 대부분의 경우 하나의 종속변수만이 일변량(또는 stacked 또는 long) 형식으로 변환되어야하므로 make.univ() 함수로 충분하다. 그러나 시간에 따라 인덱싱된 다중변수를 가지는 일변량 데이터프레임을 만드는 것이 필요한 경우에는 {multilevel} 패키지의 mult.make.univ() 함수를 사용할 수 있다.

이제, 이 자료에 대해 성장모형을 적합하는 과정을 소개한다.

```
> library(lattice)
> xyplot(MULTDV~TIME|as.factor(SUBNUM), data=UNIV.GROW[1:90,],
         type=c("p","r","g"), col="blue", col.line="black",
         xlab="Time", ylab="Job Satisfaction")
```

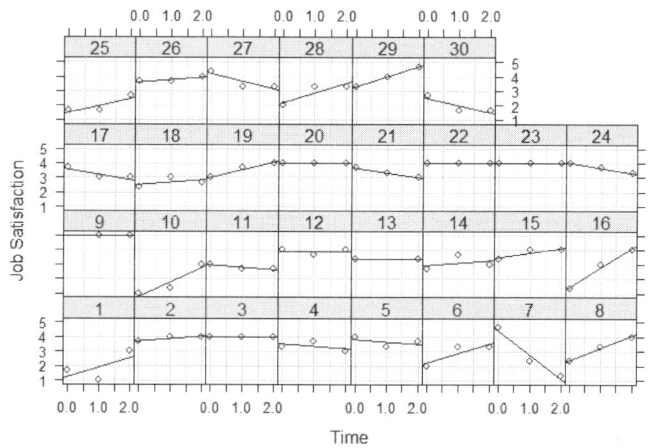

(해석) 이 그림에서, 전반적인 직무만족도와 시간 경과에 따른 직무만족도의 변화에 상당한 변동성이 있는 것처럼 보인다. 성장모델링의 목표는 시간과 직무만족도 간의 관계에서 일관된 패턴을 찾을 수 있는지 여부를 결정하는 것이다. 이제 우리는 단계별로 성장모델링의 적합을 수행하기로 한다. 이 예제에서 우리는 Bliese와 Ployhart(2002)와 Ployhart, Holtz와 Bliese(2002)에서 논의된 모델비교 접근법을 따른다.

분석의 각 단계별 개요는 다음과 같다. 먼저, 기본 절차는 반응치(직무만족도)의 특징을 검토하는 것으로 시작한다. 다수준 모형에서와 마찬가지로 ICC를 추정하고 반응치(직무만족도)가 개인마다 무작위로 변하는지 여부를 결정하는 데 관심이 있다. 둘째, 우리는 시간과 반응치 사이의 관계 형태를 조사하는 데 관심이 있다. 기본적으로 우리는 반응치가 일반적으로 시간이 지남에 따라 증가하는지, 감소하는지, 또는 다른 유형의 관계를 보여 주는지를 알고 싶어 한다. 처음 30명의 개인들의 그림은 시간이 지남에 따라 직업만족도가 어떻게 변하는지에 대한 명확한 패턴을 보여주지 못했지만 분석결과 495명의 응답자들 사이에서 전반적인 추세를 확인할 수 있었다. 셋째, 우리는 시간과 반응치 사이의 관계가 개인 간에 일정한지 또는 개인별로 변하는지 여부를 결정하려고 한다. 넷째, 자기상관과 같은 보다 복잡한 오류구조를 모형화하고 마지막으로 절편과 기울기 분산의 수준2 예측자를 추가한다.

단계 1 반응변수(DV)를 조사

```
> null.model<-lme(MULTDV~1, random=~1|SUBNUM, data=UNIV.GROW,
                  na.action=na.omit, control=list(opt="optim"))
> VarCorr(null.model)
SUBNUM = pdLogChol(1)
            Variance  StdDev
(Intercept) 0.4337729 0.6586144
Residual    0.4319055 0.6571952

> 0.4337729/(0.4337729+0.4319055)
[1] 0.5010786
```

(해석) 직무만족도와 관련된 ICC는 0.50이다. 이는 직무만족도에 대한 개별보고서 변동의 50%가 등급을 제공한 개인의 속성으로 설명될 수 있음을 나타낸다. 다른 해석으로, 개인이 시간이 지남에 따라 등급이 상당히 일정하게 유지되는 경향이 있으며, 개인 간에 차이가 있다고 할 수 있다. 이 관측은 처음 30명의 응답자 그래프에 반영되어있다.

단계 2 시간을 모형화

```
> model.2<-lme(MULTDV~TIME, random=~1|SUBNUM, data=UNIV.GROW,
               na.action=na.omit, control=list(opt="optim"))
> summary(model.2)$tTable
                 Value  Std.Error  DF  t-value     p-value
(Intercept) 3.21886617 0.04075699 903 78.97704 0.00000000
TIME        0.05176461 0.02168024 903  2.38764 0.01716169
```

(해석) 고정효과를 조사한 결과 시간과 직무만족도 간에 유의미한 선형관계가 존재하여 직무만족도가 각 시간구간별(매회) 0.05씩 증가함을 나타낸다. 첫 번째 구간은 0으로 코딩되었으므로 이 모형의 절편값은 첫 번째 구간의 평균직무만족수준을 나타낸다. 구체적으로, 첫 번째 구간에서 평균직무만족도는 3.22 이다.

```
> ## 추가모형 적합: 보다 복잡한 시간함수 고려
> model.2b<-lme(MULTDV~TIME+I(TIME^2), random=~1|SUBNUM,
                data=UNIV.GROW, na.action=na.omit, control=list(opt="optim"))
> summary(model.2b)$tTable
                  Value  Std.Error  DF    t-value   p-value
(Intercept)  3.23308157 0.04262697 902 75.8459120 0.0000000
TIME        -0.03373846 0.07816572 902 -0.4316273 0.6661154
I(TIME^2)    0.04276425 0.03756137 902  1.1385167 0.2552071
```

```
> model.2c<-lme(MULTDV~poly(TIME,2), random=~1|SUBNUM,
                data=UNIV.GROW, na.action=na.omit, control=list(opt="optim"))
> summary(model.2c)$tTable
                   Value Std.Error  DF   t-value    p-value
(Intercept)    3.2704416 0.0346156 902 94.478836 0.00000000
poly(TIME, 2)1 1.5778835 0.6613714 902  2.385775 0.01724863
poly(TIME, 2)2 0.7530736 0.6614515 902  1.138517 0.25520707
```

(해석) 두 모형 모두 유의한 이차경향이 없음을 보여준다. 멱다항(power polynomials)의 주요 장점은 선형과 이차효과가 직교한다는 점이다. 따라서 두 번째 모형에서 시간의 선형효과는 모형의 이차효과에서도 여전히 유의하다. 그러나 두 경우 모두, 시간은 직무만족도와 선형관계만 있다고 결론을 내린다.

단계 3 기울기 변동성을 모형화

```
> model.3<-update(model.2, random=~TIME|SUBNUM)
> anova(model.2, model.3)
        Model df      AIC      BIC    logLik   Test  L.Ratio p-value
model.2     1  4 3461.234 3482.194 -1726.617
model.3     2  6 3434.132 3465.571 -1711.066 1 vs 2 31.10262  <.0001
```

(해석) 위 결과는 시간과 직무만족도 사이의 기울기가 무작위로 변화하는 모형이 모든 개인에 대해 일정한 값으로 기울기를 고정하는 모형보다 데이터에 더 적합하다는 것을 나타낸다.

단계 4 오차구조를 모형화

```
> model.4a <- update(model.3, correlation=corAR1())
> anova(model.3, model.4a)
         Model df      AIC      BIC    logLik   Test  L.Ratio p-value
model.3      1  6 3434.132 3465.571 -1711.066
model.4a     2  7 3429.722 3466.401 -1707.861 1 vs 2 6.409824  0.0113
```

(해석) 자기상관을 허용하는 모형은 자기상관을 가정하지 않는 모형보다 자료를 보다 잘 적합할 수 있다. model.4a의 요약은 자기상관 추정값이 .367임을 보여 준다(아래에서 Phi 계수 참조).

```
> summary(model.4a)
Linear mixed-effects model fit by REML
 Data: UNIV.GROW
      AIC      BIC    logLik
  3429.722 3466.401 -1707.861
```

```
Random effects:
 Formula: ~TIME | SUBNUM
 Structure: General positive-definite, Log-Cholesky parametrization
            StdDev    Corr
(Intercept) 0.6194678 (Intr)
TIME        0.1399170 -0.834
Residual    0.7692447

Correlation Structure: AR(1)
 Formula: ~1 | SUBNUM
 Parameter estimate(s):
      Phi
0.3763924
Fixed effects: MULTDV ~ TIME
               Value  Std.Error  DF  t-value p-value
(Intercept) 3.219211 0.04446567 903 72.39767  0.0000
TIME        0.053359 0.02411261 903  2.21292  0.0272
 Correlation:
     (Intr)
TIME -0.64

Standardized Within-Group Residuals:
       Min          Q1         Med          Q3         Max
-2.7587986 -0.5054792  0.1356660  0.5717402  2.4997496

Number of Observations: 1396
Number of Groups: 492
```

(해석) 디폴트 모드에서 correlation=corAR1()의 사용은 자료가 각 개인에 대해 시간이 증가하는 구조를 가정하는 것임을 이해하는 것은 중요하다 make.univ() 함수를 사용하여 생성된 stacked 데이터는 이 구조를 가진다. 데이터를 가져오거나 조작하여 이 순서가 유지되지 않으면 데이터프레임을 다시 정렬하거나 corAR1()에 구조를 더 자세히 지정해야 한다(도움말 파일 참조). 예를 들어, GROW.UNIV가 무작위로 정렬되면 AR 1에 대한 추정값이 달라진다.

```
> UNIV.GROW2<-UNIV.GROW[order(rnorm(1485)),]
> UNIV.GROW2[1:10,]
       SUBNUM AGE  JOBSAT1  JOBSAT2  JOBSAT3 TIME   MULTDV
1474      488  19       NA 3.666667 4.000000    0       NA
1207      399  28 2.333333 2.000000 2.000000    0 2.333333
1240      410  46 4.000000 4.666667 4.000000    0 4.000000
121        39  21 1.666667 3.000000 4.000000    0 1.666667
1309.1    433  22 1.666667 1.333333 2.333333    1 1.333333
646.2     212  24 4.000000 4.333333 4.333333    2 4.333333
```

```
10          4  23 3.333333 3.666667 3.000000    0 3.333333
853.2     281  32 4.666667 4.000000 4.000000    2 4.000000
175        57  21 3.000000 3.000000 3.333333    0 3.000000
883.2     291  26 2.000000 1.000000 2.666667    2 2.666667

> tmod<-lme(MULTDV~TIME, random=~1|TIME,
            na.action=na.omit, data=UNIV.GROW2, corAR1())
> summary(tmod)
Linear mixed-effects model fit by REML
 Data: UNIV.GROW2
       AIC      BIC    logLik
  3765.683 3791.883 -1877.842

Random effects:
 Formula: ~1 | TIME
        (Intercept) Residual
StdDev: 6.312864e-05 0.927857

Correlation Structure: AR(1)
 Formula: ~1 | TIME
 Parameter estimate(s):
        Phi
-0.06498742
Fixed effects: MULTDV ~ TIME
               Value  Std.Error   DF  t-value p-value
(Intercept) 3.221776 0.03671338 1393 87.75483  0.0000
TIME        0.051343 0.02849734    1  1.80169  0.3226
 Correlation:
     (Intr)
TIME -0.773

Standardized Within-Group Residuals:
        Min          Q1         Med          Q3         Max
-2.50519574 -0.59827056  0.06489491  0.78339682  1.91648451

Number of Observations: 1396
Number of Groups: 3
```

(해석) 파이계수의 추정값이 어떻게 변했는지 주목하자(반복은 데이터의 무작위 정렬과 관련된 다른 구조로 인해 파이계수가 다른 추정값으로 주어진다). 데이터가 올바른 구조인지 확인하려면 부적절한 구조의 모든 데이터프레임에서 다음과 같이 order( ) 함수를 사용한다.

```
> UNIV.GROW3<-UNIV.GROW2[order(UNIV.GROW2$SUBNUM, UNIV.GROW2$TIME),]
> UNIV.GROW3[1:10,]
```

```
    SUBNUM AGE  JOBSAT1  JOBSAT2 JOBSAT3 TIME    MULTDV
1        1  20 1.666667 1.000000       3    0 1.666667
1.1      1  20 1.666667 1.000000       3    1 1.000000
1.2      1  20 1.666667 1.000000       3    2 3.000000
4        2  24 3.666667 4.000000       4    0 3.666667
4.1      2  24 3.666667 4.000000       4    1 4.000000
4.2      2  24 3.666667 4.000000       4    2 4.000000
7        3  24 4.000000 4.000000       4    0 4.000000
7.1      3  24 4.000000 4.000000       4    1 4.000000
7.2      3  24 4.000000 4.000000       4    2 4.000000
10       4  23 3.333333 3.666667       3    0 3.333333
>
> tapply(UNIV.GROW$MULTDV, UNIV.GROW$TIME, var,na.rm=T)
        0         1         2
0.9681912 0.8831397 0.7313358
```

(해석) 위 분석은 직무만족도의 변화가 시간이 지남에 따라 감소하고 있음을 나타낸다. 분산을 줄이기 위해 varExp 옵션을 사용할 수 있다. 분산이 증가하는 경우 varFixed 옵션을 사용할 수 있다.

```
> model.4b<-update(model.4a, weights=varExp(form=~TIME))
Warning message:
In logLik.reStruct(object, conLin) :
  Singular precision matrix in level -1, block 1
> anova(model.4a, model.4b)
         Model df      AIC      BIC    logLik   Test  L.Ratio p-value
model.4a     1  7 3429.722 3466.401 -1707.861
model.4b     2  8 3428.399 3470.318 -1706.199 1 vs 2 3.323143  0.0683
```

(해석) 자기상관을 포함하고 분산감소를 허용하는 모형은 단지 자기상관만을 포함하는 모형보다 자료를 약간 더 잘 적합한다(완화된 p-값 적용). 그러나 이후의 분석에서 model.4b는 수렴 문제가 발생하여, 우리는 model.4a를 최종 수준1 모형으로 선택한다.

이상(단계 4)의 분석을 요약하면, 우리는 시간과 직업만족도 간의 수준1 관계의 형태를 면밀히 분석하였다. 그 결과로 (a) 개인이 직무만족도의 평균수준에 따라 무작위로 변하고, (b) 시간과 직무만족도 사이에 선형적이나 2차 관계는 아님을, (c) 선형관계의 강도가 개인에 따라 무작위로 변하며, (d) 자료에 유의미한 자기상관이 있다는 사실을 확인하였다.

이 시점에서 우리는 수준2 변수를 추가하여 절편(즉, 평균직무만족도)의 임의변동과 시간-직무만족도의 기울기를 설명한다.

단계 5 절편 변동을 예측

성장모델링의 단계 5는 잠재적으로 절편 변동을 설명할 수 있는 요인을 조사하는 것이다. 특히, 우리의 경우 우리는 어떤 개인이 높은 직업만족도를 갖는 반면 다른 개인은 낮은 직업만족도를 갖는 이유를 설명하는 요인을 조사하는 데 관심이 있다. 이 예에서는 나이가 절편 변동과 관련이 있다는 생각을 탐구한다.

이 관계를 모델링하기 위해 개인수준 특성인 연령이 직무만족도 측정의 예측변수로 사용된다. 검정할 모형은 다음과 같다.

$$Y_{ij} = \pi_{0j} + \pi_{1j}(Time_{ij}) + r_{ij}\ ,$$
$$\pi_{0j} = \beta_{00} + \beta_{01}(Age_j) + u_{0j}\ ,$$
$$\pi_{1j} = \beta_{10} + u_{1j}\ .$$

이 방정식은 응답자 j의 평균업무만족도(π_{0j})는 두 가지의 함수로 모델링될 수 있다고 기술하고 있다. 하나는 모든 응답자의 평균직무만족도(β_{00})이다. 두 번째는 개인의 나이와 관련된 계수(β_{01})이다. 절편항(u_{0j})에 대한 오차는 이제 개인의 평균직무만족도와 연령을 고려한 전반적인 직무만족도 간의 차이를 나타낸다. 이 모형은 다음과 같이 지정된다.

```
> model.5<-lme(MULTDV~TIME+AGE, random=~TIME|SUBNUM,
               correlation=corAR1(), na.action=na.omit,
               data=UNIV.GROW, control=list(opt="optim"))
> round(summary(model.5)$tTable, dig=3)
            Value Std.Error  DF t-value p-value
(Intercept) 2.347     0.146 897  16.086   0.000
TIME        0.053     0.024 897   2.205   0.028
AGE         0.034     0.005 486   6.241   0.000
```

(해석) 모형 5는 새로운 고정효과인 AGE를 포함한다는 점에서만 model.4a와 다르다. 나이는 직업만족도와 긍정적인 관계가 있음을 주목하자. 또한 연령(AGE)은 개인(수준2) 속성이기 때문에 시간(TIME)보다 자유도가 적음에 주목하자. 모형 5의 계수를 해석할 때 나이가 0이고 시간이 0인 경우 기대되는 직무만족도는 2.347이라고 할 수 있다. 이 해석은 나이가 실제로(이 인구에서) 0이 되지 않기 때문에 이상하다. 따라서 연령변수를 전체평균으로 중심화하여 사용하는 것이 유용할 수 있다(아래에서 AGE2 변수).

```
> ## 연령에 대해 전체평균으로 중심화된 변수를 사용
> UNIV.GROW$AGE2 <- UNIV.GROW$AGE-mean(UNIV.GROW$AGE,na.rm=T)
> model.5b<-lme(MULTDV~TIME+AGE2, random=~TIME|SUBNUM,
                correlation=corAR1(), na.action=na.omit,
                data=UNIV.GROW, control=list(opt="optim"))
> round(summary(model.5b)$tTable, dig=3)
            Value Std.Error  DF t-value p-value
(Intercept) 3.216     0.043 897  74.564   0.000
TIME        0.053     0.024 897   2.205   0.028
AGE2        0.034     0.005 486   6.241   0.000
```

(해석) 전체평균으로 중심화된 연령에서, 절편 추정값 3.216은 평균연령(25.7 세) 응답자의 초기 직업만족도를 나타낸다. 이 모형과 이전 모형 사이의 시간과 나이에 대한 t-값은 변경되지 않았다. 변환 전의 연령 변수를 사용하여 분석을 계속할 것이지만 독자는 모형의 해석력을 향상시키는 데 있어서 전체평균을 이용한 중심화가 종종 중요하다는 것을 명심할 필요가 있다.

단계 6 기울기 변동을 예측

성장모델링의 마지막 측면은 기울기 변동성과 관련된 개별 응답자의 속성을 결정하기 위한 시도를 포함한다. 이 절에서 우리는 응답자 연령이 시간-직업만족도의 변동의 일부를 설명할 수 있는지 판단하고자 한다. 검정할 모형은 다음과 같다.

$$
\begin{aligned}
Y_{ij} &= \pi_{0j} + \pi_{1j}(Time_{ij}) + r_{ij}, \\
\pi_{0j} &= \beta_{00} + \beta_{01}(Age_j) + u_{0j}, \\
\pi_{1j} &= \beta_{10} + \beta_{11}(Age_j) + u_{1j}.
\end{aligned}
$$

이 모형은 개인에 대한 시간과 직업만족도 사이의 기울기(π_{1j})가 전체 기울기(β_{10}), 개인 나이 (β_{11})와 오차항(u_{1j})의 함수라는 가정을 검정한다는 점을 제외하고는 단계 5에서 지정된 모형과 유사하다. lme( ) 함수에서 모형은 다음과 같이 지정된다.

```
> model.6<-lme(MULTDV~TIME*AGE, random=~TIME|SUBNUM,
               correlation=corAR1(), na.action=na.omit,
               data=UNIV.GROW, control=list(opt="optim"))
> round(summary(model.6)$tTable, dig=3)
             Value Std.Error  DF t-value p-value
(Intercept)  2.098     0.186 896  11.264   0.000
TIME         0.271     0.104 896   2.608   0.009
AGE          0.043     0.007 486   6.180   0.000
TIME:AGE    -0.008     0.004 896  -2.153   0.032
```

(해석) 모형 5와 모형 6의 유일한 차이점은 시간과 연령에 대한 상호작용항을 포함한다는 것이다. 모형 6의 요약은 시간과 나이 사이에 중요한 상호작용이 있음을 보여 준다.

앞 절에서는 상호작용을 표시하는 데 사용할 수 있는 점을 생성하기 위해 predict 명령을 사용하는 방법을 설명하였다. 또 다른 접근법은 모형 계수를 높은 값과 낮은 값과 함께 사용하여 예측자(predictors)에게 플롯을 위한 점을 생성시키는 것이다(predict 명령이 더 효율적임).

아래 TDAT 데이터프레임의 첫 번째 행은 절편을 위한 1의 행이며, 다른 행에는 시간, 나이 및 시간*나이 상호작용에 대한 높은 값과 낮은 값이 포함되어 있다.

```
> TDAT<-data.frame(COEFS=(summary(model.6)$tTable)[,1],
                   CASE1=c(1,0,21,0), CASE2=c(1,0,31,0),
                   CASE3=c(1,2,21,42), CASE4=c(1,2,31,62))
> TDAT
                  COEFS CASE1 CASE2 CASE3 CASE4
(Intercept)  2.097720117     1     1     1     1
TIME         0.271036716     0     0     2     2
AGE          0.043449071    21    31    21    31
TIME:AGE    -0.008432157     0     0    42    62

> sum(TDAT[,1]*TDAT[,2])
[1] 3.010151
> sum(TDAT[,1]*TDAT[,3])
[1] 3.444641
> sum(TDAT[,1]*TDAT[,4])
[1] 3.198073
> sum(TDAT[,1]*TDAT[,5]
```

이 점들은 상호작용의 플롯에 사용된다. 나이가 많은 개인들은 초기에 직무만족도가 높았으며 시간이 지남에 따라 약간의 증가를 보였다. 대조적으로, 젊은 응답자는 낮은 초기 직무만족도를 보고하는 경향이 있지만 시간이 지남에 따라 직업만족도가 더 뚜렷하게 증가했다.

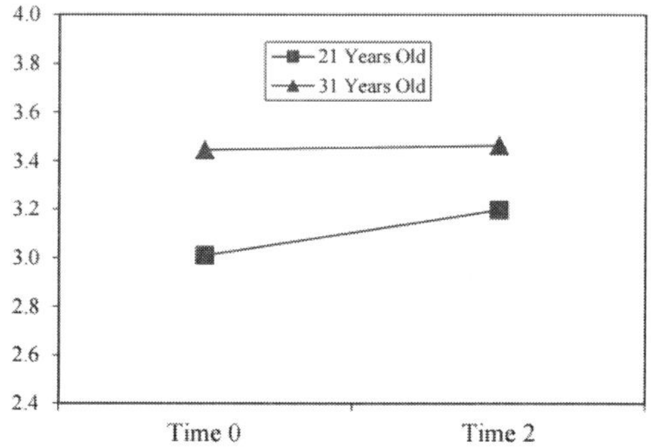

22.5 {lme4} 패키지 소개

지금까지 혼합효과모형의 적합에 {nlme} 패키지에 초점을 맞추었다. R의 {lme4} 패키지는 모형 지정과 관련하여 추가적인 유연성을 제공한다. {lme4} 패키지는 (i) 비정규분포의 관측값 및 (ii) 부분 교차된(partially crossed) 데이터 구조를 다루는 데 특히 유용하다.

(a) 이진형 관측값

종속변수가 이분형 또는 비정규분포를 따르는 경우, 선형혼합효과모형보다는 일반화 선형혼합효과모형(glmm)을 추정해야 한다. 아래에서 우리는 WBEING을 이분형으로 만들고 {lme4} 패키지의 glmer() 함수에 이진링크 함수를 사용하여 혼합효과 로지스틱회귀모형을 추정한다.

```
> library(multilevel)
> library(lme4)
> data(bh1996)
> tmod <- glmer(ifelse(WBEING>3.5,1,0)~HRS+G.HRS+(1|GRP),
             family="binomial", control=glmerControl(optimizer="bobyqa"), bh1996)
> summary(tmod)
Generalized linear mixed model fit by maximum likelihood
  (Laplace Approximation) [glmerMod]
 Family: binomial  ( logit )
Formula: ifelse(WBEING > 3.5, 1, 0) ~ HRS + G.HRS + (1 | GRP)
   Data: bh1996
Control: glmerControl(optimizer = "bobyqa")

     AIC      BIC   logLik deviance df.resid
  7572.1   7599.7  -3782.0   7564.1     7378

Scaled residuals:
    Min      1Q  Median      3Q     Max
-0.9902 -0.5559 -0.4672 -0.3587  4.6130

Random effects:
 Groups Name        Variance Std.Dev.
 GRP    (Intercept) 0.06323  0.2515
Number of obs: 7382, groups:  GRP, 99

Fixed effects:
            Estimate Std. Error z value Pr(>|z|)
(Intercept)  2.80655    0.53543   5.242 1.59e-07 ***
HRS         -0.09860    0.01465  -6.731 1.69e-11 ***
G.HRS       -0.26784    0.04926  -5.437 5.43e-08 ***
---
Signif. codes:  0 '***' 0.001 '**' 0.01 '*' 0.05 '.' 0.1 ' ' 1

Correlation of Fixed Effects:
      (Intr) HRS
HRS   -0.020
G.HRS -0.954 -0.272
```

nAGQ 옵션에 1보다 큰 값(이 경우 100)을 지정하면 로그가능도 기준에서 모형의 정밀도를 향상시킬 수 있다. nAGQ=1 (위) 및 nAGQ = 25 (아래)에 기반한 모형 간의 로그가능도 값의 약간의 변화와 모수추정값과 표준오차의 작은 변화에 주목하자. 내 경험상 100 이상의 값을 사용하는 것은 거의 유용하지 않다.

```
> tmod.r <- glmer(ifelse(WBEING>3.5,1,0)~HRS+G.HRS+(1|GRP),
                  family="binomial", control=glmerControl(optimizer="bobyqa"),
                  bh1996, nAGQ=25)
> logLik(tmod)    # 원 모형(nAGQ=1)
'log Lik.' -3782.036 (df=4)
> logLik(tmod.r)    # nAGQ=25의 모형
'log Lik.' -3781.999 (df=4)
> summary(tmod.r)$coef
               Estimate Std. Error   z value     Pr(>|z|)
(Intercept)  2.80614407 0.53693286  5.226248 1.729846e-07
HRS         -0.09861121 0.01466700 -6.723341 1.776047e-11
G.HRS       -0.26779774 0.04939624 -5.421420 5.912761e-08
```

(b) 교차 및 부분교차 모형

{lme4}가 특히 중요한 두 번째 상황은 데이터가 부분적으로 또는 완전히 교차된 경우이다. 예를 들어, 종단 연구에서 개인은 그룹내에 내포될 수 있지만, 시간이 지남에 따라 일부 개인은 한 그룹에서 다른 그룹으로 전환할 수 있다. 참가자가 그룹을 전환하지 않으면 데이터가 그룹내에 내포된 개인 내에 내포된 반복 관측으로 완전히 내포(fully nested)된다(3수준 모형). lme() 함수에서 3수준 내포모형은 random = ~ 1 | GRP / IND 으로 지정된다. 그러나 개인이 그룹을 전환하면, 완전히 중첩된 구조는 더 이상 성립되지 않는다. 그러나 {lme4}의 lmer() 함수에서 그 구조는 (1 | GRP) + (1 | IND)으로 지정될 수 있다. lmer() 지정은 완전히 중첩된 자료를 가정하지 않으며, 데이터가 부분적으로 교차되는(partially crossed) 경우 분산 추정값을 제공한다.

(c) {lme4}의 예측값

본문에 예시 된 바와 같이, 통계모형은 예측변수의 주어진 특정값에서 수준을 예측하는 데 사용될 수 있다. R에는 특정 모형(예: lm, glm, lme, lmer, glmer)과 연결된 많은 예측함수가 있다. 예측함수는 일반적으로 사용 측면에서 일관성이 있다. 그러나 특정 모형에 적용될 때 작은 차이가 있다. 예를 들어, lme() 함수를 사용할 때 전체 표본에 기초한 예측을 얻으려면 level=0을 지정해야 한다는 것을 상기하자.

혼합효과모형에서 대부분의 경우, 특정 단위에 대한 예측보다는 전체 표본에 대한 예측을 얻는 데 관심을 가질 것이다. 그러나 {lme4}와 관련된 lmer() 및 glmer() 함수에서 predict 명령은 level=0 대신 re.form=NA 옵션을 사용하여 전체 표본으로부터 모수추정에 기반하여 예측이 수

행돼야 함을 나타낸다. 다음은 그 예이다.

```
> library(multilevel)
> library(lme4)
> data(bh1996)
> tmod<-lmer(WBEING~HRS*LEAD+(1|GRP), bh1996)
> TDAT<-data.frame(HRS=c(7,7,12,12),LEAD=c(2.12,2.12,3.66,3.66))
> predict(tmod,TDAT,re.form=NA)
       1        2        3        4
2.519160 2.519160 3.137911 3.137911
```

다른 예로서, 아래의 코드는 이진형 변수를 결과로 가지는 모형에서 type="response" 옵션의 사용을 보여준다. 예측을 퍼센트 (−2.377에서 0.085 또는 8.5%)로 변환할 수 있지만 type= "response"옵션을 사용하는 것이 더 쉽다.

```
> tmod<-glmer(ifelse(WBEING>3.5,1,0)~LEAD+(1|GRP), family="binomial", bh1996,
              control=glmerControl(optimizer="bobyqa"))
> TDAT<-data.frame(LEAD=c(2.12,3.66))
> predict(tmod,TDAT,re.form=NA)
         1          2
-2.3774501 -0.6565601
> exp(-2.3774501)/(1+exp(-2.3774501))
[1] 0.08490848
> predict(tmod,TDAT, re.form=NA, type="response")
         1          2
0.08490848 0.34151275
```

부록 : 주요 데이터 제공 사이트 소개

국가통계 정보 및 데이터 제공 사이트		내용
공공데이터포털	http://www.data.go.kr	공공기관이 생성/관리하고 있는 공공데이터를 다양한 방식으로 제공
KOSIS 국가통계포털	http://kosis.kr	통계청을 비롯한 여러 통계 작성기관에서 제공하는 통계정보
e-나라지표	http://index.go.kr	국가주요지표를 제공(예: 소비자물가지수)
마이크로 데이터 서비스	http://mdss.kostat.go.kr	부문별 통계조사 자료 제공. 사용자가 직접 가공, 처리 가능
통계지리정보 서비스	http://sgis.kostat.go.kr	국가통계자료를 지도 위에서 이용(예: 주민등록 인구현황)
한국은행 경제통계시스템	http://ecos.bok.or.kr	경제통계에 관한 각종 자료 제공
서울시 열린데이터 광장	http://data.seoul.go.kr	서울시의 다양한 공공데이터를 제공
한국사회과학데이터센터	http://www.ksdc.re.kr	여러 기관에서 제공하는 방대한 통계 및 여론조사 자료 제공. 미국의 ICPSR(사회과학 데이터 보관소)과 연계
주제별 데이터 제공 사이트		
재난안전 데이터포털 (국민안전처)	https://data.mpss.go.kr	재난정보 통합 대국민서비스 제공
관관통계DB	http://tour.go.kr	관광통계 정보 제공
기상자료개방포털	https://data.kma.go.kr	기상청에서 제공하는 기상자료와 설명정보 제공
국외(전 세계) 통계자료 제공 사이트		
UN 데이터	http://data.un.org	유엔에서 제공하는 전 세계 각종 자료
전 세계 무역통계	https://www.wto.org	전 세계 무역통계(지역별, 분야별) 제공
미국 정부 통계	https://www.usa.gov/statistics	미국의 지도와 모집단, 인구통계, 경제통계 관련 자료
미국 통계청	https://www.census.gov	미국 통계청에서 제공하는 각종 자료
영국 정부 통계	http://data.gov.uk	영국 정부에서 개방하는 각종 통계 자료 제공
기타 유용한 사이트		
구글 맵스를 이용한 맵 좌표	https://www.google.co.kr/maps	구글 맵스를 이용한 맵 좌표(위도, 경도) 제공
카네기멜론 통계학과 자료실	http://lib.stat.cmu.edu/datasets	다양한 통계분석용(교재 등) 자료 제공

찾아보기

• ㅅ •

• ㅇ •

R 응용 회귀분석

저 자 나종화
발 행 인 김지영
발 행 처 자유아카데미
주 소 경기도 파주시 회동길 37-42
파주출판도시
전 화 031-955-1321
팩 스 031-955-1322
홈페이지 www.freeaca.com
전자우편 main@freeaca.com (대표)
editor@freeaca.com (편집)
crm@freeaca.com (영업)
등 록 제406-2003-017호, 1980. 7. 12
제1판1쇄 2017년 10월 10일 발행
제1판3쇄 2024년 1월 10일 발행
정 가 26,000원

저자와의
협의하에
인지생략

ISBN 979-11-5808-141-6 93310